交通设计课程设计

马莹莹　黄　玮　赵　靖　汪　涛　编著

ZHEJIANG UNIVERSITY PRESS
浙江大学出版社

图书在版编目（CIP）数据

交通设计课程设计 / 马莹莹等编著. — 杭州 ：浙江大学出版社，2022.5

ISBN 978-7-308-22453-6

Ⅰ. ①交… Ⅱ. ①马… Ⅲ. ①交通工程—工程设计—课程设计—高等学校—教材 Ⅳ. ①U491-41

中国版本图书馆CIP数据核字(2022)第048796号

交通设计课程设计

马莹莹 黄 玮 赵 靖 汪 涛 编著

责任编辑 吴昌雷
责任校对 王 波
封面设计 周 灵
出版发行 浙江大学出版社
(杭州市天目山路148号 邮政编码310007)
(网址:http://www.zjupress.com)
排　　版 杭州朝曦图文设计有限公司
印　　刷 杭州高腾印务有限公司
开　　本 889mm×1194mm 1/16
印　　张 14
字　　数 404千
版 印 次 2022年5月第1版 2022年5月第1次印刷
书　　号 ISBN 978-7-308-22453-6
定　　价 39.00元

前　言

Preface

交通设计课程设计是交通设计课程的配套实践课程。交通设计课程是交通运输类专业的重要课程之一，是一门将交通工程基本概念、基本知识与基本技能整合于一体的专业课程，是交通工程学与系统工程学、工业设计原理以及城市科学的有机结合。交通设计课程设计的学习目的是培养学生运用交通设计手段解决城市交通问题的能力。学习解决问题是一个渐变的过程，学生需要从系统的概念性知识和独立于问题背景的策略性知识发展到对问题的个人认识和问题记忆，即形成围绕着某种类型问题的图式，其中整合了专业理论知识、系统知识、操作性知识、策略性知识和经验知识等。因此，交通设计课程设计具有很强的综合性和实践性，对培养交通运输类专业学生的工程实践能力具有重要的作用，是进行工程教育的重要一环；同时也对课程教学设计和任课教师提出了较高要求，特别是工程实践经验方面的要求。为了更好地对交通设计课程设计进行指导，弥补学生实际工程经验不足等缺点，中国高教学会立项开展相关研究，并形成《交通设计课程设计》一书。

本教材系统阐述了交通设计课程设计的基本方法，以解决实际工程问题为导向，强化对工程实践的指导。本教材包括课程设计指导和交通设计课程设计常用标准和规范两部分内容。课程设计指导部分主要包括课程设计的概述、总体交通设计、机动车交通设计、步行与自行车交通设计、公共汽车专用道及停靠站设计、交通控制信号灯设计、交通标志与标线设计、停车设计、交叉口交通设计评价分析、综合交通设计实例等内容；常用标准和规范部分主要包括城市道路交通规划设计、交通组织设计、交通设施设计、交通标志标线设计、交通信号控制设置、交通运行评价、停车场(库)设计相关的标准和规范的简介，以及其中与交通设计相关的内容，为读者查阅相关规范提供参考。

本教材的编者既有长期从事交通设计相关教学工作的专业教师，也有经验丰富的交通设计行业专家。本书由华南理工大学马莹莹副教授统筹编写，参编人员及主要分工如下：华南理工大学马莹莹负责第一章、第四章、第八章、第十章及附录的编写；上海交通大学汪涛负责第二章的编写，并为本教材提供了大量的工程实例；上海理工大学赵靖负责第三章、第五章的编写；中山大学黄玮负责第六章、第七章、第九章的编写。

此外，感谢陈曦、谢沅琪、张柏林、张逸杰、唐煜、刘启超、胡洋、孙伟和祁祥等在资料收集与整理、绘图、校对等方面做的大量工作。本教材在编写过程中，参考了大量的标准、规范以及相关文献和研究成果，在此一并表示感谢。

本教材获中国高等教育学会工程教育专业委员会新工科“十四五”规划教材立项、广东省研究生教育创新计划项目（2015JGXM—ZD05）、中国高等教育学会高等教育科学研究“十三五”规划课题（2018GCJZD13）、华南理工大学系列教学研究与改革项目的支持，在此致以深深的谢意。

本教材中配有丰富的实际工程案例和课程设计题目，可作为交通运输类专业本科和研究生交通设计课程设计的教材、交通设计课程的拓展资料，也可作为交通设计工程技术人员的参考书。本教材以课程设计为载体，在指导学生开展工程实践方面做了一些新的探索和尝试。由于编者水平有限，教材中存在的不足之处恳请各位专家和同行批评指正。

编　者

2021年9月

Contents

第一部分　交通设计课程设计指导

第二部分 交通设计课程设计常用标准和规范

附　录

第一部分

交通设计课程设计指导

第一章 概 述

第一节 课程设计目的

交通设计课程设计是交通设计课程的实践补充课程，其主要内容是综合运用交通设计课程基础知识及相关应用软件（包括绘图软件、交通仿真软件等）为复杂交通问题提出对策和方案的优化。交通设计课程设计是以解决问题为主线，帮助学习者积极地探究复杂的主题或环境，并且像领域专家一样思考问题，以此达到培养学生运用交通设计手段解决城市交通问题能力的最终目的。

交通设计课程设计是交通设计课程的一个重要的实践性教学环节，也是针对工科院校交通类专业学生的一次较为全面的交通设计训练。本课程设计的目的如下。

(1)问题分析：学生可以运用数学、自然科学和工程科学的基本原理，通过调查研究，对城市交通中的复杂问题进行识别、表达和分析，得出有效的结论。

(2)软件应用：学生能够熟练掌握交叉口渠化设计、路段设计、公交站点设计、交通标志标线设计、慢行交通设计、停车场设计等的制图方式，独立自主、快速准确地完成交叉口综合设计图纸的绘制及配套图例的标注。

(3)设计评估解决方案：学生能够针对复杂的城市交通问题设计解决方案，设计满足特定需求的交通改善策略和方法，能够在设计过程中考虑社会、健康、安全、法律、文化和环境因素，并且能够对设计方案进行评价和完善。

(4)工程与社会：学生能够基于工程相关背景知识进行理性分析，评估专业工程实践和复杂城市交通问题解决方案的社会、经济和文化影响，并理解责任。

第二节 课程设计主要内容

交通设计课程设计的主要内容包括总体交通设计、机动车交通设计、步行与自行车交通设计、公共汽车专用道及停靠站设计、交通信号灯设计、交通标识设计、停车设计和交叉口交通设计评价分析。

1.总体交通设计

总体交通设计应依据上位规划和交通发展的实际要求，对设计对象的整体及各要素进行预留、控制和协调。总体交通设计的主要内容包括：交叉口整体布局、公交系统布局、路内停车布局、步行与自行车交通设施布局和横断面布局形式。

2.机动车交通设计

城市道路交通设计以实现交通的安全、通畅、环保、有序、便捷、效率化，并最终构筑和谐交通系统与出行环境为目标。机动车是城市交通的重要组成部分,机动车交通设计的主要内容包括:交叉口与路段横断面设计、路内停车设计、进出交通设计、交叉口内部空间渠化、交叉口转弯半径设计、停车线位置、交叉口车道展宽设计、交叉口范围进出交通设计和附属设施设计。

3.步行与自行车交通设计

与机动车相比,行人和自行车速度较低,被称为慢行交通。在进行交通流组织与管理时,宜将慢行交通流作统一考虑。慢行交通过街系统的优化设计是改善行人和自行车通行条件的重点。步行与自行车交通设计的主要内容包括:步行和自行车交通组织设计、步行和自行车空间设计和过街设施设计。

4.公共汽车专用道及停靠站设计

为了改善公共汽车(下文简称公交)的行程时间、提高公交运行的效率与可靠性,需要进行公交优先设计。公共汽车专用道及停靠站设计的主要内容包括:公交专用道设计、公交专用进口车道设计和公交停靠站设计。

5.交通控制信号灯设计

交通信号是调节道路的通行权、协调动态的交通与静态设施之间关系的重要手段,交通信号控制是实现交通时空资源的最佳转换与协调的关键措施。交通控制信号灯设计的主要内容包括:交通信号灯设置条件、交通信号灯组合形式、交通信号灯安装和信号控制方案设计。

6.交通标志与标线设计

交通系统中,出行者或管理者基于交通标识与标线及其传递的信息进行交通活动或交通管理。交通设计者利用交通标识与标线设计,明确、无歧义地全面表达且准确地描述交通管理者与出行者之间的信息交流行为。交通标识与标线设计的主要内容包括:设置原则和基本内容、道路交通标线、道路交通标志和交通标志和标线协调设置。

7.停车设计

停车设计是对动态交通的静态补充,为了实施交通需求管理,常采用以静制动措施,即通过静态交通的合理化反制动态交通,以达到调节交通需求、改善交通阻塞之目的。停车设计的主要内容包括:路内机动车停车场设计、路外机动车停车场设计和自行车停车设施交通设计。

8.交叉口交通设计评价分析

对交叉口交通设计进行评价分析在于检验设计方案的可行性和优劣性,并从交通运行状态、安全、经济、环保等角度评估方案,为方案比选和决定最终的设计方案提供依据。交叉口交通设计评价分析的主要内容包括:评价指标选择与计算和基于仿真的评价方法。

教师可以根据交通设计课程设计的内容确定学生的课程设计题目。本书在附录B给出了一些具体的设计题目供教师选择和参考。附录B中的设计题目给出了完整的题目背景内容、设计要求、设计底图以及设计参考示例。学生可以直接根据所给出的基础资料展开设计。此外,教师也可以根据实际需要,确定项目目标对象,例如当地的城市道路、停车场、停车楼、交叉口等。学生可从实地调研工作开始,完成整个交通设计的过程。

第三节 课程设计一般步骤

交通设计课程设计的主要目的是锻炼学生综合运用交通工程相关知识和交通设计手段解决城市复杂交通问题的能力。交通设计上承交通规划,指导交通设施建设与管理。在对城市交通问题进行问题分析、数据收集及处理、方案设计和方案评选的过程中,需要学生应用专业理论知识、系统知识、操作性知识、策略性知识和经验知识等形成综合改善方案。解决交通设计问题的过程一般包括构建问题空间、识别问题、对策分析、生成并评价解决方案等几个环节。交通设计课程设计作为一门课程,旨在采用模拟或实际案例,为学生提供实践的机会。课程设计的内容主要包括问题识别、对策分析、方案设计及评价等方面的工作,同时还包括设计图的绘制、设计报告的撰写、设计方案的展示和交流等环节。

课程设计的实施流程如图1-1所示。

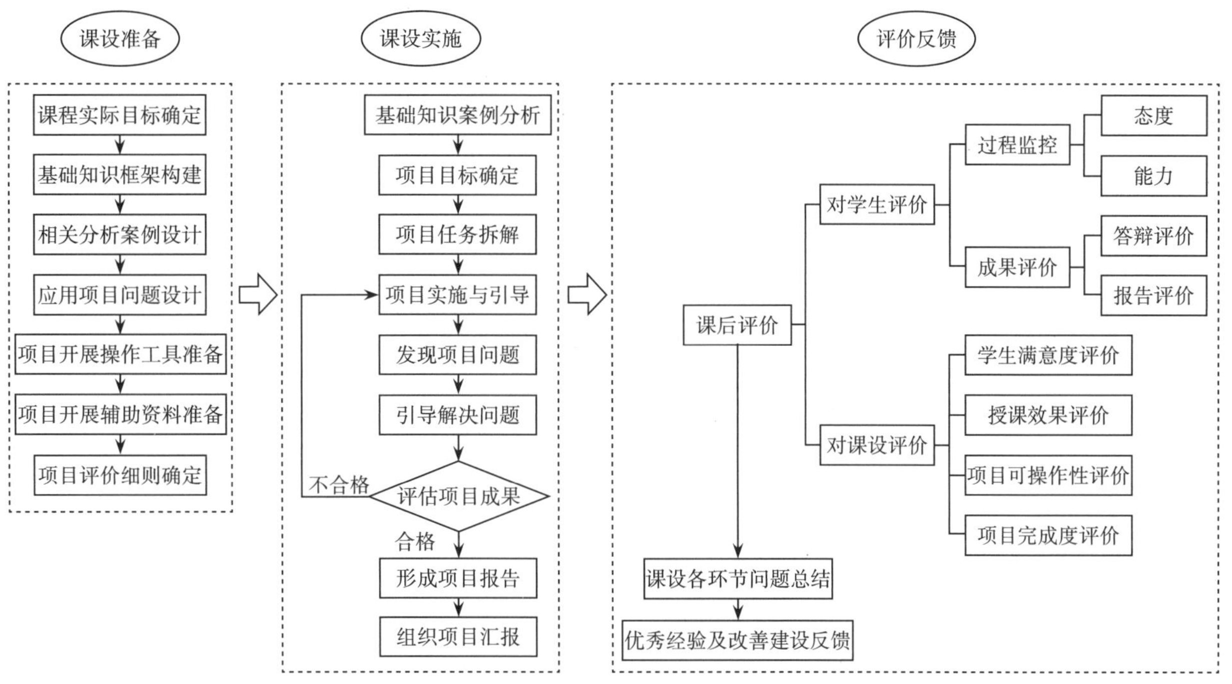

图1-1 课程设计实施流程

项目设计的一般步骤如图1-2所示。

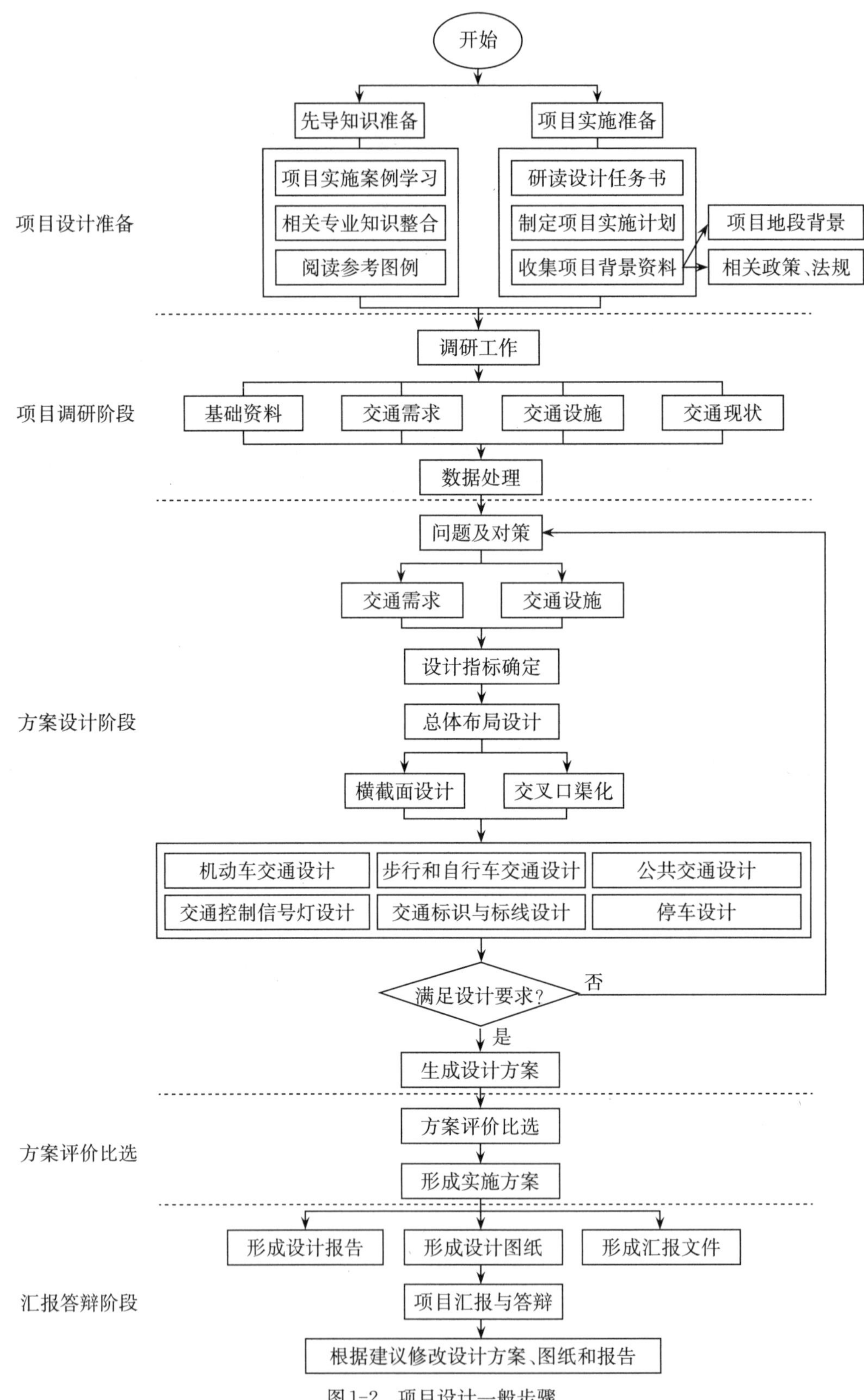

图1-2　项目设计一般步骤

注:如果设计题目已经给出背景和设计基础资料,可不进行项目的现场调研。

一、课程设计准备

1.先导知识准备

明确交通设计课程设计的目标和课程设计的内容导向，认真学习教师讲评的具有完整过程的项目实施案例，认真学习相关参考图例；沿着课程设计项目实施的时间线，学习并熟练掌握开展项目各个阶段的相关专业知识、项目工作任务、软件使用说明及实践操作要点；熟悉交通设计整体工作的目的、内容和要求，对实际交通设计有整体上的把握；掌握交通设计过程中包含的交通相关专业知识，从设计的角度将知识整合形成知识框架。

2.项目实施准备

仔细研读设计任务书，了解具体的课程设计项目，包括项目开展的目的、项目需要解决的问题、项目过程中运用的知识技能和软件；明确课程设计的任务和要求；查阅资料了解项目路段情况，制定现场调研计划，对设计工作做到心中有数；制定课程设计的总体计划和进度。

二、项目调研阶段

交通设计需求分析、项目范围现状交通情况和相关设计标准与规范是交通设计的基础。在开展项目设计工作前，对设计对象及项目背景进行完备的调研和数据收集工作是形成优秀设计方案的基础。调研阶段包括制定调研工作计划、现场调研、数据收集和处理、问题和对策分析等内容。

1.调研工作

交通设计根据设计内容的不同，相应的调研内容有所不同，但具体的调研内容都可以分为收集基础资料，了解交通需求情况、交通设施情况和交通运行现状四大类。开展调研工作前，需要了解和整理设计项目的具体调查内容，并制定相应的调研工作计划。调研工作计划应包括调研时间、调研内容、调查方法、人员安排和与调查相关的数据收集表格及文件准备等。一般的，根据调查内容的不同，可视情况组织预调查。以城市道路交叉口设计项目为例，调研计划中的调研内容应包括目标交叉口现状几何拓扑情况、平峰和高峰时期交通量、信号配时方案、调查范围内的现状道路设施、交通标志标线、其他辅助设施等。

2.数据录入与处理

在开展调查前，应该根据数据处理的需要，设计相应的数据采集表格。在数据处理阶段，需要对调研收集的数据进行录入和处理。录入调查数据时要求录入原始数据。以交通量数据录入为例，应对交叉口各进口分流向进行统计，根据数据分析的需要，可以以每5～15分钟为一个统计时段进行记录，调查时段应覆盖整个高峰期。对交叉口信号配时数据进行整理，记录交叉口信号配时参数。整理调查范围内交通设施位置，计算公共交通覆盖范围是否达到标准。检查道路交通设施、慢行交通设施、交通标志标线、附属设施等存在的问题并列出问题清单。

3.问题及对策

对调研收集到的数据和信息进行分类整理，可以以本章第二节中涉及的具体设计内容为分类依据，也可以按以下几个方面总结问题：交通阻塞问题、交通安全问题、综合交通与公共交通问题、慢行交通问题和基础设施建设问题。归纳不同分类下存在的交通设计问题，并对应提出初步的解决问题的对策。

三、方案设计阶段

方案设计分为概略设计和详细设计。首先确定设计理念，根据调研数据和问题分析，确定方案设计的目的和内容。然后按总体到局部的顺序展开方案设计。以交叉口的交通设计为例，应先完成概略设计，包括交叉口总体布局、公交专用道布局、路内停车布局、步行与自行车交通设施布局和道路横断面布局，再根据需要开展机动车交通设计、步行和自行车交通设计、公共交通设计、交通控制信号灯设计、交通标识与标线设计和停车设计等。在方案设计过程中应注意各项设计任务之间的协调设计。

四、方案评价比选

完成设计方案后，首先依据基本设计原则及设计指标判断概略设计是否满足设计要求，若不满足则对照标准继续修改完善直到方案满足设计要求。然后确定设计指标，综合应用多种计算方案和仿真软件，对设计方案从运行效率、运行安全、经济效益、环境影响等方面进行评价。如果有多个备选方案，可以进行方案比选。改建型的交通设计还应将优化设计方案与原有设计方案进行对比。思考总结各个设计方案的优缺点，最终推荐合适的优化设计方案。

五、撰写设计报告

设计报告是总结展示设计结果的载体，是图样设计的补充说明，是调研资料和数据整理的合集，也是课程设计考核的重要文件之一。设计报告应按报告格式要求，整理编写形成。报告中一般应包括调研报告和设计说明两个部分。调研报告应包括调研开展的基本情况、调研结果、问题和对策分析等，一般应把调查数据进行整理作为调研报告的附件。设计说明一般包括设计背景、设计理念、优化设计方案、参数选择及依据和优化设计前后效果评价等内容。设计报告的具体要求如下。

(1)设计报告结构完整，除主体内容外，还应包括封面、目录、调研内容设计小结、参考资料、附录和设计图纸。

(2)计算部分只列出公式，代入有关数据，略去演算过程，直接得出计算结果。最后应有简短的结论(如交叉口南进口渐变段长度为30m等)，或用不等式表示。

(3)为了清楚地说明设计要点内容，应附必要的插图(如交叉口进口道车道转向、人行横道二次过街设计等)，且插图简明。

(4)对所引用的文献、计算公式和数据，须进行标注。对所选主要参数、尺寸和规格及计算结果等，可写在每页的“主要结果”一栏内，或集中写在相应的计算之中，或采用表格形式列出。

(5)全部计算中所使用的参量符号和角标，必须前后一致，不要混乱；各参量的数值应标明单位，且单位要统一，写法要一致；形成参量符号说明表格。

(6)设计中所考虑的主要问题应附上对应的现场照片作为补充说明。

(7)报告一般用A4纸按合理的顺序及规定格式编辑好后打印，设计图纸一般用A3纸打印。

六、答辩与总结

答辩与总结是交通设计课程设计的最后一步，也是展示设计成果，并进行评价总结反馈，从而使学生得到能力上进一步提升的关键步骤。答辩与总结的主要目的包括回顾课程设计全过程，展示设计成果，总结设计的收获，分析设计的优劣，完成评价工作。学生根据项目验收标准准备项目汇报文件、设计图纸和设计报告。教师组织学生对课程设计进行答辩评价，并对学生课程设计中存在的问题进行总结反馈，学生在此基础上进一步完善设计图纸和设计报告。

1.答辩材料

答辩前学生应该按教师要求准备好答辩材料。答辩材料主要包括设计报告、设计图纸和汇报文件。设计报告应内容完整，格式清晰，逻辑性强；设计图纸应符合规范，直观美观；汇报文件应内容合理，详略得当，条理清楚。

2.答辩环节

答辩是课程设计教学中的总结环节，准备答辩的过程是对整个设计进行全面系统的回顾总结和提高的过程。学生应对背景资料收集、调研环节、调查数据处理、总体设计、交叉口渠化设计、道路横断面设计、交通信号灯设计等多方面内容进行综合分析。

答辩时，学生要针对提出的问题，积极思考并做出正确而中肯的回答。通过答辩，找出设计和图纸中存在的问题和不足，把存在疑惑和未考虑全面的问题弄清楚，进一步完善设计成果，使答辩成为课程设计中继续学习和提高的过程。

答辩时，教师依据学生的设计方案提出相关问题和建议，一方面通过让学生回答问题，考核学生对交通设计知识的理解和应用水平，另一方面也是帮助学生了解现有设计方案的不足之处。答辩时的问题可以围绕以下方面展开：课程设计各阶段理论知识相关问题，设计理念相关问题，设计方案中参数选择问题，具体情境下设计形式的选择问题，设计方案评价相关问题，方案优缺点对比与选择的问题。答辩最后，教师应针对学生设计方案上存在的问题进行总结，提出修改建议并讲解修改建议的依据，帮助学生巩固和加深理解实际设计中所运用的交通专业理论知识，并依据设计图纸、设计报告和答辩情况，综合评定学生的答辩成绩。

3.课程综合评价环节

课程设计以锻炼学生综合实践能力为目标，以项目为导向，任务为载体。在课程设计中，教师作为组织者、引导者，引导学生发现问题、思考问题、解决问题，锻炼学生的理论融合能力、长期发展能力、综合创新能力、知识应用能力和自主学习能力。由于课程设计的重点在于让学生完成实际的项目任务，对于学生的考核也应更注重评价学生学习过程中的主动性、所学知识的实践性、解决问题的创新性和对学习内容的思辨性。交通设计课程设计的评价为过程性评价，教师需要对学生的整个课程设计过程中的重要环节进行跟踪性评价。

对学生学习情况的评价建议贯穿整个课程设计，包括课程设计前期准备阶段、课程设计中期实施阶段、课程设计后期汇报阶段，可依据各个阶段任务的复杂性及考察能力的重要程度设置阶段评价权重。评价方式不建议使用一锤定音的标准化考试，建议分阶段以学生理解、思辨、创新、应用和态度五个方面能力的形成作为关键评价依据设置评价指标。依据评价指标对学生能力进行评价，可以综合考虑教师评价、学生自我评价、同学互评等对评价对象的评价结果。

课程设计评价主要包括以下评价内容：对学习过程的评价、对课程答辩的评价和对设计报告的评价。三项评价内容考查的方面各有侧重，具体如下：

•对学习过程的评价

重点关注学生在解决问题的过程中，是否进行主动的、建构的、有意图的、真实的和合作的学习，在整个学习过程中学生是否得到了能力的提升。该评价是过程性评价，建议综合采用教师评价、学生自我评价、小组间互评、小组内互评等方式。

•对课程答辩的评价

重点关注学生在答辩过程中对项目的组织汇报能力的展现，包括对项目工作完成情况的总结是否详略得当，对设计方案的介绍和对方案的比选过程是否有理有据，对教师和同学提出的问题是否能正确作答。该评价是总结性评价，建议采用教师评价和小组互评相结合的方式。

•对设计报告的评价

包括问题的分析和解决思路、设计方案、改善效果、报告撰写情况以及是否体现小组合作。该评价是总结性评价，建议采用教师评价的方式。

第四节　课程设计中应注意的几个问题

交通设计课程设计是高等学校交通类专业学生一次较全面的设计训练。为了使学生能尽快投入并适应设计实践，达到预期的教学目的，在交通设计课程设计中必须注意以下几个问题。

1.参考资料与创新意识

交通设计首先应了解交通规划等相关基础和约束条件，对于交通系统改建项目还应调查交通基础设施的现状及使用状况。设计是一项根据特定要求和具体工作条件进行的复杂而细致的工作，凭空想象而不依靠任何资料是无法完成设计工作的。因此，在课程设计前学生需要认真研读任务书及相关参考资料，仔细分析设计目标和要求，充分利用已有资料做好先行工作。学习前人的经验是提高设计质量的重要保证，学习能力也是设计工作能力的重要体现，但应该在已有参考资料的基础上，结合项目现状，有针对性地进行大胆创新和突破，创造自我设计的亮点，而非盲目地、机械地抄袭资料。在设计方案时应用已有经验固然能保证设计方案没有大的偏失，但要使方案贴切实际、符合要求，更重要的是创新意识的体现。

2.参数选择与实际情况

在交通设计中，任何长度、半径等数据都不能完全由理论计算决定，还需要综合考虑现状条件、周边环境和配套设施等因素。调研阶段由于样本流量数据较少、调研时间段内流量变化的不确定性、调查精度不够等问题，处理后的流量数据也会与实际状况存在一定偏差。因此，不能把设计理解成片面的计算，更不能将计算得到的参数直接当作最终的设计参数。在符合规范要求、安全环保的前提下，实际设计的参数需要综合考虑后确定。

3.正确使用标准和规范

在设计过程中,应遵守国家或相关部门颁布的有关标准和技术规范。这既是保证设计安全系数、降低施工成本的重要原则,又是评价设计质量的重要指标,因此熟悉并熟练使用标准和规范是课程设计的一项重要任务。

4.熟练地掌握设计方法

课程设计的最终目的是培养学生运用交通设计手段解决城市交通问题的能力,帮助学生在实践中更加深刻地理解交通设计理论知识的实际应用,对今后的学习和从事相关工作的能力都有促进。因此,学生在课程设计过程中,要重视交通设计方法,主要包括前期交通调研方法、流量数据处理方法、交通设计的主要步骤、图纸绘制方法等。熟练掌握边计算、边设计、边评价、边修改的设计方法,力求精益求精。

5.图纸和设计报告

设计图纸的绘制和打印应符合制图规范,报告要求计算正确、逻辑清晰、格式工整、内容完备。

6.协作沟通与独立完成

在课程设计的各阶段可以考虑学生的分工和协作。一般的,调研阶段需要学生分组完成。在团队协作过程中,学生应互相协助、合理分工、及时沟通,低投入高质量地完成调研工作。设计阶段的工作可以由学生独立完成也可以以小组的形式合作开展。在设计过程中要教学相长,教师要因材施教、严格要求,学生要充分发挥主观能动性,要有勤于思考、深入钻研的学习精神和严肃认真、一丝不苟、有错必改、精益求精的工作态度。最后,要注意掌握设计进度,保质保量地按期完成设计任务。

第五节 计算机辅助绘图

一、计算机辅助设计

计算机辅助设计是指工程技术人员以计算机为工具,用各自的专业知识,对产品进行总体设计、绘图、分析和编写技术文档等设计活动的总称。它具有制图速度快、修改设计快、设计计算快,易于建立和使用标准图库及改善绘图质量、提高设计和管理水平、缩短设计周期等一系列优点,是工程设计方法的发展方向,目前已得到广泛应用。

在交通设计课程设计中,学生可在调研阶段用手工画图的方式记录现场情况,可用传统的手工计算进行流量数据处理工作,也可以用计算机进行辅助设计计算。学生在交通设计阶段一般需要绘制道路平面设计图和典型道路横断面图。道路平面设计图和典型道路横断面图可采用计算机软件AutoCAD绘制。关于计算机绘图方面的问题可参考有关教材。

二、AutoCAD交通设计绘图的一般标准

1.比例尺

道路平面设计图和典型道路横断面图的绘制建议采用比例尺1:1000,可根据图框大小适当缩小或放大比例尺。

2. 线段属性

图例彩图效果

在应用AutoCAD进行交通设计绘图中，绘制的线段属性的选取建议如表1-1所示。

表1-1 AutoCAD线段建议属性

线段名称	建议线型	建议线宽	建议颜色	图例
人行横道线	Continuous	0.40mm	颜色7	
对向车行道分界线	单黄虚线4～6mm	0.15mm	颜色40	
同向车行道分界线	同向车行道分界线6～9mm(设计速度≥60km/h)；同向车行道分界线2～4mm(设计速度＜60km/h)	0.15mm	颜色7	
潮汐车道线	车行道分界线6～9mm(设计速度≥60km/h)；车行道分界线2～4mm(设计速度＜60km/h)	0.15mm	颜色40	
车行道边缘白色实线	Continuous	0.15mm	颜色7	
车行道边缘白色虚线	车行道分界线2～4mm	0.15mm	颜色7	
路口导向线(连接同向车道)	路口导向线2～2mm	0.15mm	颜色7	
路口导向线(连接对向车道)	路口导向线2～2mm	0.15mm	颜色40	
公交专用车道线	公交专用道车道线4～4mm	0.20mm	颜色40	
双黄实线禁止跨越对向车行道	Continuous	0.20mm	颜色40	
机动车限时停车标线	机动车限时停车位标线0.6～0.6mm	0.10mm	颜色7	
左弯待转区线	左弯待转区线0.5～0.5mm	0.15mm	颜色7	
禁止长时停车线	禁止长时停车线1～1mm	0.15mm	颜色40	

注：设计图比例尺为1:1000，则图中1mm对应为实际1m。

3. 图案和颜色

图例彩图效果

交通设计AutoCAD绘图中，绘制图案和颜色的选取建议如表1-2所示。

表1-2 AutoCAD图案和颜色选取建议

名称	建议图案	建议颜色	图例
栅栏	FENCELINE1	颜色4	

续表

名称	建议图案	建议颜色	图例
行人驻足区	AR-HBONE	颜色36	
缓坡	ANGLE	颜色6	
防撞水箱	STARS	颜色1	
自行车铺装	SOLID	颜色246	
公交停靠站	ANSI37	颜色204	
绿化带	GRASS	颜色3	

4.图层、线宽与颜色的对应关系

交通设计AutoCAD绘图中,图层、线宽与颜色的对应关系建议如表1-3所示。

表1-3 图层、线宽与颜色的对应关系选取建议

序号	图层名称	色号	线宽	彩图色号
1	jt标线	颜色7	默认	颜色7
2	jt道路红线	颜色1	默认	颜色1
3	jt防撞水箱	颜色1	默认	颜色1
4	jt公交车站	颜色204	默认	颜色204
5	jt缓坡	颜色6	默认	颜色6
6	jt路缘石	颜色5	默认	颜色5
7	jt绿化	颜色3	默认	颜色3
8	jt人非隔离带	颜色4	默认	颜色4
9	jt树池	颜色94	默认	颜色94
10	jt信号灯	颜色1	默认	颜色1
11	jt栅栏	颜色4	默认	颜色4
12	jt指北针	颜色7	默认	颜色7
13	jt中央驻足区	颜色36	默认	颜色36
14	jt自行车	颜色246	默认	颜色246
15	jt隔离墩	颜色4	默认	颜色4
16	jt图框	颜色7	默认	颜色7

5. 文字字形和高度

一般情况下，设计图中标注建议采用字体及字高如表1-4所示，字形的宽度比例采用0.8(可适当缩小)，多行文字的行距为1.5～2倍。

表1-4　字形、字高选取建议

序号	名称	字体	字高
1	路名	汉字建议采用长仿宋字体，字母及数字建议采用黑体	4mm
2	地名标注		3mm
3	标志、信号灯、相位图标注		2.5mm
4	尺寸标注		2.5mm
5	其他		2.5mm

6. 绘图范围

一般情况下，绘图内容应包括所绘制的交通设计图。此外，图纸内建议添加绘图相关信息，内容包括指北针、图例、项目名称、图名、比例、图号、图幅、绘图说明以及日期等，并在图纸下方学生个人信息栏内写上学生姓名、学号和专业。建议采用图框如图1-3所示。

(1)指北针采用通用指北针，制图固定在右上角。

(2)图纸说明及图例位于图框右侧。

(3)项目名称、图名、比例、图号、图幅、日期以及学生信息建议绘制在图纸下方。

根据打印图纸尺寸，选择绘图建议图框大小。

(1)ISO　A3:420.00mm×297.00mm

(2)ISO　A4:297.00mm×210.00mm

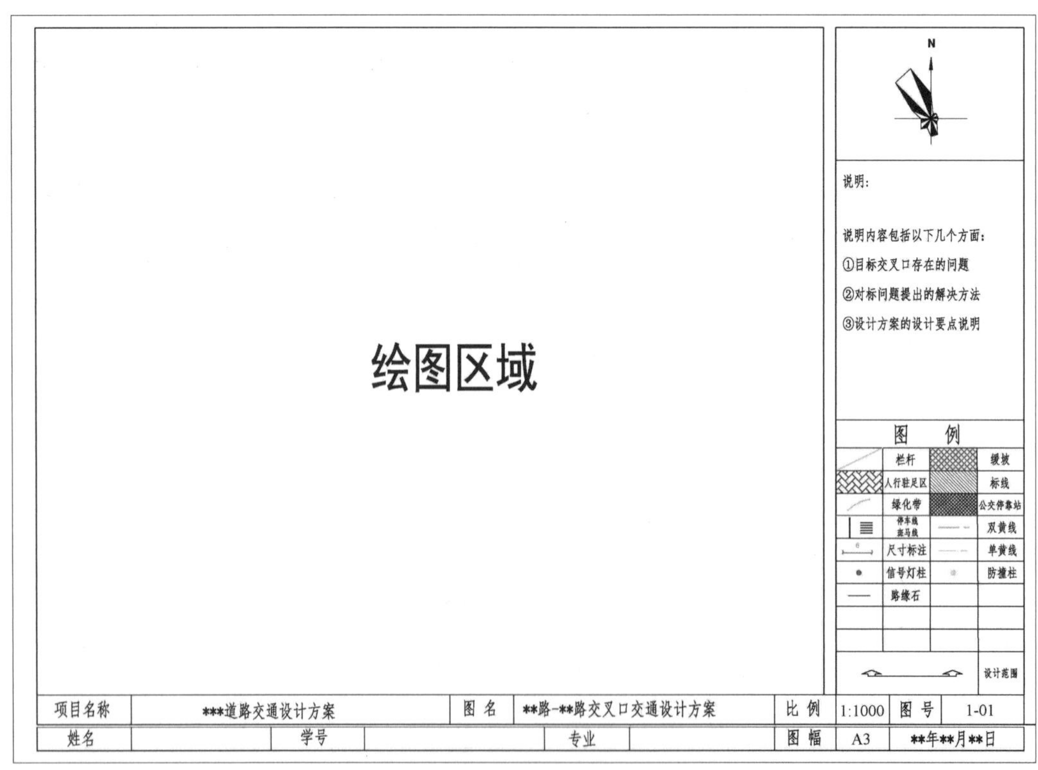

图1-3　交通设计课程设计AutoCAD绘图建议图框

三、常用AutoCAD命令快捷键

常用AutoCAD命令快捷键如表1-5所示。

表1-5 常用AutoCAD命令快捷键

序号	名称	命令	快捷键	序号	名称	命令	快捷键
1	直线	LINE	L	15	偏移实体	OFFSET	O
2	多段线	PLINE	PL	16	图形阵列	ARRAY	AR
3	多边形	POLYGON	POL	17	移动实体	MOVE	M
4	绘制矩形	RECTANG	REC	18	旋转实体	ROTATE	RO
5	画弧	ARC	A	19	比例缩放	SCALE	SC
6	画圆	CIRCLE	C	20	修剪	TRIM	TR
7	样条曲线	SPLINE	SPL	21	延伸实体	EXTEND	EX
8	椭圆	ELLIPSE	EL	22	打断线段	BREACK	BR
9	定义图块	BLOCK	B	23	倒圆角	FILLET	F
10	画点	POINT	PO	24	分解	EXPLODE	XP
11	填充实体	HATCH	H	25	跨文件复制	COPYCLIP	CTRL+C
12	删除实体	ERASE	E	26	跨文件粘贴	PASTECLIP	CTRL+V
13	复制实体	COPY	CO/CP	27	多行文本	MTEXT	MT
14	镜像实体	MIRROR	MI				

第二章 总体交通设计

总体交通设计应依据上位规划和交通发展的实际要求,以功能分析和路权分配为出发点,对设计对象的整体及各要素进行预留、控制和协调。本章内容主要包括交叉口整体布局、公交专用道布局、路内停车布局、步行与自行车交通设施布局和横断面布局。

第一节 交叉口整体布局

交叉口整体布局设计应该首先明确交叉口形式,一般分为平面交叉口和立体交叉口。对于平面交叉口,区分改建治理或新建,确定规划条件及约束条件,制定总体交通组织方案和步行及自行车过街组织方案;对于立体交叉口,在展开专题分析研究的基础上,明确立交的用地控制边界和初步选型。

应合理选择交叉口形式,除快速路和地形不允许的情况,应优先采用平面交叉口形式,交叉口规模不宜过大。

平面交叉口总体布局主要有以下几种方式:慢行交通一体化设计的交叉口布局、非机动车二次过街设计的交叉口布局、非机动车随机动车一起左转的交叉口布局、设置内部右转实体渠化岛的交叉口布局。如图2-1所示。

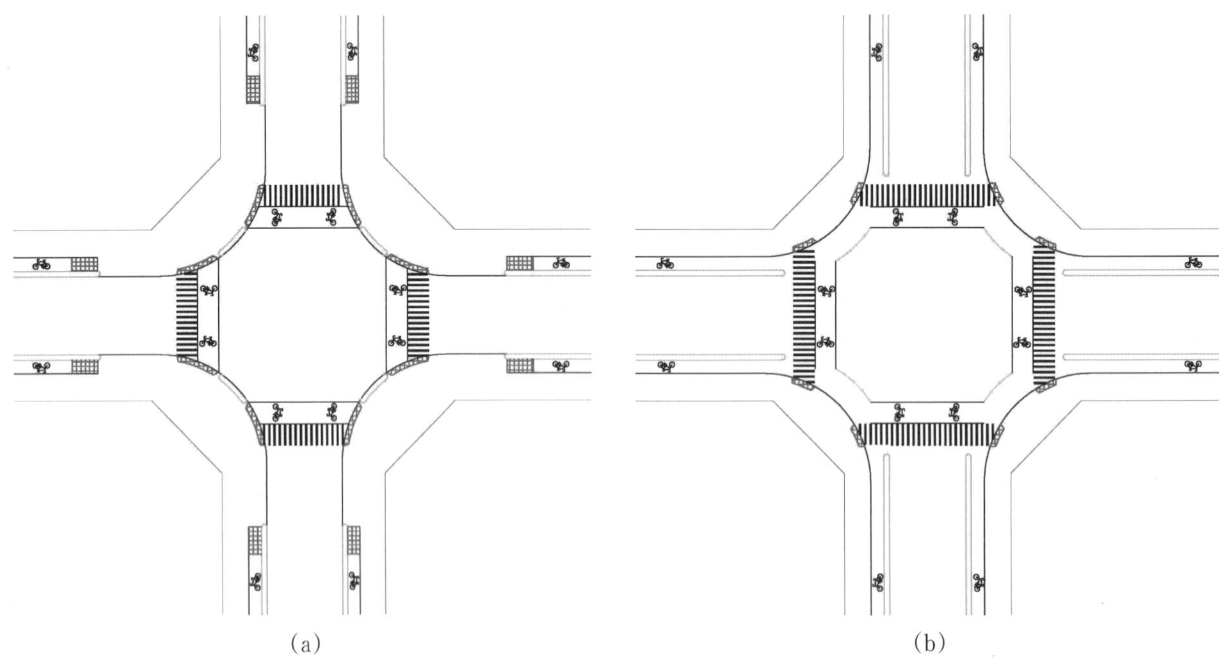

(a) (b)

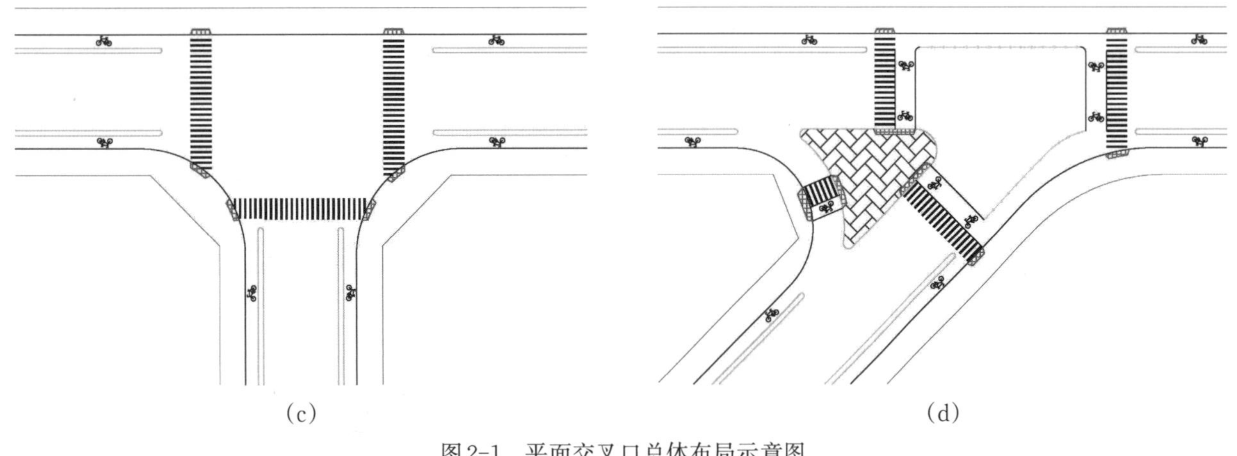

(c)　　(d)

图2-1　平面交叉口总体布局示意图

第二节　公交专用道布局

公交专用道布局主要指明确公交专用道在道路横断面的位置，主要分为路中央式、路次外侧式和路外侧式三种形式。

一、路中央式公交专用道

路中央式公交专用道，即将公交专用道设计在道路最内侧机动车道。适用于中央有实体分隔、公交站距离较大的快速道路及主干道路，公交车沿途干扰较小，运行效率高。如果公交车辆为右开门，行驶路线在进出站区域会因站台的偏心设计而较为不畅。如图2-2所示。

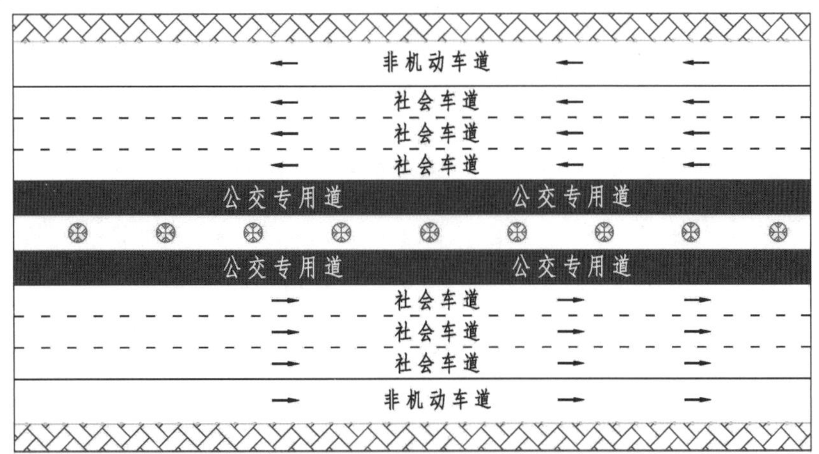

图2-2　路中央式公交专用道示意图

二、路次外侧式公交专用道

路次外侧式公交专用道，即将公交专用道设计于次外侧机动车道。在道路资源充分时，道路单向车道大于等于4条时,可将公交专用道布设在次外侧车道,最外侧车道作为进出交通流的通行辅道,服务于沿线相交支路及单位进出交通。在公交车进出停靠站时会存在一定的交织。如图2-3所示。

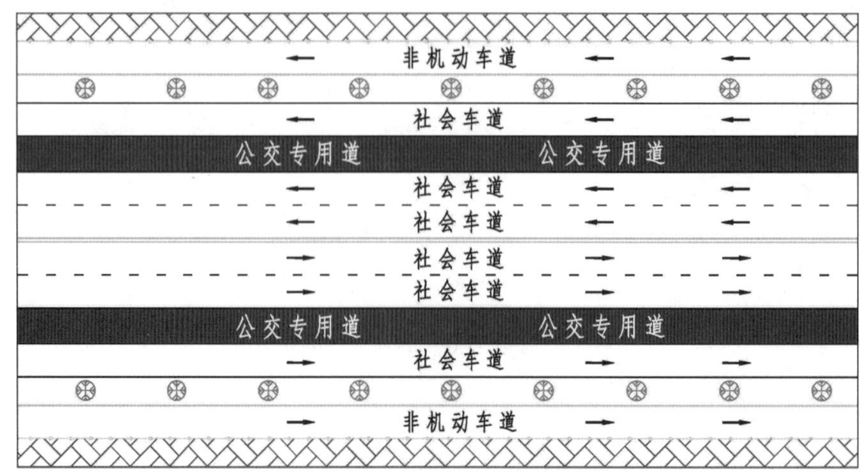

图2-3 路次外侧式公交专用道示意图

三、路外侧式公交专用道

路外侧式公交专用道,即将公交专用道设计于道路最外侧机动车道。适用于设置在停靠站距离比较小的路段,公交车可以直接沿最外侧车道进出停靠站,不必穿越其他机动车道。但受出租车上下客及道路上进出口车辆影响,其总体运行速度会下降。如图2-4所示。

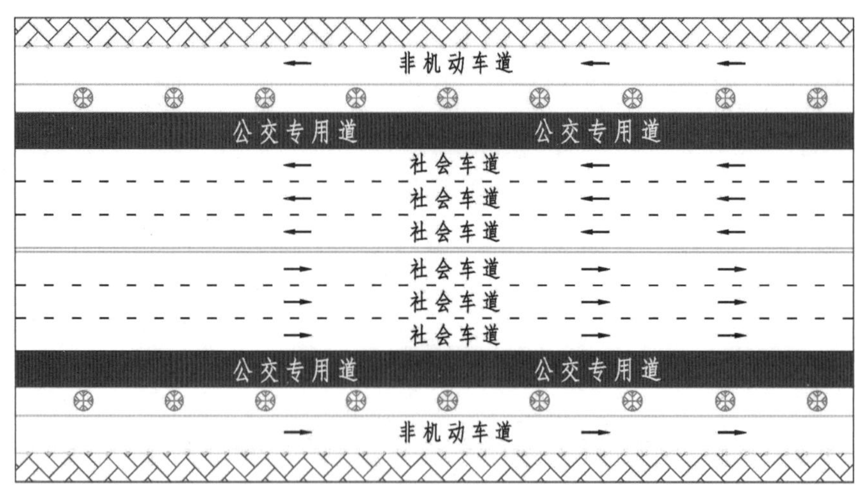

图2-4 路外侧式公交专用道示意图

第三节 路内停车布局

路内停车应依据道路网布局和交通组织要求,同时考虑交通流量、车道数、道路宽度、路口特性、公共设施及两侧土地使用状况等因素进行布设。

原则上，凡是会影响交通安全与通畅的停车地点，均应禁止路边停车；某地点能否允许路边停车，取决于该处的道路条件及行车与停车需求的相对重要性。

一般地，城市主干道上的机动车道应尽量避免设置路边停车，且在某些场所附近（如餐饮、住宅、医药等）可分时段设置停车位。

在总体布局阶段，应明确允许和禁止设置路内停车的路段，并将路边停车泊位的空间落实在道路横断面中，明确必要的生活货运车辆临时停车位及用地落实。

第四节　步行与自行车交通设施布局

主要确定步行和自行车交通分区分级，落实步行专用路用地范围，校核城市道路的步行和自行车通行空间，校核并确定行人过街设施的布局和形式，落实立体过街设施的用地范围，确定公交停靠站周边的步行和自行车设施的衔接和用地范围。

行人过街横道的设置应在整条道路上作通盘考虑。一般的，交叉口处过街需求较大，可优先布置过街横道，然后根据交叉口的间距、道路的性质、车流量、沿线两侧大型交通集散点及公交停靠站的位置和路边停车的情况，考虑路段中间是否增设行人过街横道。

在主干路和次干路的路段上，行人过街横道间距宜为250～300m。为确保行人过街安全，在下列地段不宜设置行人过街横道：

（1）弯道、纵坡变化路段等视距不良的地方。

（2）车辆转弯进出较多又不能禁止的地方。

（3）瓶颈路段。

第五节　横断面布局形式

以完整街道理念为指导，根据道路功能确定各交通方式构成比例及空间要求，布局横断面形式。在道路横断面发生变化的位置，应提供横断面方案并校核道路红线：包括公交停靠站处、行人过街横道处、设机动车停车泊位处、快速路出入口匝道等处的横断面。道路横断面设计应满足无障碍设计和管线布设的相关要求。各种断面形式的特点和适用情况，如表2-1所示。

表2-1　各种断面形式的特点和适用情况

断面形式	特点	适用情况
单幅路	对向机动车流无分隔，机非混行，机动车行驶车速较低	机动车、非机动车流量均不大的次干路或支路
双幅路	对向机动车流分隔行驶，机非混行，对向机动车流干扰较少，内侧车道行驶车速较高	机动车流量较大，非机动车流量较小的次干路、主干路或快速路
三幅路	对向机动车流无分隔，机非分行，排除了机非之间的干扰，机动车行驶车速较高，非机动车行驶安全	非机动车流量较大的主干路
四幅路	对向机动车流分隔行驶，机非分行，排除了对向机动车及机非之间的干扰，机动车行驶车速高，非机动车行驶安全	机动车、非机动车流量均较大的主干路或快速路

第三章 机动车交通设计

第一节 概 述

城市道路是交通基础设施的重要组成部分，交通运行状况直接影响到出行者的出行质量。城市道路交通设计以实现交通的安全、通畅、环保、有序、便捷、效率化，并最终构筑和谐交通系统与出行环境为目标。机动车是城市交通的重要组成部分，本章主要研究交通设计中常见的路段和交叉口中机动车相关的交通设计问题，从横断面出发，通过停车线、进出交通设计到附属设施设计等多个方面讲解机动车在路段和交叉口中的详细设计步骤和方法。本章第二节阐述了详细的设计过程，第三节至第五节阐述了路段交通设计的步骤和方法，第六节至第十一节阐述了交叉口交通设计的步骤和方法。

第二节 设计流程

本章的设计内容为机动车交通设计，主要设计流程如图3-1所示。

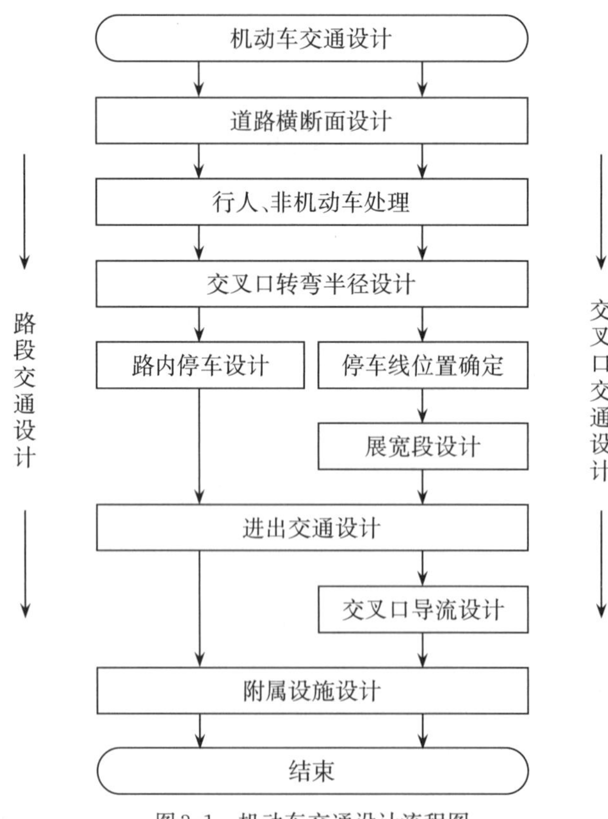

图3-1 机动车交通设计流程图

第三节　路段道路横断面设计

道路横断面，是指道路中线上各点的法向切面。横断面设计包括机动车道、非机动车道、分隔带、路侧带（人行道、绿化带、设施带）等部分，应按道路等级、服务功能、交通特性，结合各种控制条件，在规划范围内合理布设。首先应确定横断面的布置形式，进而对组成横断面的各部分具体内容进行设计，包括车道宽度、分隔带、路侧带等设计。

一、道路断面形式设计

《城市道路工程设计规范（CJJ 37—2012）》[1]中规定横断面设计应按道路等级、服务功能、交通特性，结合各种控制条件，在规划红线宽度范围内合理布设。横断面设计应满足远期交通功能需要。分期修建时应近远期结合，使近期工程成为远期工程的组成部分，并应预留管线位置，控制道路用地，给远期工程的实施留有余地。城市建成区道路不宜分期修建。改建道路应采取工程措施与道路交通管理相结合的方法布设横断面。

横断面可分为单幅路、两幅路、三幅路、四幅路及特殊形式的断面，如图3-2所示。

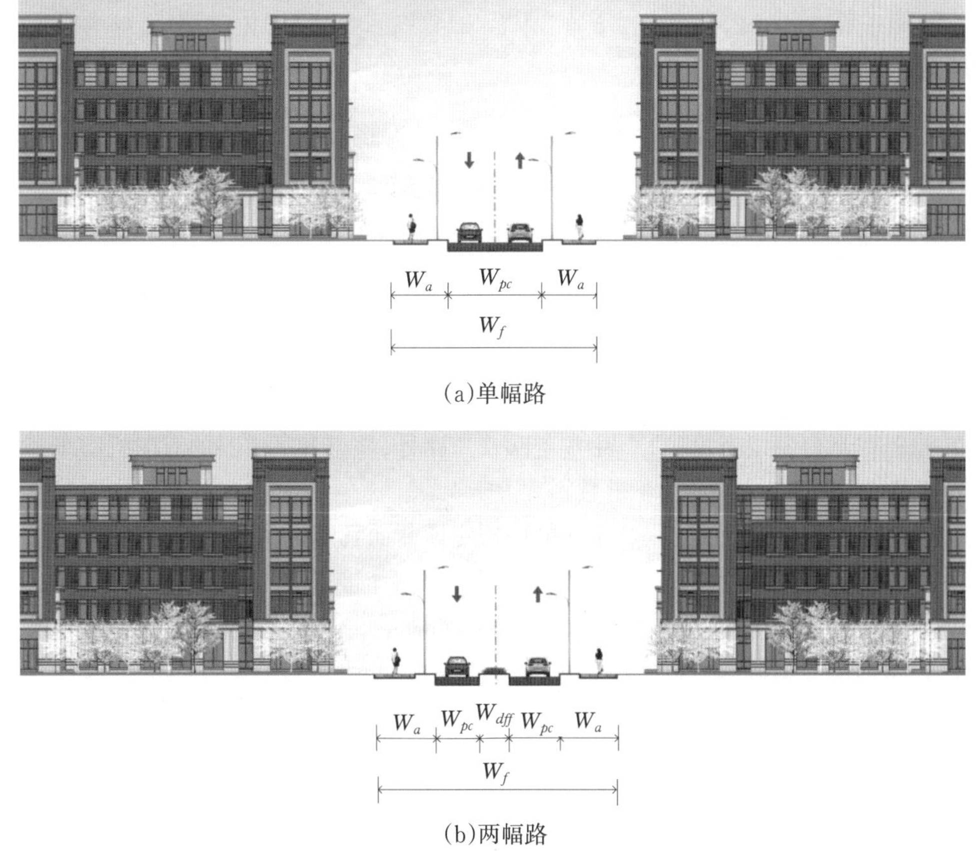

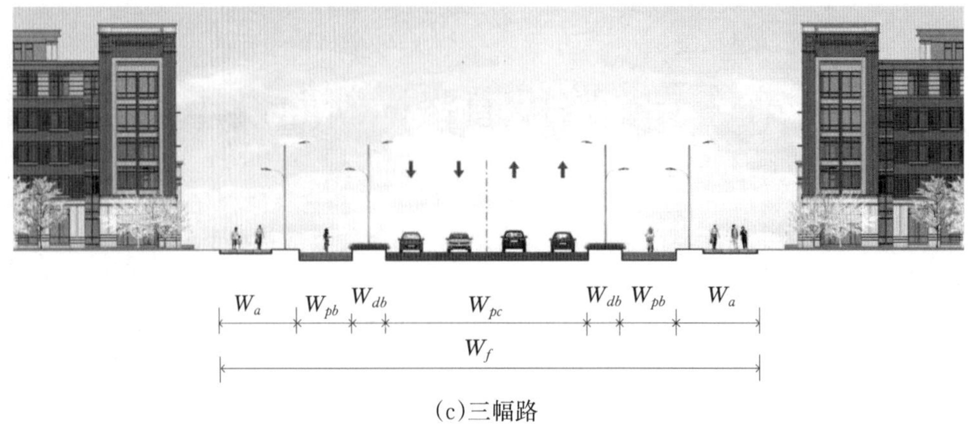

(c)三幅路

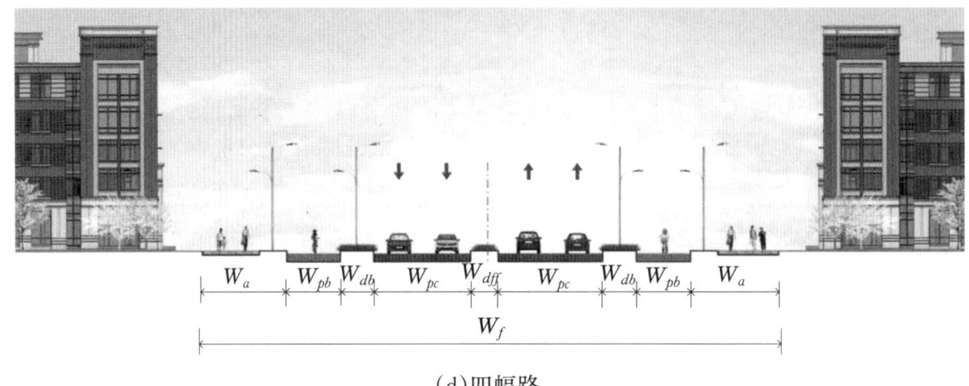

(d)四幅路

图3-2 横断面形式[1](单位:m)

注:W_f—道路红线宽度;W_a—人行道宽度;W_{pb}—非机动车道宽度;W_{db}—机非隔离带宽度;W_{pc}—机动车道宽度;W_{dff}—中央隔离带宽度。

当快速路两侧设置辅路时,应采用四幅路;当两侧不设置辅路时,应采用两幅路。主干路宜采用四幅路或三幅路;次干路宜采用单幅路或两幅路;支路宜采用单幅路。对需设置公交专用车道的道路,横断面布置应结合公交专用车道位置和类型全断面综合考虑,并应优先布置公交专用车道。同一条道路宜采用相同形式的横断面。当道路横断面变化时,应设置过渡段。

二、各交通方式车道数及道路宽度设计

《城市交通设计导则(征求意见稿)》[2]中规定除快速路外,城市各类道路的双向机动车车道数不宜大于6条。生活性主、次干路双向机动车车道数不宜大于4条。

《城市道路工程设计规范(CJJ 37—2012)》[1]中规定横断面宜由机动车道、非机动车道、人行道、分车带、设施带、绿化带等组成,特殊断面还可包括应急车道、路肩和排水沟等。

车行道是道路上供各种车辆行驶部分的总称,包括机动车道和非机动车道。车行道宽度应根据设计车辆、设计车速、交通量等情况来确定。

1.机动车道宽度设计

《城市道路工程设计规范(CJJ 37—2012)》[1]中关于机动车道宽度的规定如下:

(1)一条机动车道宽度应符合表3-1的规定。

表3-1 一条机动车车道最小宽度[1]

车型及车道类型	设计速度(km/h)	
	>60	≤60
大型车或混行车道(m)	3.75	3.50
小客车专用车道(m)	3.50	3.25

(2)机动车道路面宽度应包括车行道宽度及两侧路缘带宽度,单幅路及三幅路采用中间分隔物或双黄线分隔对向交通时,机动车道路面宽度还应包括分隔物或双黄线的宽度。

2.非机动车道宽度设计

非机动车道宽度应符合下列规定:

(1)一条非机动车道宽度应符合表3-2的规定。

表3-2 一条非机动车道宽度

车辆种类	自行车	三轮车
非机动车道宽度(m)	1.0	2.0

(2)与机动车道合并设置的非机动车道,单向车道数不应小于2条,宽度不应小于2.5m。

(3)非机动车专用道路面宽度应包括车道宽度及两侧路缘带宽度,单向不宜小于3.5m,双向不宜小于4.5m。

(4)多条自行车道一般不用车道线进行划分。

3.路侧带设计

城市道路车行道边缘至红线间的范围称为路侧带。路侧带可由人行道、绿化带、设施带等组成(图3-3)。

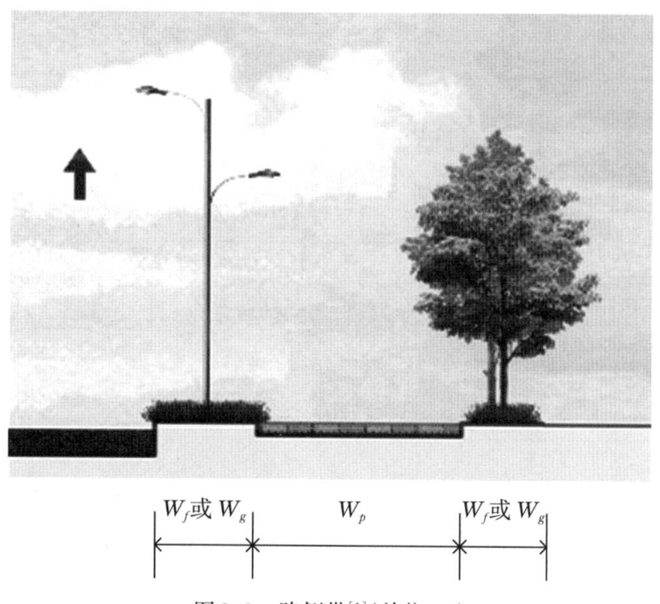

图3-3 路侧带[1](单位:m)

注:W_f—设施带宽度;W_g—绿化带宽度;W_p—人行道宽度。

《城市道路工程设计规范(CJJ 37—2012)》[1]规定:

(1)人行道宽度必须满足行人安全顺畅通过的要求,并应设置无障碍设施。人行道最小宽度应符合表3-3的规定。

表3-3 人行道最小宽度[1]

项目	人行道最小宽度(m)	
	一般值	最小值
各级道路	3.0	2.0
商业或公共场所集中路段	5.0	4.0
火车站、码头附近路段	5.0	4.0
长途汽车站附近路段	4.0	3.0

(2)绿化带的宽度应符合现行行业标准《城市道路绿化规划与设计规范(CJJ 75—97)》[9]的相关要求。

(3)设施带宽度应符合包括设置护栏、照明灯柱、标志牌、信号灯、城市公共服务设施等的要求,各种设施布局应综合考虑。设施带可与绿化带结合设置,但应避免各种设施与树木间的干扰。

4.分车带设计

(1)分车带按其在横断面中的不同位置及功能,可分为中间分车带(简称中间带)及两侧分车带(简称两侧带),分车带由分隔带及两侧路缘带组成(图3-4)。

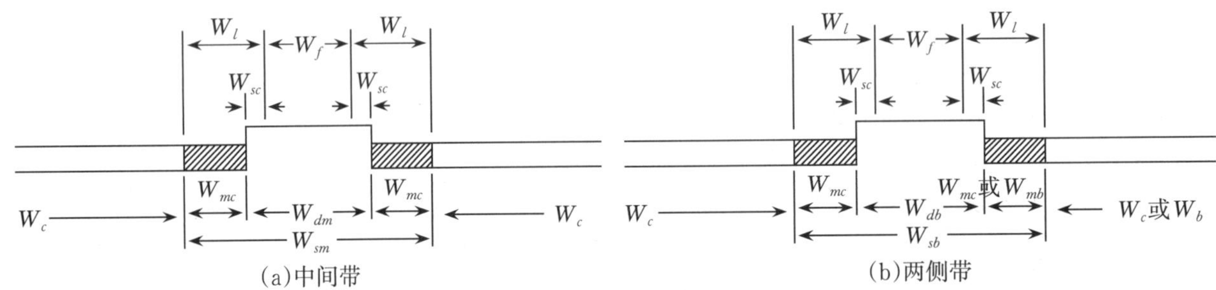

图3-4 分车带[1](单位:m)

注:W_l—侧向净宽,W_f—设施带宽度,W_{sc}—安全带宽度,W_c—机动车道或机非混行车道的车行道宽度,W_b—非机动车道的车行道宽度,W_{mc}—机动车道路缘带宽度,W_{mb}—非机动车道路缘带宽度,W_{db}—两侧分隔带宽度,W_{sb}—两侧分车带宽度,W_{dm}—中间分隔带宽度。W_{sm}—中间分车带宽度。

(2)《城市道路工程设计规范(CJJ 37—2012)》[1]规定分车带最小宽度应符合表3-4。

表3-4 分车带最小宽度[1]

类别		中间带		两侧带	
设计速度(km/h)		≥60	<60	≥60	<60
路缘带宽度(m)	机动车道	0.50	0.25	0.50	0.25
	非机动车	—	—	0.25	0.25
安全带宽度(m)	机动车道	0.25	0.25	0.25	0.25
	非机动车	—	—	0.25	0.25
侧向净宽(m)	机动车道	0.75	0.50	0.75	0.50
	非机动车	—	—	0.50	0.50
分隔带最小宽度(m)		1.50	1.50	1.50	1.50
分车带最小宽度(m)		2.50	2.00	2.50(2.25)	2.00

注:

1.侧向净宽为路缘带宽度与安全带宽度之和;

2.两侧带分隔带宽度中,括号外为两侧均为机动车道时的取值;括号内数值为一侧为机动车道,另一侧为非机动车道时的取值;

3.分隔带最小宽度值系按设施带宽度为1m考虑的,具体应用时,应根据设施带实际宽度确定。

(3)分隔带应采用立缘石围砌,需要考虑防撞要求时,应采用相应等级的防撞护栏。

5.应急车道设计

《城市道路工程设计规范(CJJ 37—2012)》[1]对应急车道的设置有以下规定:

当快速路单向机动车道数小于3条时,应设不小于3.0m的应急车道。当连续设置有困难时,应设置应急停车港湾,间距不应大于500m,宽度不应小于3.0m。

6.路肩设计

城市道路与公路不一样,通常不设置路肩。但是在特别路段,路面外侧仍然应设置路肩。根据《城市道路工程设计规范(CJJ 37—2012)》[1],路肩设置应符合下列规定:

(1)采用边沟排水的道路应在路面外侧设置保护性路肩,中间设置排水沟的道路应设置左侧保护性路肩。

(2)保护性路肩宽度自路缘带外侧算起,快速路不应小于0.75m;其他道路不应小于0.50m;当有少量行人时,不应小于1.50m。当需设置护栏、杆柱、交通标志时,应满足其设置要求。

第四节　路内停车设计

路内停车为城市道路停车的一种方式,通常用于缓解停车难问题,城市道路路内停车的设计应符合《城市道路路内停车泊位设置规范(GA/T 850—2009)》[10]中规定,具体参照第八章中路内停车设计的部分。

第五节　进出交通设计

城市道路出入口在位置、间距及端部的几何设计上,应保证不让主线的直行交通受到过大的干扰,并能稳定、安全、迅速地实现分、合流交通。

《城市交通设计导则(征求意见稿)》[2]对地块机动车出入口交通设计提出以下要求:

(1)设置机动车双向行驶的地块出入口车行道宽度宜为7m;单向行驶的地块出入口车行道宽度宜为5m。有特殊要求的地点(如大型体育场馆、公交停保场等地)可适当加宽。

(2)城市交通主干路沿线地块出入口应选择右进右出交通设计模式。当干路车流密集且地块出入口进出车辆较多时,应设置加减速车道。如图3-5所示。

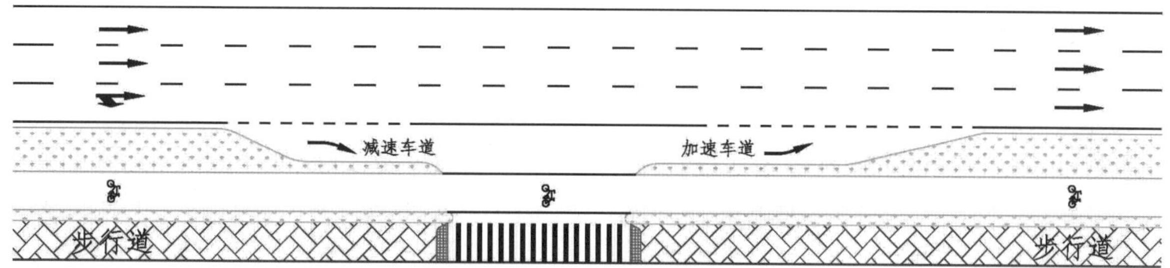

图3-5　设置加减速车道的右进右出交通设计模式[2]

(3)紧急救援类(医院、消防队等)和城市支路上、生活性次干路上的地块出入口可采用允许左转的通行模式。如图3-6所示。

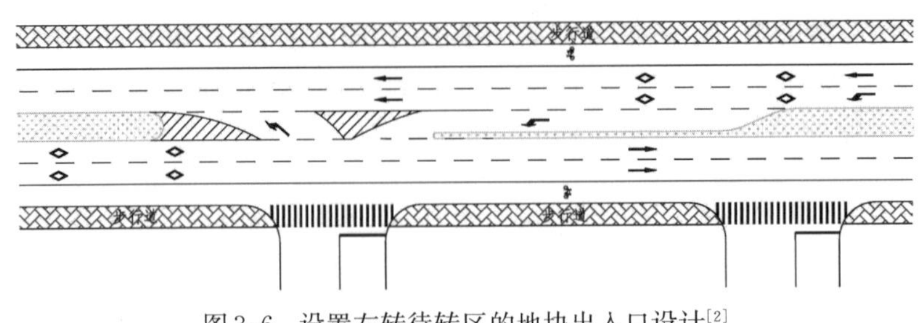

图3-6　设置左转待转区的地块出入口设计[2]

(4)地块出入口的收费闸机距道路边界线应保持至少2-3个车位的距离,避免等候车辆排队至城市道路上。如图3-7所示。

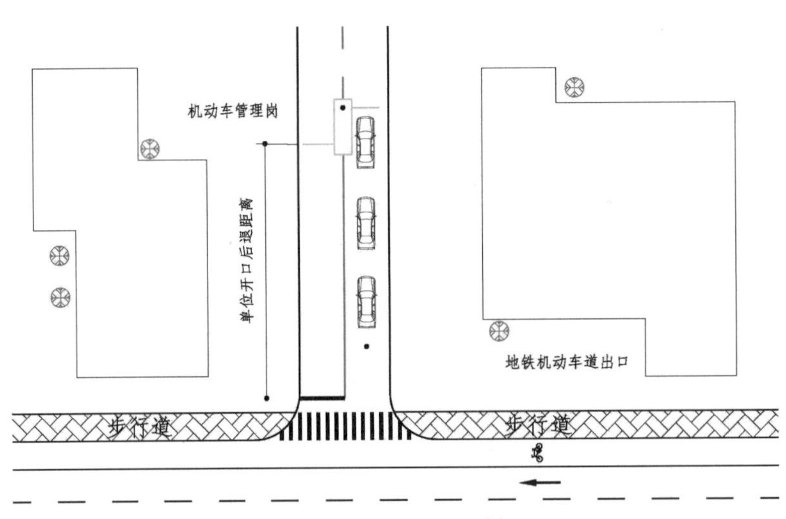

图3-7　地块出入口[2]

第六节　交叉口道路横断面设计

交叉口设计并不是孤立地存在,而是包含在整条道路的设计里,也就是说在进行道路设计时就要考虑到交叉口。交叉口横断面的设计内容主要是交叉口进出口道设计,包括进口道车道数、出口道车道数,车道宽度以及进口道各车道功能的划分设计。

一、车道数设计

道路交叉口车道数为进口车道数和出口车道数的总和。

《城市道路交叉口设计规程(CJJ 152—2010)》[5]对交叉口进出口道数规定如下:

(1)信号控制交叉口应根据交通流量、流向确定进口道车道数,并进行渠化设计。进口道车道数应大于上游路段的车道数,有条件时尽量分设各流向的专用车道,并满足其交通量所需的车道数要求。

(2)出口道车道数应与上游各进口道同一信号相位流入的最大进口车道数相匹配。条件受限的治理性交叉口,允许比流入最大进口车道数少一条。相邻进口道设有右转专用车道时,出口道应展宽一条右转专用出口车道。

二、车道功能划分设计

对于交叉口进口道,应对其车道功能进行划分。车道功能的合理划分是交叉口快速分流的重要保障。

其中,对于让行标志交叉口,《城市道路交叉口设计规程(CJJ 152—2010)》[5]中规定让行标志交叉口次要道路进口道宜展宽成两条车道:一条右转车道,一条直左混行车道(四岔交叉口)或左转车道(三岔交叉口)。主要道路进口道不设停止线,车道条数可与路段一样。两条车道时,四岔交叉口可分别设直右、直左混行车道,三岔交叉口可分别设直行车道、直行与转弯混行车道;三条车道时,四岔交叉口可分别设直右、直行、直左混行车道,三岔交叉口可分别设两条直行车道、一条直行与转弯混行车道。当高峰15分钟内每信号周期左转平均车流量达2辆时,宜设左转专用车道,每信号周期左转平均车流量达10辆,或需要的左转专用车道长度达90m时,宜设两条左转专用车道。左转交通量特别大且进口道上游路段车道数为4条或4条以上时,可设3条左转专用车道。

对于信号控制交叉口,车道功能设计应与信号相位相协调。一般地,当交叉口设有左转专用车道和信号灯左转相位,如信号周期左转交通量和掉头交通量之和不大于该车道的通行能力,掉头车辆可利用左转专用车道掉头,见图3-8。如信号周期左转交通量和掉头交通量之和大于该车道的通行能力,且掉头车辆比例较高,宜单独设置掉头专用车道,并在对向车道设置掉头汇入区段。

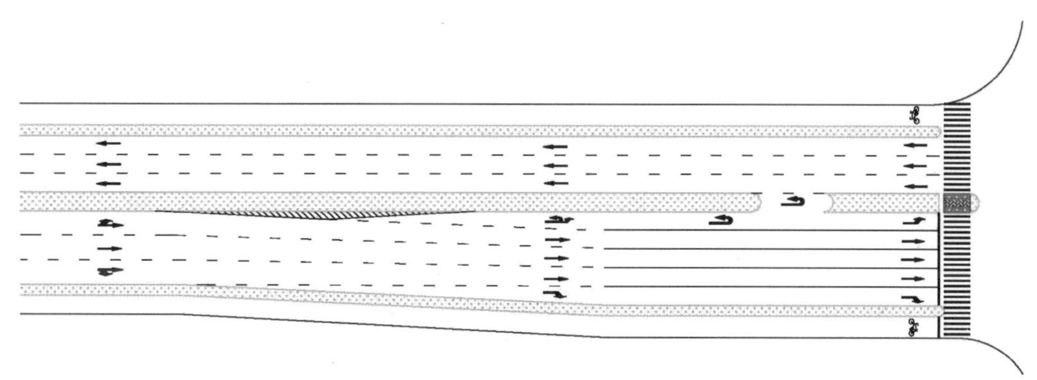

图3-8 左转与掉头车辆共用车道设计示例

三、车道宽度设计

道路交叉口车道宽度取值参考路段车道宽度取值要求。

《城市道路交叉口设计规程(CJJ 152—2010)》[5]中对交叉口进出口道宽度作了如下规定:

(1)新建或改建平面交叉口一条进口车道的宽度为3.25m,困难情况下最小宽度可取3.0m;治理性交叉口,用地受到限制时,一条进口车道的最小宽度可取2.80m。转角导流交通岛右侧右转专用车道应按设计车速及转弯半径大小设置车道加宽。

(2)出口道每条车道宽度应不小于路段车道宽度,一般为3.5m,治理性交叉口出口道每条车道宽度宜不小于3.25m。

第七节　交叉口内部空间渠化

一、待行区线设计

《城市道路交通标志和标线设置规范(GB 51038—2015)》[7]中说明交叉口内部待行区设计应符合以下规定：

(1)交叉口范围较大且左转车辆较多,左转车辆在直行时段进入待行区等待左转,应设置左弯待转区线。交叉口范围较大且直行车道及车辆较多,直行车辆在横向道路左转时进入待行区等待直行,应设置直行待行区线。

(2)待行区线应由白色虚线、停止线和导向箭头三部分组成;白色虚线线宽应为15cm,线段及间隔长度均应为0.5m;停止线线宽宜为20cm或30cm;导向箭头长应为3m,宜在待行区起始位置及停止线前各施划一组,待行区较长时可重复设置,较短时可仅设置一组,如图3-9所示。

(3)待行区内可同时施划箭头和文字,颜色均应为白色,文字字高应为150cm,字宽应为100cm,间距应为50cm,文字应在待行区内居中布置。

(4)待行区应设置于专用车道前端,伸入交叉口,在有条件的地点,可设置多条待行车道,但不得超过对应出口道车道数。

(5)对设置左弯待转区线的信号相位分配,应先放行本方向直行,后放行本方向左转。对设置直行待行区线的信号相位分配,应先放行横向道路左转,后放行本方向直行。

(6)待行区线的设置不得相互交叉和影响其他方向车辆的正常行驶。

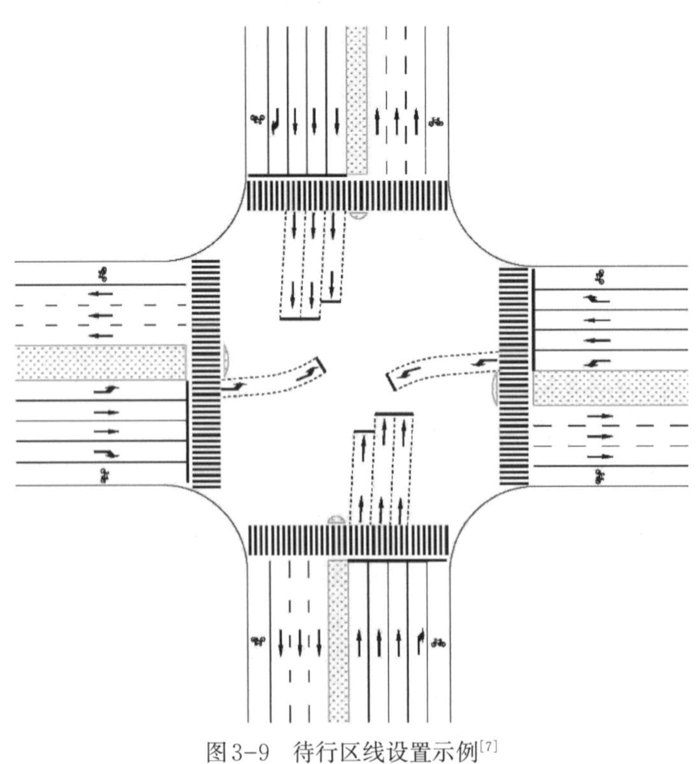

图3-9　待行区线设置示例[7]

二、交叉口内部渠化设计

平面交叉口内部区域应采用导流线、导向线、交通岛以及交通流向标志等进行渠化设计。

1.导流线设计

《城市道路交通标志和标线设置规范(GB 51038—2015)》[7]中说明导流线的设置应符合以下规定:

(1)机动车道过宽或不规则交叉口,应设置导流线;

(2)互通立交或上下匝道的出入口,应设置导流线;

(3)交通行驶条件比较复杂的交叉口,宜设置导流线;

(4)其他需要规范车辆行驶轨迹的特殊地点,可设置导流线。

《道路交通标志和标线(GB 5768—2009)》[4]中规定导流线表示车辆需按规定的路线行驶,不得压线或越线行驶。主要用于过宽、不规则或行驶条件比较复杂的交叉路口,立体交叉的匝道口或其他的特殊地点。导流线应根据交叉路口地形和交通流量、流向状况进行设计。导流线颜色为白色,与道路中心线相连时,也可用黄色。标线形式可分为单实线,V型线和斜纹线三种。实际施工中,外围线宽15cm或20cm,内部填充线宽为40cm或45cm,间隔100cm,倾斜角为45°,示例如图3-10所示。

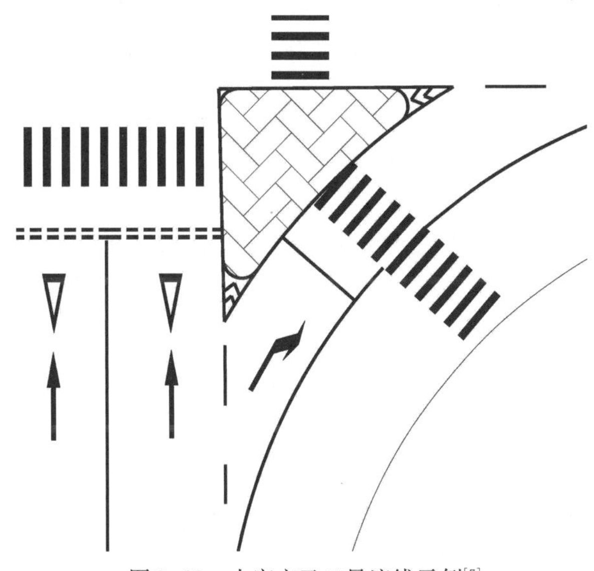

图3-10　十字交叉口导流线示例[7]

2.路口导向线设计

《城市道路交通标志和标线设置规范(GB 51038—2015)》[7]中说明路口导向线的设置应符合以下几条规定:

(1)当平面交叉口范围较大、形状不规则或交通组织复杂,车辆寻找出口车道困难或交通流交织严重时,应设置路口导向线。

(2)路口导向线应采用虚线,线宽应为15cm,线段及间隔长度均应为2m。连接对向车行道分界线应采用黄色虚线,连接同向车行道分界线或机非分界线的应采用白色虚线。

(3)导向线可分为左转导向线、右转导向线、直行导向线,设置应符合下列规定:

①平面交叉口相交角小于70°或左转车辆寻找出口车道困难,应设置左转导向线;

②直行车道进口道和出口车道错位,渐变率大于设计速度规定的交叉口渐变率,宜设置直行导向线;

③右转转动角度较大或右转车辆易与非机动车、路缘石发生冲突，宜设置右转导向线。

(4)路口导向线可仅设置一条导向线布置于导向车道一侧，车道方向识别特别困难情况下，也可设置两条导向线布置于导向车道两侧；当有多条导向车道时，可设置多条导向线。

3.交通岛设计

《城市道路设计规程》[3]中规定了设置交通岛的基本要求：

(1)平面交叉口应采用交通岛、路面标线及交通流向标线进行渠化设计；行人安全岛上应该按行人横道线宽度铺设人行道铺面。

(2)渠化的行驶路线应简单明了，根据各流向车流的安全行驶轨迹设计。

(3)交叉口内应把各流向交通流行驶轨迹所需空间之外的多余面积用标线或实体构筑导向交通岛。

(4)导向交通岛间导流车道的宽度应适当，应避免因过宽所引起的车辆并行、抢道；右转专用车道应按转弯半径大小设计车道加宽。

(5)交通岛不应设在竖曲线顶部。

(6)交通岛面积不宜小于7.0m²，面积窄小时，可采用路面标线表示。

(7)当机动车车道数大于或等于6条或人行横道长度大于30m时应设安全岛；新建交叉口，岛宽宜大于或等于2.0m，最小岛宽应大于或等于1.5m；改建、治理交叉口岛宽应大于或等于1.0m。

《城市道路交叉口设计规程(CJJ 152—2010)》[5]中规定交通岛可分为导流岛和安全岛。转角交通岛兼作行人过街安全岛时，面积(包括岛端尖角标线部分)不宜小于20m²。

导流岛间导流车道的宽度应适当，以避免因过宽而引起车辆并行、抢道。需设右转专用车道而布设转角交通岛时，右转专用车道曲线半径须大于25m，并应按设计车速及曲线半径大小设置车道加宽，加宽后的车道宽度列于表3-5。

表3-5　右转专用车道加宽后的宽度(m)[5]

设计车型曲线半径(m)	大型车	小型车
25～30	5.0	4.0
＞30	4.5	3.75

导流岛端部应醒目，并在外形上能诱导车辆前进方向，必要时可兼作行人过街安全岛。导流岛的偏移距、内移距及端部圆曲线半径见图3-11，最小值可按表3-6取用。导流岛各部分要素见图3-12，最小值可按表3-7取用。

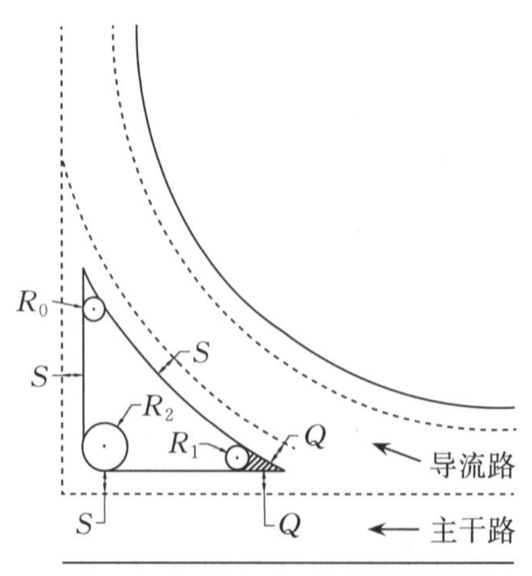

图3-11　偏移距、内移距及端部圆曲线半径[5]

表3-6 导流岛偏移距、内移距、端部曲线半径最小值[5]

设计行车速度(km/h)	偏移距 S(m)	内移距 Q(m)	R_0(m)	R_1(m)	R_2(m)
≥50	0.50	0.75	0.5	0.5~1.0	0.5~1.5
<50	0.25	0.50			

表3-7 导流岛各要素的最小值(m)[5]

图示	(a)			(b)			(c)	
要素	W_a	L_a	R_a	W_b	L_b	R_b	W_c	L_c
最小值(m)	3.0	5.0	0.5	3.0	(b+3)	1.0	(D+3)	5.0

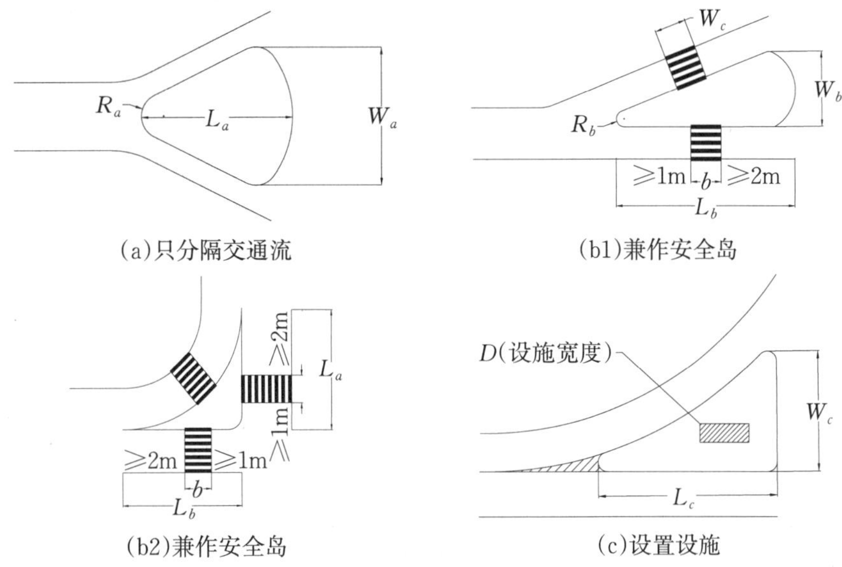

图3-12 导流岛各部分要素

第八节 交叉口转弯半径设计

确定了交叉口道路横断面位置之后,就确定了各流向车道的位置,同时需确定各种类型车辆在交叉口范围内行驶时所需的合理转弯半径大小,因而要采取交叉口转弯半径设计。

一、左转转弯半径设计

《城市道路设计规程》[3]中指出交叉口左转内侧轨迹线半径宜按表3-8控制,在设有左转专用进口道的交叉口内部应设置左弯待转区,其转弯半径最小值可采用25m。

表3-8 交叉口左转内侧轨迹线最小半径[3]

左转弯设计速度(km/h)	30	25	20	15
左转内侧轨迹线最小半径(m)	38~43	26~30	18~21	12~15

二、右转转弯半径设计

为保障过街行人安全，需要尽量降低右转机动车速度，视其车型应尽量采用小的转弯半径，一般宜采用12～15m，即使大车也不宜超过20m。另外，为了保障右转机动车能够有让行过街行人的待行空间，相邻的行人过街横道之间应预留约6m（待行一辆右转车）的间距。再一方面，为避免过街行人和非机动车违章穿行，交叉口转角处应设置绿化或分隔栏等隔离设施。《城市道路交叉口规划规范（GB 50647—2011）》[6]中指出交叉口转角处的路缘石宜为圆曲线或复曲线，路缘石转弯半径宜按表3-9的规定选用。

表3-9　交叉口转角路缘石转弯最小半径[6]

右转设计速度(km/h)		30	25	20	15
路缘石转弯半径(m)	无非机动车道	25	20	15	10
	有非机动车道	20	15	10	5

第九节　停车线位置

为了避免空间上的冲突，停车线位置需要根据各流向通行轨迹确定，尤其是交叉口转弯半径确定后的转向通行轨迹。

（1）《道路交通标志和标线（GB 5768—2009）》[4]中规定停车线应设置在有利于驾驶人观察路况的位置。设有人行横道时，停车线应距人行横道100～300cm，如图3-13所示。停车线对横向道路左转弯机动车正常通行有影响的，可适当后移，或部分车道的停车线做部分后移，后移距离可以根据实际情况决定，一般为100～300cm，如图3-14所示。

（2）《城市道路交叉口设计规程（CJJ 152—2010）》[5]中规定有交通信号控制或行车让行标志的平面交叉口进口道处必须设置停止线。停止线宜垂直于车道中心线。有人行横道时，停止线宜在其后1～2m处设置。当交叉口为畸形交叉口或有特殊需要时，停止线应后退更大的距离。

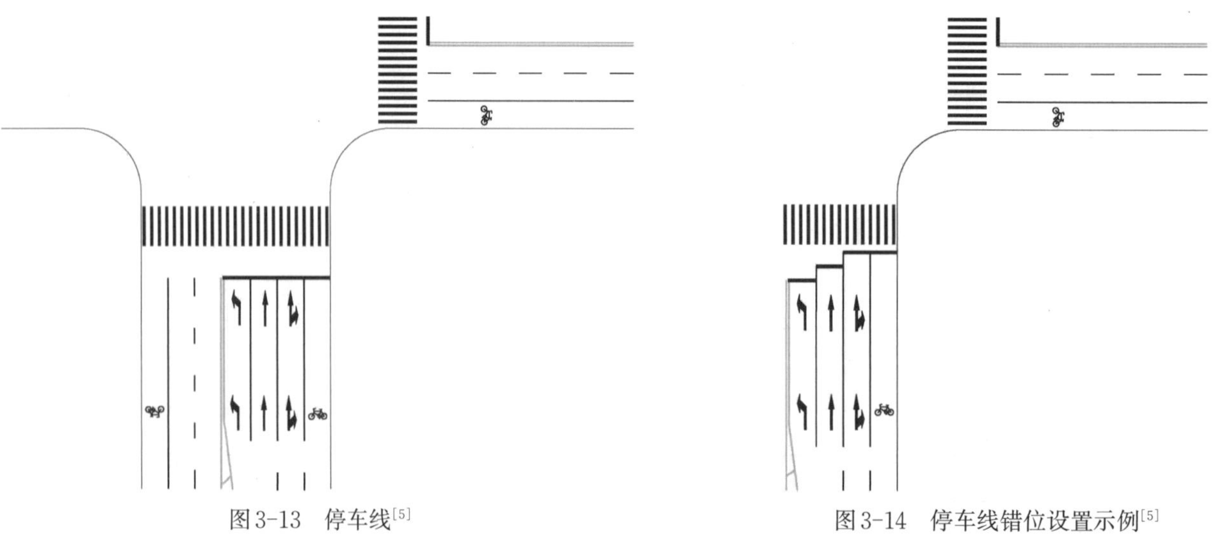

图3-13　停车线[5]　　　　图3-14　停车线错位设置示例[5]

第十节　交叉口车道展宽设计

交叉口车道展宽设计是指在接近交叉口的道路两侧展宽或增辟附加车道。在交叉口的一定范围内拓宽车行道的宽度，例如由二车道拓宽为三车道，这样可以实行"左""直""右"分道行驶，有利于改善交通秩序，增加交通安全。交叉口的展宽方式可分为两种，一种为左侧展宽，主要利用中央分隔带或偏移道路中心线占用对向车道的部分宽度进行拓宽；一种为右侧展宽，主要对进口道右侧进行拓宽。交叉口的展宽设计包含展宽段设计和渐变段设计两部分内容。

一、展宽段设计

在交叉口的出入口处为提高通行效率，道路向两边加宽的一段为展宽段，可分为左侧展宽和右侧展宽，如图3-15、图3-16所示。

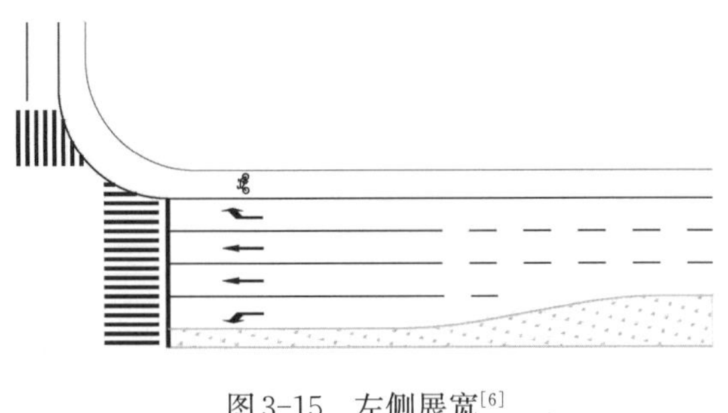

图3-15　左侧展宽[6]

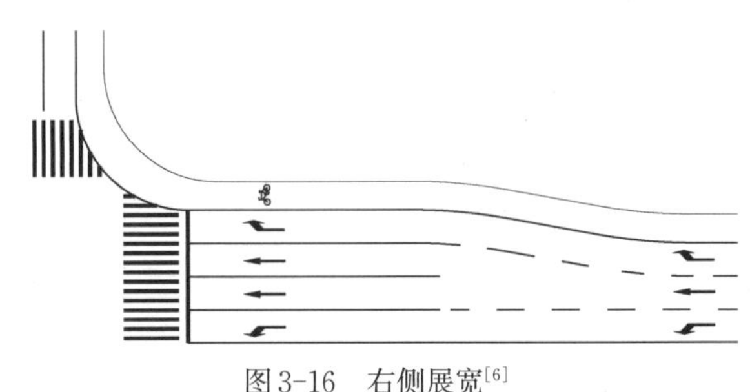

图3-16　右侧展宽[6]

1.进口道展宽段设计

《城市道路交叉口规划规范(GB 50647—2011)》[6]中规定：

(1)进口道规划展宽长度L_a，应由展宽渐变段长度L_d与展宽段长度L_s组成。展宽段长度可按公式(3-1)计算。无交通量资料时，展宽段长度应按表3-10的规定取值，支路最小长度不应小于30m，次干路最小长度不应小于40～50m，主干路最小长度不应小于50～70m，与支路相交应取下限值，与干路相交应取上限值：

$$L_s = 9N \tag{3-1}$$

式中：N—高峰15分钟内每信号周期的左转或右转车的排队车辆数。

表3-10　平面交叉口进口道展宽段及展宽渐变段的长度[6]

	进口道规划红线长度(m)					
	展宽段长度(m)			展宽渐变段长度(m)		
	主干路	次干路	支路Ⅰ	主干路	次干路	支路Ⅰ
主一主	80～120	—	—	30～50	—	—
主一次	70～100	50～70	—	20～40	20～40	—
主一支	50～70	—	30～40	20～30	—	15～30
次一次	—	50～70	—	—	20～30	—
次一支	—	40～60	30～40	—	20～30	15～30

(2)新建、改建交叉口可按式(3-2)确定进口道规划红线展宽宽度。路段上规划有路缘带和分隔带时,进口道规划红线展宽宽度应扣除路缘带和分隔带可用于进口道展宽的宽度:

$$W_1 = r \times W_2 \times n \tag{3-2}$$

式中:W_1—进口道规划红线展宽宽度,以0.5m为单位向上取值(m);

W_2—路段平均一条车道规划宽度(m);

r—进口道展宽系数,按表3-11取值;

n—路段单向车道数。

表3-11　进口道展宽系数[6]

路段平均一条车道规划宽度(m)	3.00	3.25	3.50	3.75
展宽系数r	1.00	0.85	0.71	0.60

(3)治理交叉口进口道展宽段的宽度,应根据实测各交通流向的交通量及可实施的治理条件确定。

(4)进口道规划设置公交港湾停靠站时,进口道规划红线展宽宽度应在展宽段计算结果的基础上再增加3m。

(5)进、出口道部位机动车道总宽度大于16m时,规划人行过街横道应设置行人过街安全岛,进口道规划红线展宽宽度必须在展宽段计算结果的基础上再增加2m。

(6)改建、治理平面交叉口进口道规划红线以及路段红线应予展宽的宽度与延伸的长度,应根据所在地点的具体概况确定。

2.出口道展宽设计

《城市道路交叉口规划规范(GB 50647—2011)》[6]中规定:

(1)出口道展宽段长度,视道路等级,主干路不应小于60m,次干道不应小于45m,支路不应小于30m,有公交港湾停靠站时,还应增加设置停靠站所需的长度。

(2)改建、治理平面交叉口出口道规划红线的展宽宽度、展宽段长度和展宽渐变段长度,应根据所在地点的具体概况确定。

(3)新建平面交叉口出口道规划设有公交港湾停靠站时,其规划红线应在路段规划红线的基础上展宽3.0m;上游进口道规划设有右转专用车道时,应相应增加右转出口道宽度。

《城市道路设计规程(DGJ 08—2106—2012)》[3]中指出,出口道展宽段长度从缘石转弯曲线端点向下游方向计算,不设公交停靠站时,长度为60~80m。设置公交停靠站时,应再加上公交停靠站所需的长度,并满足视距三角形的要求;在设置展宽的出口道上设置公交停靠站时,应利用展宽段的延伸段设置港湾式公交停靠站。出口道为干路,相邻进口道有右转专用车道时,出口道必须设置展宽段。

二、展宽渐变段设计

1.进口道展宽渐变段设计

《城市道路交叉口规划规范(GB 50647—2011)》[6]中规定:

(1)新建平面交叉口进口道展宽渐变段长度应符合表3-10的规定。

(2)进口道规划展宽长度L_a应由展宽渐变段长度L_d与展宽段L_s长度组成。展宽渐变段的长度L_d按表3-10的规定取值,干路展宽渐变段最短长度不应小于20m,支路不应小于15m。

《城市道路设计规程(DGJ 08—2106—2012)》[3]中指出进口道渐变段长度可按式3-3计算:

$$L_d=(V_a\times\Delta W)/3 \tag{3-3}$$

式中，L_d—展宽渐变段长度(m)；

V_a—进口道设计速度(km/h)；

ΔW—横向偏移量(m)。

2.出口道展宽渐变段设计

(1)《城市道路交叉口规划规范(GB 50647—2011)》[6]中规定：出口道展宽渐变段长度不应小于20m。

(2)展宽渐变段长度L_d按《道路交通标志和标线(GB 5768—2009)》[4]规范要求确定，见式3-4：

$$L_d=\begin{cases}\dfrac{V^2W}{155}, V\leqslant 60\text{km/h}\\ 0.625\times V\times W\end{cases} \tag{3-4}$$

式中：V—设计速度(km/h)；

W—变化宽度(m)。

上式计算结果大于表3-13所示最小值时，采用计算结果作为实际展宽渐变段长度，反之采用表3-13所示最小值作为实际展宽渐变段长度。

路面(车行道)宽度渐变段标线应沿道路纵向布置(图3-17)；其长度应包括停车视距(M_1)、渐变段长度(L_d)、路宽缩减终点标线延长距离(D)三部分。M_1的取值应符合《城市道路交通标志和标线设置规范(GB 51038—2015)》[7]中第11.4.1条规定，如表3-12所示。速度不小于60km/h的道路D取值应为40m，其他情况应为20m；L的最小取值应符合表3-13的规定。

表3-12　视距要求值[6]

设计速度(km/h)	停车视距M_1(m)	会车视距M_2(m)	超车视距M_3(m)
100	160	320	-
80	110	220	550
60	70	140	350
50	60	120	325
40	40	80	200
30	30	60	150
20	20	40	100

注：表中没有包括的速度的视距值，可用内插法求算。

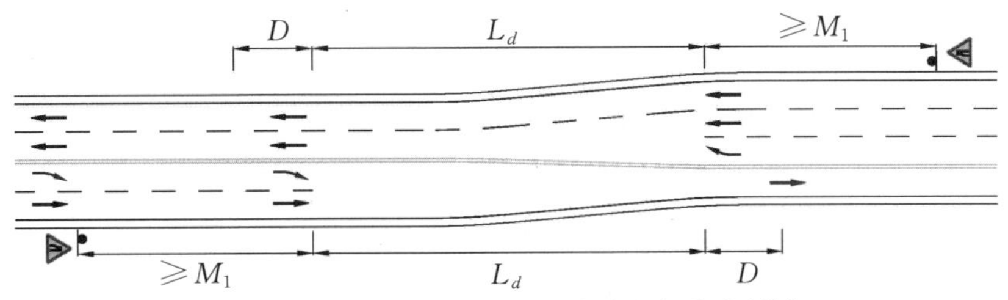

图3-17　路面(车行道)宽度渐变段标线示例[6]

表3-13　路面(车行道)宽度渐变段长度(L_d)最小值[6]

速度(km/h)	最小长度(m)	速度(km/h)	最小长度(m)
20	20	60	40
30	25	70	70
40	30	80	85
50	35	>80	100

路面(车行道)宽度渐变段标线可采用平行粗实线进行填充,线宽应为45cm,间隔应为100cm,倾斜角度应为45°,方向应顺双侧行车方向。

第十一节　交叉口范围进出交通设计

《城市道路设计规程(DGJ 08—2106—012)》[3]中规定在交叉口功能区范围内不宜设置街坊出入口。公交港湾式停靠站结合出口车道一体化设置时,不宜侵入交叉口功能区范围。

若条件所限必须在交叉口范围设置出入口,参考《城市道路交叉口设计规程(CJJ 152—2010)》[5]中规定改建交叉口、地块或建筑物出入口应满足以下要求:

(1)主干路上,距平面交叉口停止线应不小于100m,且只准右进右出。

(2)次干路上,距平面交叉口停止线应不小于80m,且只准右进右出。

(3)支路上,距离与干路相交的平面交叉口停止线应不小于50m,距离同支路相交的平面交叉口应不小于30m。

第十二节　附属设施设计

附属设施包括无障碍设施、交通管理设施、城市道路绿化、管线铺设等。无障碍设施包括:缘石坡道、盲道、轮椅坡道等;交通管理设施包括交通标志和标线,我国现代的道路交通标志分主标志和辅助标志两大类;交通标线按其功能可分为纵向标线、横向标线和其他交通安全设施线三大类。道路附属设施和平面交叉口附属设施的设计方法如下所示。

一、路段附属设施

1.缘石坡道设计

《城市道路设计规程(DGJ 08—2106—2012)》[3]中规定缘石坡道应符合下列规定:

(1)缘石坡度的设置范围:

①人行道在交叉路口、街坊路口、单位出入口、人行横道、安全岛、立体交叉等处。

②城市广场出入口。

(2)缘石坡道的分类:

①单面坡缘石坡道:适用于支路口,街角和绿化带缘石开口处。

②三面坡缘石坡道:适用于主要道路交叉口,路段中人行横道处。

③扇面式缘石坡道:适用于主要道路交叉口,路段中人行横道处。

④全宽式缘石坡道:适用于街坊路口和庭院入口两侧的人行道。

⑤平行式缘石坡道:适用于有特殊要求路段的人行道处。

⑥组合式缘石坡道:适用于道路大修时临时设置的位置。

⑦转角处三面坡缘石坡道:适用于道路交叉口的人行道的转角处。

⑧转角处扇面式缘石坡道:适用于道路交叉口的人行道的转角处。

(3)缘石坡道的技术要求:

①坡度:三面坡缘石坡道正面及侧面的坡度不应大于1:12;其他形式的缘石坡道的坡度均不应大于1:20。

②宽度:三面坡缘石坡道的正面坡道宽度不应小于1200mm;扇面式缘石坡道的下口宽度不应小于1500mm;转角处缘石坡道的上口宽度不应小于2000mm;其他形式的缘石坡道的宽度不应小于1200mm。

③缘石坡道下口高出车行道的地面距离不得大于10mm。

④缘石坡道的坡面应平整、防滑。

⑤缘石坡道应与人行横道相对应。

⑥缘石坡道宜采用全宽式单面坡缘石坡道。

2.盲道设计

《城市道路设计规程(DGJ 08—2106—2012)》[3]中规定盲道应符合下列规定:

(1)盲道的设置范围:

①市区主干路和次干路的人行道、新城和主要中心镇主干路和次干路的人行道、旅游景点周边道路的人行道、商业区和步行街的人行道、政府办公建筑和为残疾人服务机构周边道路的人行道、大型公共建筑周边道路的人行道、城市广场的人行道应设置行进盲道和提示盲道。

②在重要公共建筑的主要出入口应设提示盲道,并与人行道上的行进盲道相连通。

③公交候车点处应设提示盲道,并与人行道上的行进盲道相连通。

④人行道宽度小于3.0m或人行通道宽度小于1.5m时可不设盲道。但若该人行道上下游设有盲道时,为了保持盲道的连贯性,该人行道宜设盲道。

(2)盲道的分类:

①盲道根据类型分为:行进盲道和提示盲道。如图3-18所示。

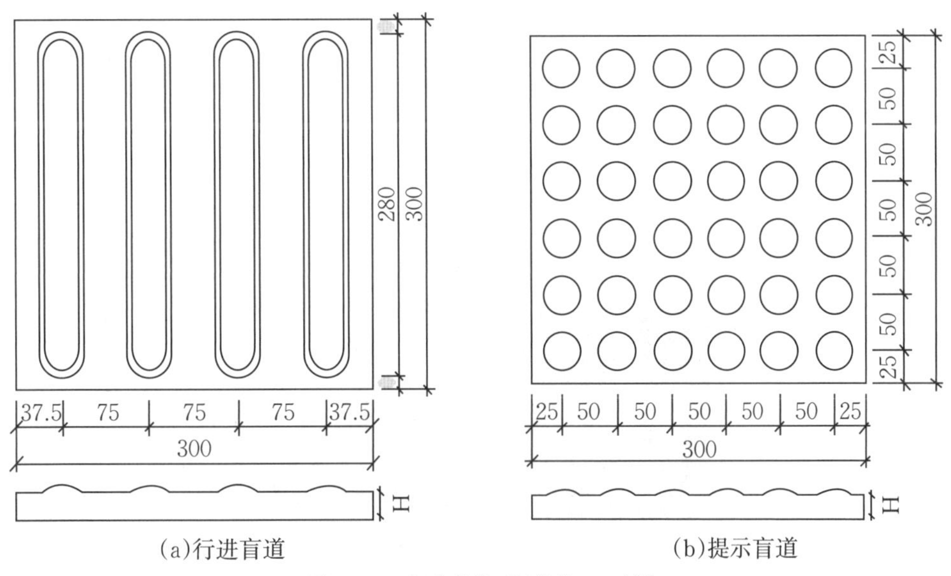

图3-18　盲道的类型(单位:mm)[3]

②盲道根据材质分为:预制混凝土盲道砖、花岗岩或大理石盲道板、陶瓷类盲道板、橡胶塑料类盲道板、其他材质(不锈钢、聚氯乙烯)盲道型材。

(3)盲道的技术要求:

①盲道常用尺寸:300mm×300mm、250mm×250mm、200mm×100mm;

②厚度：凸出地面5mm，其他厚度(H)根据材质而定；

③盲道设计宽度：300～600mm，并与人行通道总宽度协调；

④颜色：宜采用中黄色，也可与周围环境相协调；

⑤盲道应设在人行道外侧距围墙、花坛、绿化地带250～600mm处；也可设在人行道内侧(靠近车行道)距路缘侧石或树穴250～600mm处；如人行道较宽，应留出非机动车停放位置后设置盲道。

⑥盲道铺设应连续，应避开树木、电线杆、拉线、树穴、窨井盖等等障碍物，其他设施不得占用盲道；

⑦盲道停止或改变方向应用提示盲道过渡，其宽度应大于行进行盲道的宽度；

⑧室外盲道应采用预制混凝土盲道砖和花岗岩、大理石盲道板。

3. 轮椅坡道设计

《城市道路设计规程(DGJ 08—2106—2012)》[3]中规定轮椅坡道应符合下列规定：

(1)轮椅坡道的设置范围为人行天桥和人行地道处。

(2)轮椅坡度的技术要求：

①宽度：净宽应大于1200mm；

②坡度：不得大于1∶12；

③长度：当轮椅坡道的水平投影长度超过9000mm时，应设中间休息平台；

④扶手：两侧应设扶手，扶手为二层，第一层高度850～900mm、第二层高度650mm，扶手宜连续，起点和终点处应延伸300mm；

⑤挡台：在扶手栏杆下应设高度不小于100mm的安全挡台；

⑥走向：应设计成直线型、直角型或折返型；

⑦坡面：应平整、防滑。

4. 无障碍标志

《城市道路设计规程(DGJ 08—2106—2012)》[3]中规定无障碍标志应符合下列规定：

(1)无障碍标志的设置范围：

①人行天桥、人行地道等无障碍设施处；

②商业街、步行街等无障碍设施处；

③城市广场内的无障碍设施处。

(2)无障碍标志的分类：

①通用无障碍标志(图3-19)；

图3-19　通用无障碍标志[3]

②无障碍设施标志；

③带指示方向的无障碍设施标志。

(3)无障碍标志的技术要求：

①无障碍标志应醒目，避免遮挡；

②无障碍标志应纳入城市道路的引导标志系统，形成完整的系统，清楚地指明无障碍设施的走向及位置。

5.交通安全辅助设施

《城市道路工程技术规范》(GB 51286—2018)[8]中规定：

(1)交通标志和标线设计应向交通参与者提供交通路权、通行规则及路径指示等信息。

(2)交通标志不得侵入道路建筑限界，也不得被其他物体遮挡。

(3)交通标志版面和标线的信息应能准确和适当地反映交通组织及管理的意图。并应能够在各种环境条件下被清晰地识别。隧道内的应急、消防、避险等指示标志，应采用主动发光标志或照明式标志。

(4)交通标志结构设计应符合强度、变形和稳定性要求。

(5)交通标线材料应具备良好的抗滑、耐磨和环保性能，应方便施工。

(6)当快速路中央带及路侧不能提供足够安全距离时，必须设置防撞护栏。快速路及各级道路隧道内主线分流端、匝道出口端部应设置相应的防撞设施。

(7)主干路应采用防撞护栏、隔离栏、路缘石等设施隔离机动车、非机动车、人行交通。

(8)人行道与一侧地面存在高差，有行人跌落危险的，应设置人行护栏。

(9)对快速路主路及行人穿越可能发生严重交通事故的其他道路，应设置必要的隔离设施。

(10)当行人通行的桥梁跨越城市轨道交通线、铁路干线、高速公路、二级公路、城市快速路时，人行道外侧应设置防落物网。

(11)防撞设施应根据道路等级、道路设施类型、所处部位和环境进行设置，并应符合相应的防撞等级和技术指标的要求。邻近干线铁路、水库、油库、电站等需特殊防护的路段，应进行论证后采取提高防撞等级或其他措施，确保交通安全。

(12)平面交叉口交通管理及有关附属设施包括交通信号灯、交通岛、标志、标线、隔离设施、排水、照明、绿化、景观及环保等。交叉口交通安全设施必须与交叉口同步设计。

6.交通标志和标线

交通标志和标线说明参见第七章。

二、平面交叉口附属设施

《城市道路交叉口设计规程(CJJ 152—2010)》[5]中规定：

(1)信号控制交叉口交通信号灯应按《道路交通信号灯设置与安装规范(GB 14886—2016)》[11]规定设置。有转弯专用车道且用多相位信号控制的干路上，按各流向车道分别设置车道信号灯。当自行车交通流可与行人交通流同样处理时，可设自行车、行人共用信号灯。

(2)交叉口范围内的交通标志和标线设计应符合《道路交通标志和标线(GB 5768—2009)》[4]的规定。

(3)平面交叉口如需设置人行天桥、地道，应符合《城市道路人行天桥、地道设置规范(CJJ 69)》[12]的要求。

(4)平面交叉口应防止路段的雨水流入交叉口、防止雨水流过行人过街横道、防止交叉口积水，其排水设计应符合《室外排水设计标准(GB 50014—2006)》[13]及《城市道路工程设计规范(2016版)(CJJ 37—2012)》[1]的要求。

(5)平面交叉口的照明应满足平均亮度(照度)、亮度(照度)均匀度和眩光限制三项指标，亮度(照度)

应高于每一条相交道路的亮度(照度);照明设施应有良好的诱导性。平面交叉口照明设计应满足《城市道路照明设计标准(CJJ 45)》[14]的要求。

(6)平面交叉的绿化应起到夏季遮阳、交通诱导、防护隔离、吸尘降噪、美化环境的作用,其设计应满足《城市道路绿化规划与设计规范(CJJ 75)》[9]的要求。

本章参考文献

[1]中华人民共和国住房和城乡建设部.城市道路工程设计规范(2016年版):CJJ 37—2012[S].北京:中国建筑工业出版社,2016.

[2]住房城乡建设部.城市交通设计导则(征求意见稿)[S],2015.

[3]上海市政工程设计研究总院(集团)有限公司,上海市城市建设设计研究总院.城市道路设计规程:DGJ 08—2106—2012[S],2012.

[4]中华人民共和国国家质量监督检验检疫总局,中国国家标准化管理委员会.道路交通标志和标线:GB 5768—2009[S].北京:中国标准出版社,2009.

[5]中华人民共和国住房和城乡建设部.城市道路交叉口设计规程:CJJ 152—2010[S],北京:中国建筑工业出版社,2010.

[6]中华人民共和国住房和城乡建设部.城市道路交叉口规划规范:GB 50647—2011[S].北京:中国计划出版社,2011.

[7]中华人民共和国住房和城乡建设部,中华人民共和国国家质量监督检验检疫总局.城市道路交通标志和标线设置规范:GB 51038—2015[S].北京:中国计划出版社,2015.

[8]中华人民共和国住房和城乡建设部.城市道路工程技术规范:GB 51286—2018[S].北京:中国建筑工业出版社,2018.

[9]中华人民共和国建设部.城市道路绿化规划与设计规范:CJJ 75—97[S].北京:中国计划出版社,1997.

[10]中华人民共和国公安部.城市道路路内停车泊位设置规范:GA/T 850—2009[S].北京:中国建筑工业出版社,2009.

[11]中华人民共和国国家质量监督检验检疫总局,中国国家标准化管理委员会.道路交通信号灯设置与安装规范:GB 14886—2016[S].北京:中国计划出版社,2016.

[12]中华人民共和国建设部.城市道路人行天桥、地道设置规范:CJJ 69[S].北京:中国建筑工业出版社,1996.

[13]中华人民共和国住房和城乡建设部.室外排水设计标准:GB 50014—2006[S].北京:中国计划出版社,2006.

[14]中华人民共和国住房和城乡建设部.城市道路照明设计标准:CJJ 45[S].北京:中国建筑工业出版社,2016.

第四章 步行与自行车交通设计

第一节 概 述

步行和自行车交通的速度往往都不大于15km/h,属于慢行交通。与机动车相比,行人和自行车的交通流特性相对接近,在进行交通流组织与管理时,宜将步行和自行车交通作统一考虑。随着“以人为本”理念的推广,人们对慢行交通设施的连续性、舒适性、便捷性,尤其是安全性等的要求在不断提高。慢行交通过街系统的优化设计是改善其通行条件的重点。本章主要介绍步行和自行车交通组织设计、步行和自行车空间设计、过街设施设计等。

第二节 设计流程

本章的设计内容为步行与自行车交通设计,主要设计流程如图4-1所示。

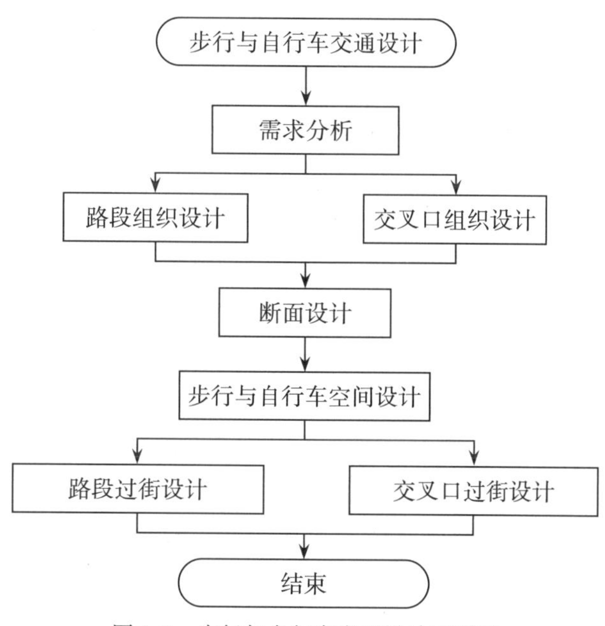

图4-1 步行与自行车交通设计流程图

第三节　步行和自行车交通组织设计

一、步行和自行车交通组织设计原则

1.置右原则

路段交通组织应当满足交通设计的置右原则,即按照道路功能划分,从左到右依次降低交通流的速度,按照机动车,自行车和行人的顺序从左至右进行布置。

2.人性化原则

充分尊重大多数行人的心理与行为选择,使行人自然地利用过街设施,而不是强迫行人使用不合理的过街设施。

3.安全和效率原则

充分利用道路条件,考虑车流规律,选择类型合适的过街设施,采用恰当的控制和管理方式,最大限度地保证行人的通行时间和空间以及过街的安全性,并减少行人和自行车过街对机动车的影响。

4.连续原则

行人和自行车在路段通行过程中的连续性和可通达性非常重要,应减少其在空间和时间上产生中断的次数。

5.通行能力匹配原则

保证人行道和自行车道的道路宽度,根据实际的流量和通行需求进行确定,避免通道的不足或浪费。

6.可视性原则

人行横道应当设置在车辆驾驶员容易看清楚的位置,尽量与行人的自然流向一致,并与车行道垂直,以缩短行人和自行车过街的时间。

二、路段通道组织设计

(1)各等级的机动车道都可以设置自行车专用车道,但是主次干道不宜机非混行;支路在条件允许时可设置自行车专用车道,条件受限时可采用机非混行的形式。

(2)根据置右原则,由左至右依次设置机动车道、自行车道和人行通道。如图4-2所示。

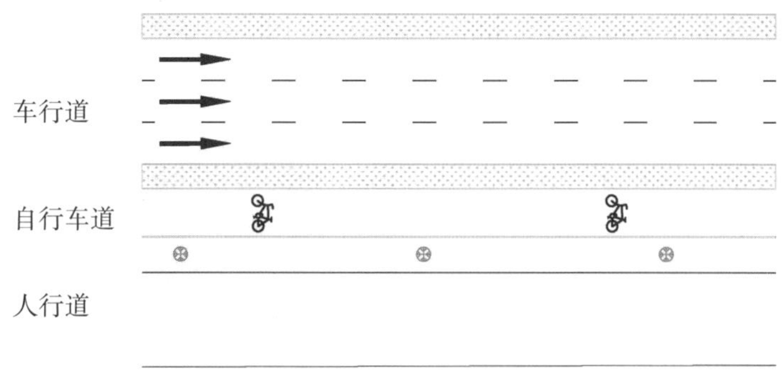

图4-2 置右原则车道排列

(3)城市主干道、次干路和快速路辅路的自行车道,应采用机非物理隔离。城市支路上的自行车道,可采用非连续式物理隔离和划线隔离,间隔距离不宜过大。机非物理隔离形式包括绿化带、设施带和隔离栏。如图4-3所示。

(a)地面划线隔离

(b)绿化带隔离

(c)设施带隔离

(d)物理非连续隔离

图4-3 机非隔离措施实例

(4)休闲道原则上设置为行人与自行车共板形式。如图4-4所示。

图4-4 休闲道路行人与自行车共板

(5)路段出入口保证自行车和行人通道的连续性,可施划相应的人行横道和自行车过街道,有条件的可以抬高出入口水平高度,使之能够与步行通道同一高度,保证交通组织的顺畅性。如图4-5所示。

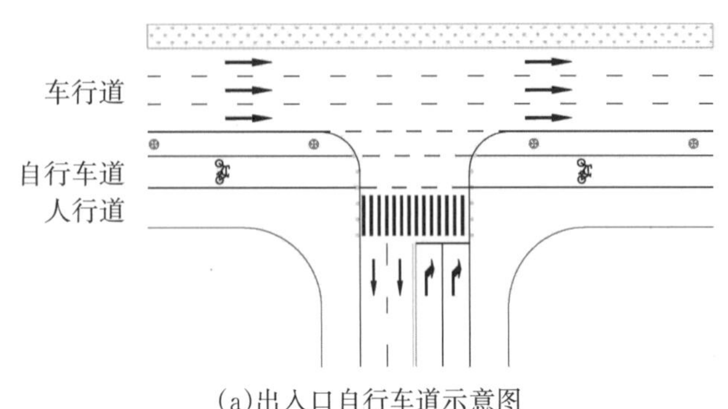

(a)出入口自行车道示意图

(b)出入口自行车道实例

图4-5　出入口人行道和自行车道设置

三、交叉口过街组织设计

1.交叉口立体过街组织设计

(1)当道路条件满足以下条件时,可以规划设置交叉口立体过街[1]:

①交叉口一个进口道横过马路的人流量超过5000per/h。

②机动车交通高峰时段的每个信号周期内,交叉口进口道人行横道任意一个行人方向行人实际等待时间大于交叉口行人过街可忍耐等待时间。行人在信号交叉口行人信号灯为红灯期间到达人行横道等待区处等待过街,其等待时间有一个极限值,不会随着红灯时间的变化而变化,当超出行人的忍耐极限时,行人就会在车行道分隔线处沿着车流方向缓慢前进寻找适当的穿越间隙或者选择逐车道过街的方式试图强行过街而不会在等待区处继续等待,这种行人在人行横道等待区处所能忍受的极限等待时间,称为信号交叉口行人过街可忍耐等待时间[2]。根据《城市道路交叉口规划规范(GB 50647—2011)》中的要求,行人能忍受的红灯时间视各地天气和环境等因素而定,一般不超过90s[3]。

③穿越快速路或铁路时,过街设施必须设置立体过街形式。

④商业区道路交叉口,或者两侧存在大量人流来往的大型吸引点,如学校、医院等,可结合实际条件和需要设置行人天桥或地道。

(2)交叉口立体过街组织设计应当符合以下规定[3]:

①过街方式和过街系统应统一、连续、便捷;并与公交停靠站等设施衔接。

②相交道路为连续流和间断流相结合的方式,可采用立体过街和平面过街相结合的方式,按照过街需求进行合理安排。

(3)考虑立体过街的情况下,应根据自行车和行人流量和流向设计过街设施。自行车立体过街设施宜结合行人立体过街设施统一布局。立体过街实例如图4-6所示。

(a)过街天桥

(b)地下通道

图4-6　立体过街实例

(4)立体过街形式应当设置适合自行车推行及残疾人群使用的坡道(见图4-7),有条件的可以安装电梯、自动扶梯。宜与周边建筑、公交车站、轨道出入口及地下空间整合设置,形成连续、贯通的步行系统(见图4-8)。

(a)地下通道缓坡设计

(b)过街天桥缓坡设计

图4-7　立体过街缓坡设计

(a)地下通道内部通道设计

(b)地下通道景观设计

图4-8　交叉口地下空间

2.交叉口平面过街组织设计

(1)在同时设有自行车专用过街横道和人行横道时,根据置右原则,交叉口由内而外分别设置自行车专用过街横道、人行横道和机动车停车线。

(2)自行车过街组织模式

①自行车交叉口过街遵循靠右行驶的原则,属于单向交通,无特殊指示,不宜逆行。

②主次干道交叉口自行车平面过街时宜在人行横道靠交叉口内侧设置自行车专用过街通道,道路宽度根据行人流量和自行车流量而定。支路以及自行车过街需求较小的主次干道路口可不设置自行车专用过街通道,采用自行车交通共用人行横道推行过街。

③自行车左转的形式根据适用条件可分为两种，分别是直接左转(见图4-9)和通过二次过街实现左转(见图4-10)，具体如下：

1)左转自行车和左转机动车采用同一相位过街，设置专门的自行车进口道供左转自行车通行。但是由于适用条件有限，为保障自行车过街的安全性，应谨慎设置。

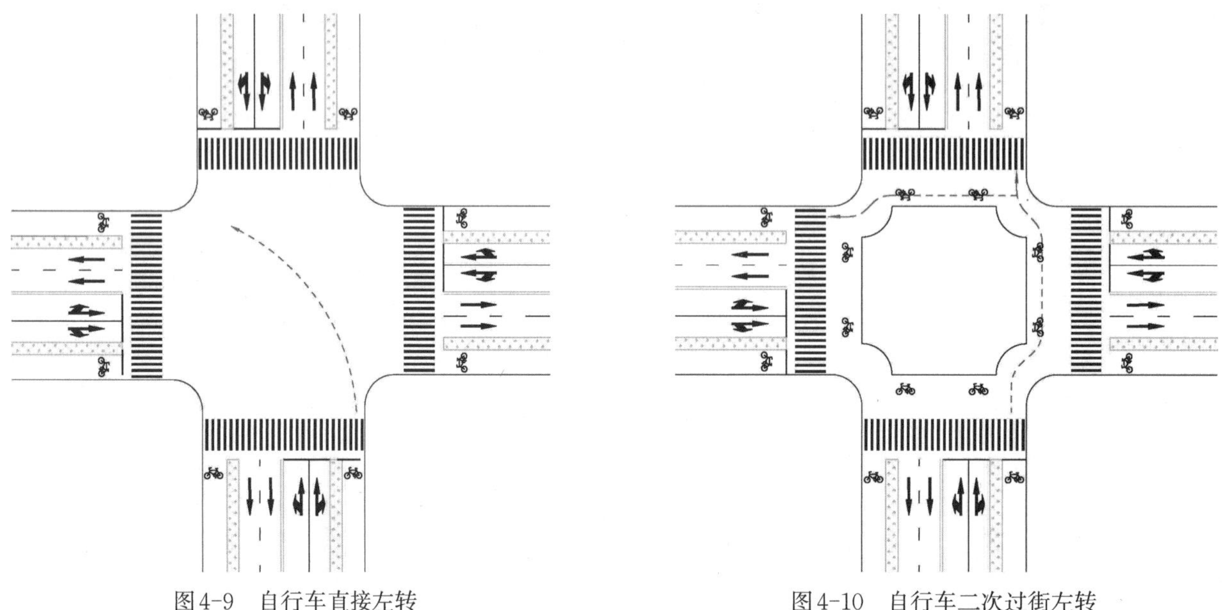

图4-9　自行车直接左转　　　　图4-10　自行车二次过街左转

2)自行车通过二次过街实现左转，就是自行车两次直行完成左转的过程，即在交叉口相邻两条自行车过街横道之间设置待转区。当绿灯启亮后左转自行车随直行机动车行驶至该区域内，等待相交方向直行绿灯启亮时再驶出交叉口，采用两次直行完成左转过街。

④右转机动车流量较大时，建议右转机动车采取相应的信号控制，保证同侧自行车过街不受干扰。

⑤通过控制右转车速保障过街行人的安全，视机动车车型应尽量采用小转弯半径，一般宜采用12～15m，大车不宜超过20m。[4]

(3)行人过街组织模式

①无信号控制的小型交叉口，行人优先级较高的区域，可采用将整个交叉口抬高的过街模式(见图4-11)，即在抬高交叉口范围内，行人均有优先权，这种过街方式可提高行人过街的安全性，缩减行人过街时间。

图4-11　路口抬高实例

②一次过街横道：道路宽度在双向四车道以内，行人流量较大的情况下可以采用，优点是行人的路线比较顺畅，缺点是路段较宽时过街时间较长，安全性降低，如图4-12所示。

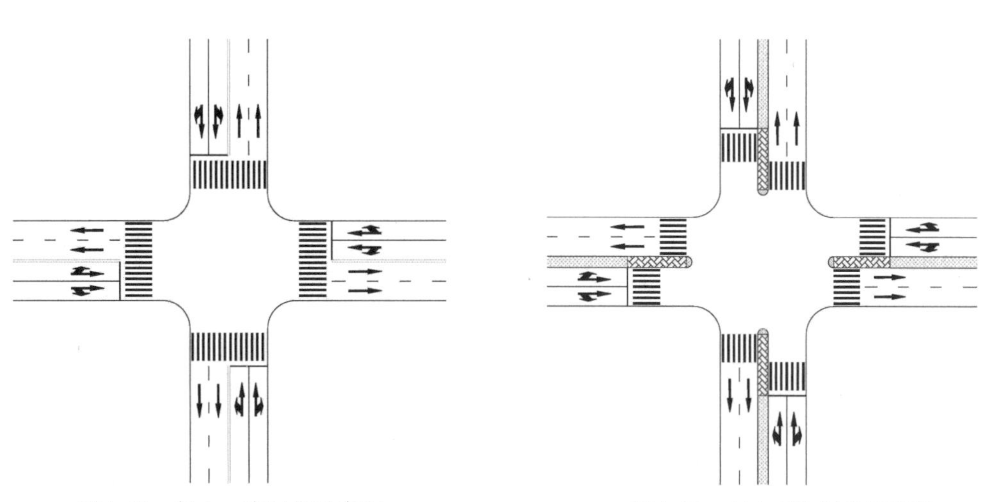

图4-12　行人一次过街示意图　　　　图4-13　行人二次过街示意图

③二次过街横道:道路路幅较宽或者畸形交叉口,行人在道路中央可以停留,分两次完成过街的人行横道,是大型交叉口推荐的一种人行横道形式,如图4-13所示。

④十字型行人过街:相交道路等级为次干道以下的商业街信号控制交叉口,各方向过街行人众多,为方便行人过街,可采用各方向(包括对角线)行人全绿专用相位。如图4-14、图4-15所示。

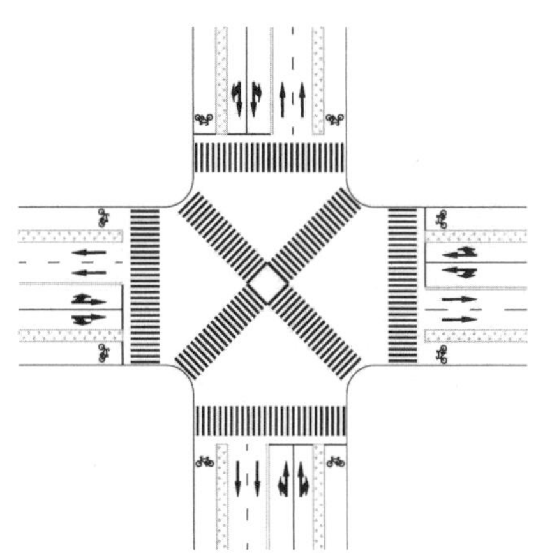

图4-14　十字型行人过街示意图

图4-15　十字型行人过街实例

⑤单侧人行横道:相对的两进口道处,只在其中之一设置人行横道,而另一进口不设置人行横道,为了确保行人过街设施的连续性与便捷性,一般四个进口最多只能有一个进口不设置人行横道。如图4-16、图4-17所示。

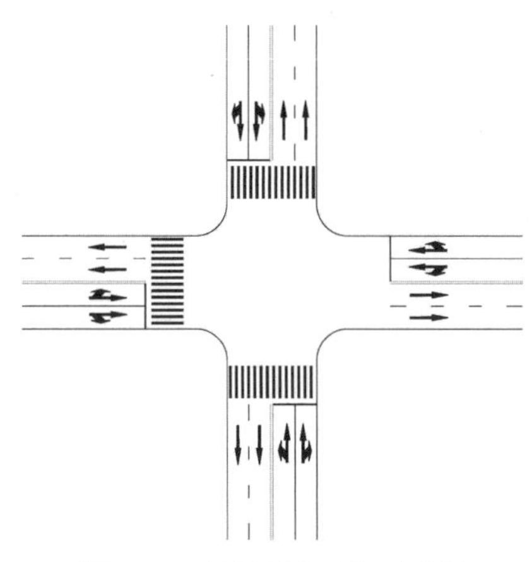

图4-16　单侧行人过街示意图

图4-17　单侧行人过街效果图

四、路段过街组织设计

1.路段立体过街组织设计

(1)《城市道路人行过街设施规划与设计规范(DB 33/1058—2008)》中规定,在遵循人行过街设施选型原则的前提下,当同时满足下列所有条件时,可以规划设置路段立体过街[1]:

①路段上横过马路的人流量超过5000per/h;

②机动车限制车速≥50km/h;

③道路双向车道数大于4条,且无中央分隔带;

④机动车高峰时段,路段信号控制人行横道处,在路中设置行人过街安全岛后,任意一个车流行驶方向的机动车绿灯时间大于路段行人过街可忍受等待时间;

⑤机动车高峰时段,路段信号控制人行横道处,每个信号周期内,任意一个行驶方向机动车流估计消散时间大于路段行人过街可忍受等待时间(机动车流估计消散时间的计算分析过程见《城市道路人行过街设施规划与设计范围(DB 33/1058—2008)》)。

(2)路段立体过街组织设计应当符合以下规定。

本阶段应根据相关规划(包括专项道路网规划、慢行交通系统规划等),明确设计道路的功能定位,进而确定该道路人行道和自行车道在规划慢行交通系统中的功能定位,拟定相应的设计目标。同时,应开展行人和自行车交通流量的预测工作,并拟定初步的慢行交通组织方案。路段立体过街实例如图4-18所示。

(a)路段两侧建筑间立体通道

(b)路段两侧道路立体通道

图4-18 立体过街实例

2.路段平面过街组织设计

(1)路段平面过街根据过街行人与道路机动车流量大小,可采用信号控制或者行人优先的过街形式。

(2)自行车宜采用下车推行方式与行人共用路段过街设施过街,部分自行车流量较大的区域,可适当加宽过街设施宽度,并施划过街标志。如图4-19、图4-20所示。

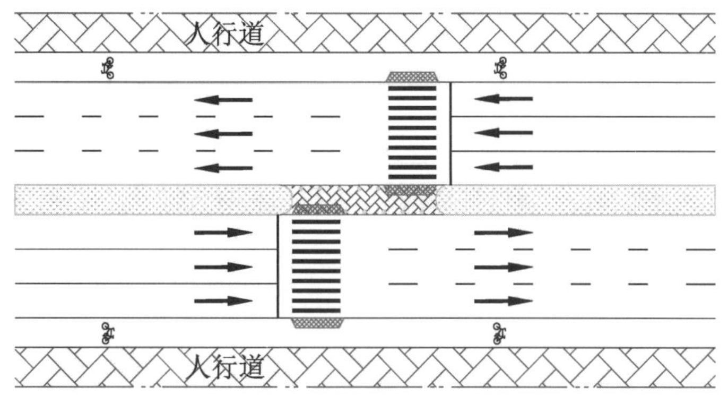

图4-19　路段过街示意图

图4-20　路段过街实例

(3)居住区及商业区行人过街流量较大的区域,支路路段人行横道可适当抬高8~10cm,或结合路边停车采取路口收紧形式,提升行人过街的可视性,降低机动车速度。如图4-21所示。

图4-21　过街横道人性化设计(路口收缩和抬高路面)

(4)当道路宽度超过四条机动车道时,应当设置中央行人驻足区(岛),有自行车过街需求的横道,应考虑自行车对中央驻足区的宽度要求。

第四节　步行和自行车通行空间设计

一、道路断面设计

1.交通分区

《城市步行和自行车交通系统规划标准(GB/T 51439—2021)》中关于交通分区的规定如下[5]。

(1)交通分区应依据人流集聚程度、地区功能定位、公共服务设施分布、道路交通运输条件、铁路与水系的分割划分及地形、气候等因素确定,各城市可根据实际情况制定具体的分区原则。

(2)交通分区一般划分为两类:I类区、II类区。

①I类区:交通重点区,应覆盖但不限于步行和自行车活动密集的城市中心区、城市核心功能区、市民活动聚集区及大型公共设施、轨道车站与交通枢纽周边地区等。交通网络须加密设置,充分保证系统的连续性和易达性。

②II类区:交通一般区,应覆盖交通重点区以外,存在步行和自行车活动的城市区域。交通网络应保障基本密度与连续。

(3)不同分区步行交通网络、自行车交通网络的最小密度与最大间距应各自满足表4-1的要求。

表4-1 步行和自行车交通网络密度与间距要求[5]

交通分区	网络密度(km/km^2)		通道间距(m)	
	步行交通	自行车交通	步行交通	自行车交通
I类区	≥14	≥10	≤150	≤200
II类区	≥8	≥8	≤250	

注:工业区和物流园区的步行和自行车交通网络密度与间距根据产业特征确定,可适当放宽,但网络密度均应大于4km/km^2。

(4)不同交通分区的城市主干路、次干路过街设施最大间距应满足表4-2的要求。

表4-2 过街设施间距要求[5]

交通分区	I类区	II类区
过街设施间距(m)	≤200	≤300

注:城市快速路的过街设施间距可适当放宽。

2.机动车、自行车与步行通行空间分级

(1)城市道路以机动车为对象分为四个等级:快速路、主干道、次干道和支路。

(2)沿城市道路布置的人行道,依据步行交通特征、周边用地与环境、所在交通分区、城市公共生活品质等因素,可划分为两级[5]:

①步I级:人流量大,街道界面友好,是步行网络的主要组成部分。主要分布在城市中心区和功能区,中型及以上公共设施、轨道车站、交通枢纽周边,人员活动聚集区等地区。

②步II级:以步行直接通过为主,街道界面活跃度较低,人流量较小,是步I级网络的延伸和补充。

(3)沿城市道路布置的非机动车道,依据自行车交通特征、所在交通分区、城市道路等级、周边用地与环境等因素,可划分为两级[5]:

①自I级:自行车流量大、贯通性好,是自行车交通的主要通道。

②自II级:自行车流量较少,以集聚和到发为主。

3.道路断面类型

根据置右原则,城市道路断面从中心线至两侧依次设置为机动车道、自行车道和人行道。详细分类及断面形式见表4-3和表4-4。(表中机动车宽度具体根据道路等级确定。)

4.断面选择

道路功能和行人与自行车功能相互独立,各级道路的道路功能不同,对应的行人与自行车功能也不尽相同,甚至出现互补情况。因此通道等级的对应也有所区别,详细情况见表4-3和表4-4。

表4-3　道路断面形式

序号	道路特征	断面示意图	适用条件
①	自行车道单独占用一块板，与机动车道采用绿化隔离，人行道抬高	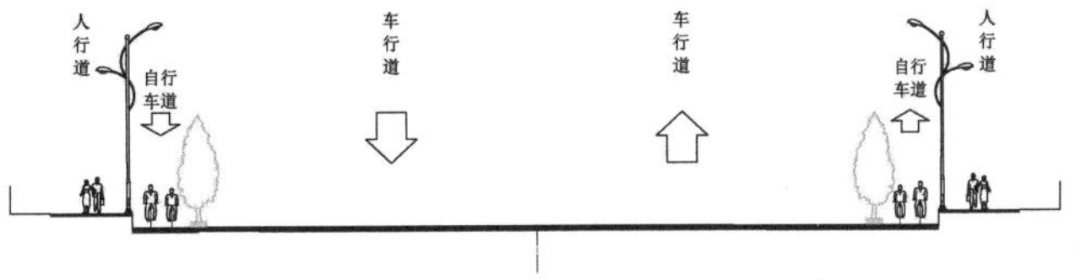 人行道 自行车道 车行道 车行道 自行车道 人行道	道路较宽，自行车流量较大，机动车车速较快
②	自行车道与机动车道共板，采用护栏隔离，人行道抬高，人行道宽度允许时设置绿化带	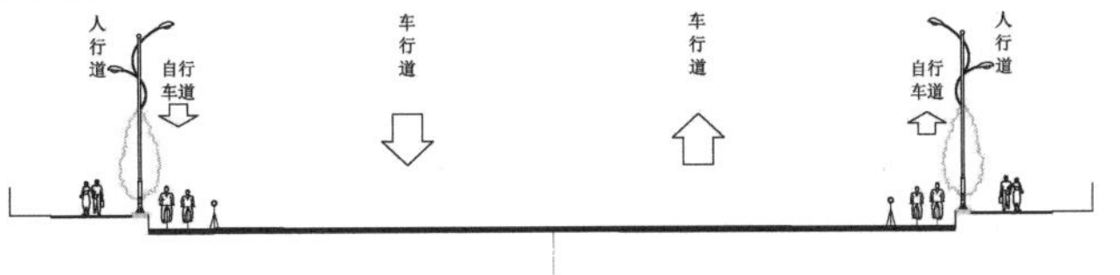 人行道 自行车道 车行道 车行道 自行车道 人行道	道路条件紧张，自行车流量较大，机动车车速较慢
③	自行车道与机动车道共板，采用标线隔离，人行道抬高，人行道宽度允许时设置绿化带	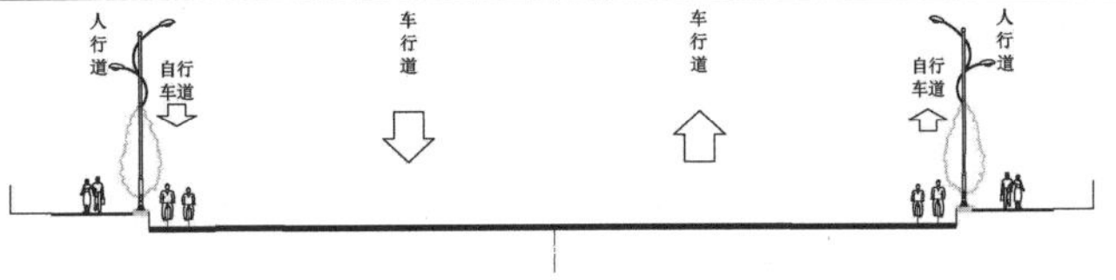 人行道 自行车道 车行道 车行道 自行车道 人行道	道路条件紧张，机动车流量较小且车速较慢
④	自行车道与人行道共板，采用标线隔离，行人和自行车通道抬高，宽度允许时在自行车道内侧设置绿化带	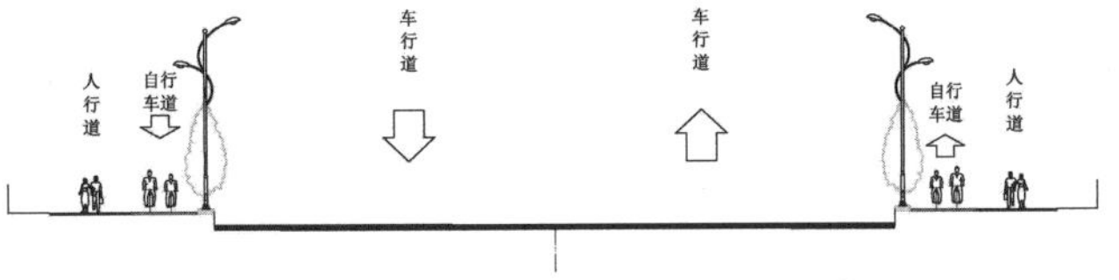 人行道 自行车道 车行道 车行道 自行车道 人行道	道路条件宽裕，自行车流量适中，机动车流量较大且车速较快
⑤	自行车道与人行道共板，采用护栏隔离，行人和自行车通道抬高，宽度允许时在自行车道内侧设置绿化带	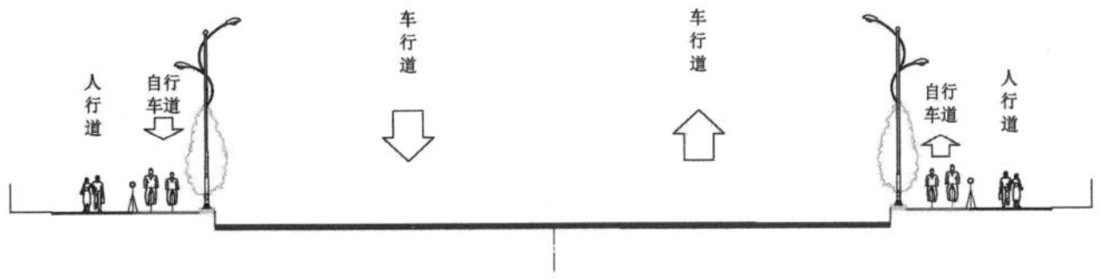 人行道 自行车道 车行道 车行道 自行车道 人行道	行人和自行车通道宽度受限制，自行车和人流量较大，机动车流量较大且车速较快
⑥	自行车道与人行道共板，采用绿化隔离，行人和自行车通道抬高，宽度允许时在自行车道内侧设置绿化带	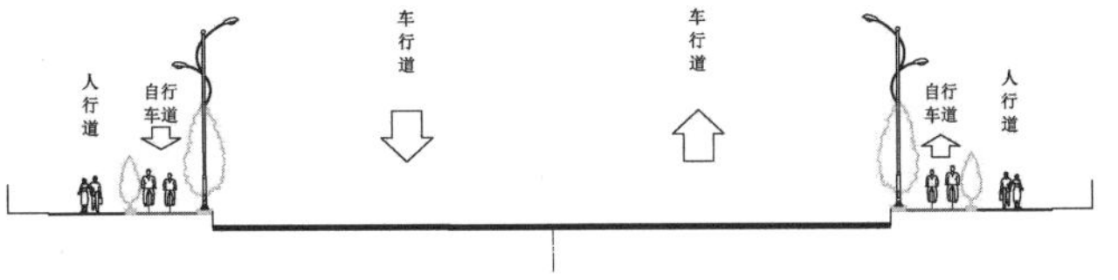 人行道 自行车道 车行道 车行道 自行车道 人行道	行人和自行车通道条件宽裕，自行车和人流量较大，机动车流量较大且车速较快
⑦	人行道、自行车道和机动车道均不共板，自行车道与人行道采用缘石隔离，人行道对自行车道抬高，自行车道相对机动车道抬高，宽度允许时在人行道和自行车道内侧分别设置绿化带	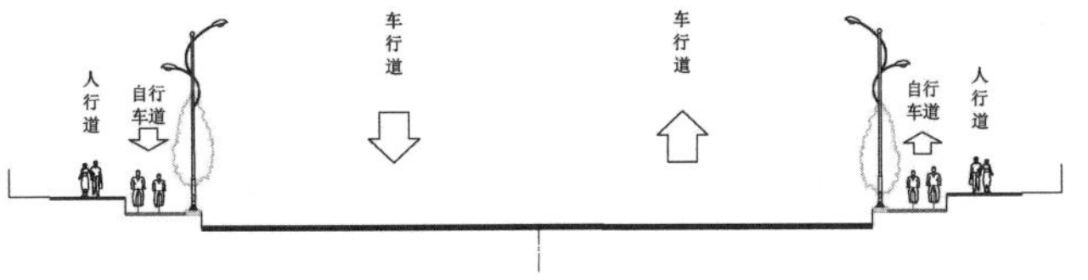 人行道 自行车道 车行道 车行道 自行车道 人行道	行人和自行车通道宽度受限制，自行车和人流量较大，需严格保证安全性，机动车流量较大且车速较快
⑧	人行道与自行车道共板完全混行，通道抬高，与机动车道采用缘石隔离	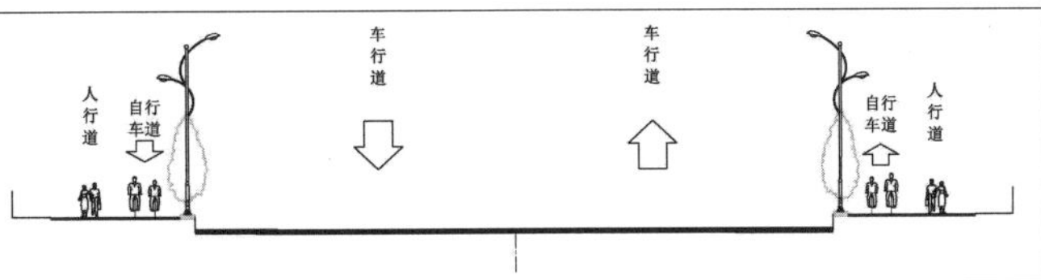 人行道 自行车道 车行道 车行道 自行车道 人行道	自行车或人流量较小，机动车流量较大

表4-4　道路断面选择

道路等级	自行车等级 / 人行道等级	自Ⅰ级	自Ⅱ级
快速路/主干道	步Ⅰ级	①⑥⑦	④⑤
	步Ⅱ级	④⑤	⑧
次干道	步Ⅰ级	②⑥⑦	④⑤
	步Ⅱ级	④⑤	⑧
支路	步Ⅰ级	⑤⑥	③④
	步Ⅱ级	③④	⑧

注：表中断面选择仅供参考，实际交通设计时应视情况选择合适的道路断面形式

二、步行通行空间设计

人行道是步行通行空间设计中的主体内容，人行道宽度受道路条件、人流量等因素的影响，必须满足行人安全顺畅通过的要求，同时需要兼顾自行车道和机动车道宽度。给出已知高峰小时行人流量和通行能力的情况下，参考《城市步行和自行车交通系统规划标准(GB/T 51439－2021)》，人行道宽度(ω_p)应按单条行人通行带的整倍数计算，并由式4-1和表4-5根据高峰小时设计行人流量和通行能力综合确定。[5]

$$\omega_p=[N_\omega/N_{\omega 1}]\times\omega_1 \tag{4-1}$$

式中：ω_p——人行道宽度(m)；

N_w——人行道高峰小时行人流量(p/h)；

N_{w1}——单条行人通行带的设计通行能力(p/h)；

ω_1——单条行人通行带的宽度(m)。

表4-5　单条行人通行带的宽度(ω_1)和设计通行能力[5]

所在地点	宽度(m)	设计通行能力(p/h)
城市道路上	0.75	1800
车站码头、人行天桥和地道处	0.90	1400

人行道最小宽度应符合表4-6的规定。

表4-6　城市人行道的最小宽度ω_p[5]

项目		人行道最小宽度(m)	
		一般值	最小值
步Ⅰ级		4.0	3.0
步Ⅱ级		3.0	2.0
特殊路段	商场、医院、学校等公共场所集中路段	5.0	4.0
	火车站、码头所在路段	5.0	4.0
	轨道交通出入口、长途汽车站、快速公交车站所在路段	4.0	3.0

注：

1.历史文化街区、风貌协调区等需要保护的特色地区的支路，沿道建筑不允许拆除、道路无法拓宽的，最小宽度可酌情缩减；

2.对行道树池进行平整化处理的，行道树池的1/2有效宽度计入人行道宽度。

表4-7 人行道服务水平[6]

指标 \ 服务水平	一级	二级	三级	四级
人均占用面积(m^2)	>2.0	1.2~2.0	0.5~1.2	<0.5
人均纵向间距(m)	>2.5	1.8~2.5	1.4~1.8	<1.4
人均横向间距(m)	>1.0	0.8~1.0	0.7~0.8	<0.7
步行速度(m/s)	>1.1	1.0~1.1	0.8~1.0	<0.8
最大服务交通量(P/(h•m))	1580	2500	2940	3600

三、自行车通行空间设计

自行车道设计是自行车通行空间设计的主体内容，自行车道宽度设计应综合考虑城市道路等级和自行车车道功能分级。参考《城市步行和自行车交通系统规划标准(GB/T 51439-2021)》，非机动车道路面宽度ω_b应按单条自行车通行带的整倍数计算，并由式4-2和表4-8根据高峰小时设计非机动车流量和通行能力综合确定[5]。

$$\omega_b = [N_b/N_{b1}] \times \omega_2 + 0.25 \times 2 \tag{4-2}$$

式中：ω_b——非机动车道宽度(m)；

N_b——非机动车道高峰小时标准自行车流量(veh/h)；

N_{b1}——单条自行车通行带的设计通行能力(veh/h)；

ω_2——单条自行车通行带的宽度(m)。

表4-8 单条自行车通行带(ω_2)的宽度和设计通行能力[5]

所在地点	隔离类型	宽度(m)	设计通行能力(veh/h)
城市路段	机非隔离	1.00	1500
	无机非隔离	1.00	1300
城市交叉口	机非隔离	1.00	750
	无机非隔离	1.00	650

非机动车道和自行车专用道的最小宽度应符合表4-9的规定[5]。

表4-9 非机动车道的最小宽度(ω_b)[5]

项目		非机动车道最小宽度(m)	
		一般值	最小值
自I级		4.5	3.5
自II级		3.5	2.5
自行车专用路	双向	4.5	3.5
	单向	3.5	2.5

注：历史文化街区、风貌协调区等需要保护的特色地区的支路，沿道建筑不允许拆除，道路无法拓宽的，最小宽度可酌情缩减。

根据《城市道路工程设计规范(CJJ 37—2012)》，非机动车道路段服务水平分级标准应符合表4-10，非机动车道路段服务水平分为四级，设计时宜采用三级服务水平[6]。

表4-10　非机动车道路段服务水平[6]

指标＼服务水平	一级	二级	三级	四级
	（自由骑行）	（稳定骑行）	（骑行受限）	（间断骑行）
骑行速度(km/h)	>20	20～15	15～10	10～5
占用道路面积(m^2)	>7	7～5	5～3	<3
负荷度	<0.40	0.55～0.70	0.70～0.85	>0.85

非机动车道交叉口服务水平分级标准应符合表4-11，非机动车道交叉口服务水平分为四级，设计时宜采用三级服务水平。

表4-11　非机动车道交叉口服务水平[6]

指标＼服务水平	一级	二级	三级	四级
停车延误时间(s)	<40	40～60	60～90	>90
通过交叉口骑行速度(km/h)	>13	9～13	6～9	4～6
负荷度	<0.7	0.7～0.8	0.8～0.9	>0.9
路口停车率(%)	<30	30～40	40～50	>50
占用道路面积(m^2)	6～8	4～6	2～4	<2

第五节　过街设施设计

一、过街设施类型

自行车和行人过街按照空间形式和控制方式，主要包括平面过街和立体过街两大类型，而这两种类型又包括四种基本形式（见表4-12），其组成部分不仅包括过街设施本身，还包括安全设施、无障碍设施和附属设施。

表4-12　过街主要类型和形式[1]

类型	空间形式/控制方式	基本组成	适用情况
平面过街设施	定时式或感应式信号控制人行横道	平行式人行横道	适用于用地紧张，机动车较多但行人过街需求不可协调的路段
		定时行人信号灯或行人按钮信号灯	
		安全设施	
		无障碍设施	
	无信号控制人行横道	平行式人行横道	适用于行人流量不大，或车流量较小，可保证安全性的路段
		前方人行横道警告标志标线	
		安全设施	
		无障碍设施	

续表

类型	空间形式/控制方式	基本组成	适用情况
立体过街设施	人行天桥	人行天桥	行人过街流量及机动车交通量均较大，用地宽裕的交叉口或路段
		扶梯等附属设施	
		无障碍设施	
	地下通道	地下通道	行人过街流量及机动车交通量均较大，地下空间宽裕的交叉口或路段，可结合地铁出入口设置
		推行坡等附属设施	
		无障碍设施	

二、行人过街设施设计

1.平面过街设计

平面过街形式主要指过街横道，是过街形式中最简便的方式，但同时对机动车流的影响较大。一般宽度和线宽设置如下标准：

(1)宽度。有流量数据的可根据高峰小时设计行人流量、人行横道通行能力确定人行横道宽度，宽度计算模型[4]如式4-3：

$$W_p = \frac{M(q_i + q_o)}{v_p g_p} \tag{4-3}$$

式中：W_p——人行横道宽度(m)；

M——平均面积模量，即每个行人的通行面积(m^2/P)；

q_i——进入人行横道的过街行人流率(P/s)；

q_o——离开人行横道的过街行人流率(P/s)；

v_p——行人步行速度(m/s)；

g_p——行人信号绿灯时间，包括绿灯闪烁时间(s)。

根据《城市道路工程设计规范(CJJ 37—2012)》，没有流量数据的可进行估算时，原则上宽度应不小于2.0m[6]。

(2)线宽。根据《道路交通标志和标线(GB 5768—2009)》，人行横道线的线宽为40cm或45cm，线间隔一般为60cm，可根据车道宽度进行调整，但最大不应超过80cm[7]。

(3)设计形式：

①交叉口行人平面过街设施设计：

1)人行横道线通常与道路中心线垂直，特殊情况下，与中心线夹角不宜小于60°(或大于120°)，其条纹应与道路中心线平行。如图4-22所示。

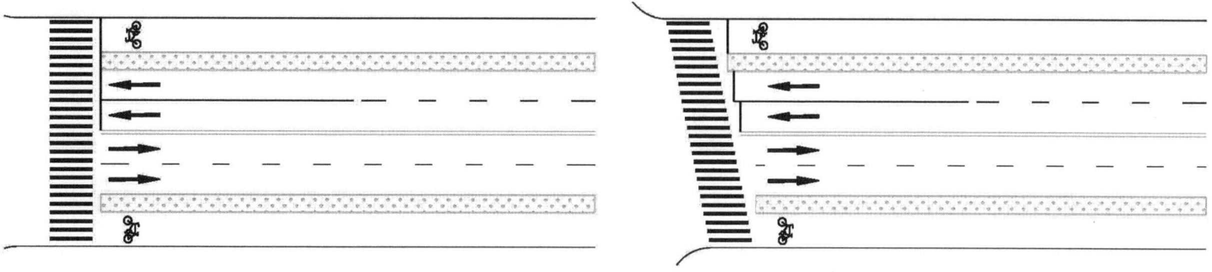

图4-22　设计形式示例(一)

2)实际中尽量使车辆车轮穿过标线的间隔部分,减少车轮对标线的磨损,并可根据车行道宽度调整线间隔距离,车道数较多时,线间隔取高值,最大不应超过80cm。

3)行人过街交通量特别大的路口,可并列设置两道人行横道线,使斑马线虚实段相互交错,并辅以方向箭头指示行人靠左右分道过街。如图4-23所示。

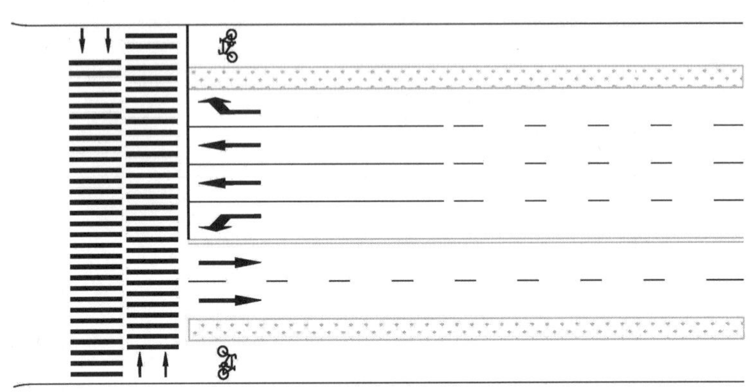

图4-23　设计形式示例(二)

②路段行人平面过街设施设计。符合人行横道与道路边线尽量垂直的原则,以减小行人的过街时间,保证安全。行人流量较大时,可考虑人行横道分道设置,以提高通行效率。

(4)设置位置:

①交叉口行人平面过街设施设计

1)应设置在车辆驾驶员容易看清的位置,应平行于路段路缘石延长线,并提前于停车线1~2m;在右转车辆容易与行人发生冲突的交叉口,停车线后退距离宜适当加大到3~4m。人行横道间的转角部分长度应大于6m(一辆小汽车的长度)。如图4-24所示。

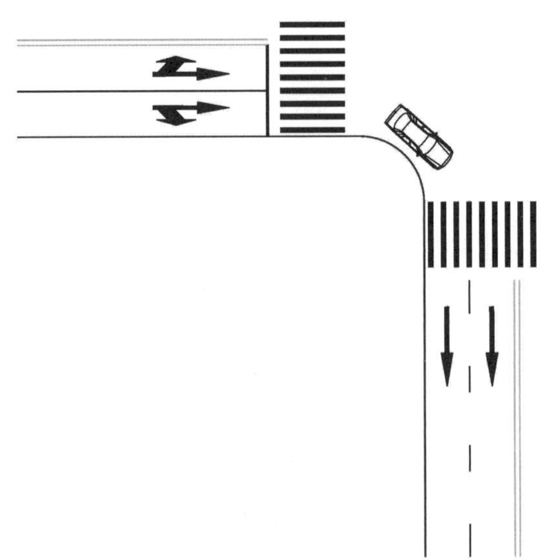

图4-24　设置位置示例(一)

2)交叉口设有导流岛时,宜将人行横道线通过导流岛。如图4-25所示。

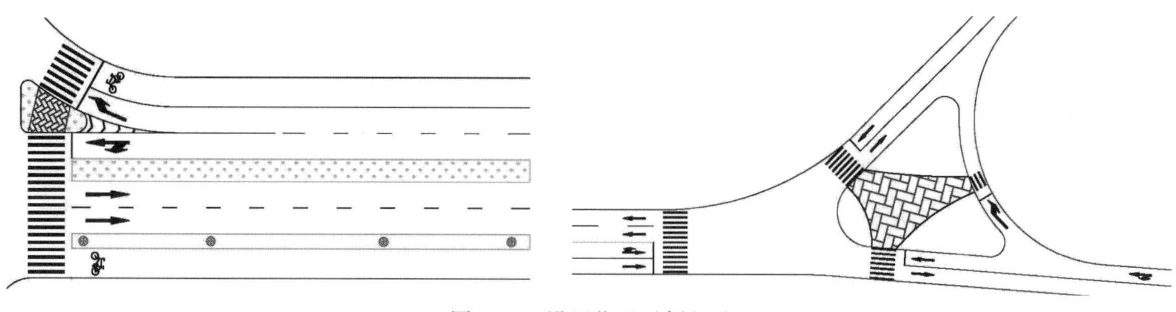

图4-25　设置位置示例(二)

②路段行人平面过街设施设计

1)应设置在车辆驾驶员容易看清的位置。

2)位于路段的公交停靠站,其周边的人行过街横道宜设置在公交停靠站上游[5]。

3)不宜设置在弯道、纵坡变化路段等视距不良的位置;不宜设置在车辆转弯进出较多,又不能禁止转弯的位置;不宜设置在交通瓶颈路段。

(5)行人过街安全岛设计

根据《城市步行和自行车交通系统规划标准(GB/T 51439—2021)》,人行过街横道长度超过16m时(不包括非机动车道),或虽小于16m但需加强过街安全性时,应在人行横道中央设置行人过街安全岛[5]。

过街安全岛的设置应符合以下规定[5]:

①过街安全岛宽度不应小于2.0m,有自行车使用时宽度不应小于2.5m。

②过街安全岛面积应满足行人驻足要求,可根据行人过街流量、按排队密度2人/m²计算安全岛面积。

③过街安全岛宜采用垂直式。当采用倾斜式或栏杆诱导式时,应使行人通过方向面向机动车驶来方向。

④无中央分隔带的道路可采用局部缩窄机动车道宽度、缩窄两侧机非分隔带宽度等方法设置过街安全岛,并应在过街安全岛两端设置防护设施,在来车方向与安全岛之间设置安全渐变段,并设置相应标志标线。

⑤在中央绿化分隔带设置过街安全岛时,应严格保障安全视距,过街安全岛两端的绿化不得高于0.5m。

(6)信号控制。平面过街设施一般配置行人相位信号控制。

①行人相位时长应按行人过街流量设计,行人红灯时间不宜超过行人过街可忍耐时长,绿灯时长应保证最短绿灯时间,即行人安全过街所需最短时间。

②行人相位末期宜设置绿灯闪烁,提醒行人过街剩余时间。行人过街信号的绿闪时间应保证绿灯最后一秒进入人行横道线的行人可完全通过人行横道;有安全岛的情况下,应保证行人到达安全岛[5]。

③行人过街信号灯位置应设在对向来车方向一侧,以保证行人注意观察来车。

(7)街角空间。根据《上海市城市干道行人过街设施规划与设计导则(SZ-C-BO3-2007)》,行人街角驻足面积不宜小于25m²,人流密集区域应大于40m²[8]。

2.立体过街设计

立体过街一般指过街天桥或地道,其中,地道可与地铁站地下过街相结合。根据《城市道路人行过街设施规划与设计规范(DB 33/1058—2008)》中的规定,归纳以下几点设计要求[1]:

(1)立体过街设施的地面梯道(坡道)出入口应与附近建筑物密切结合,不与附近建筑物结合的立体过街设施宜设置自动扶梯;

(2)在城市中心区、商业区、居住区及公共建筑设置的立体过街设施，应设置供残障人使用的坡道和提示盲道；设置坡道有困难时，应设置垂直升降电梯；

(3)立体过街设施的地面梯道(坡道)占用人行道宽度时，应局部拓宽人行道，以保证人行道的原有宽度；拓宽人行道有困难时，应保证人行道的最小宽度；

(4)立体过街设施的地面梯道(坡道)出入口附近一定范围内，为引导行人经由立体过街设施过街，应设置导向护栏；护栏断口宜与立体过街设施两侧附近交叉口的地形相结合，每侧护栏的连续长度宜为50～100m；护栏材料应坚固，形式、颜色应与周围环境相协调；

(5)立体过街设施的地面梯道(坡道)出入口及分叉口处应设置醒目的导向标志；

(6)人行天桥的桥面和梯道(坡道)、人行地道的地面和梯道(坡道)应采用平整、粗糙、耐磨的防滑设计；

(7)设置有自动扶梯和(或)垂直电梯的人行天桥和人行地道应同时设置相应的管理用房及管理设施，管理用房应根据管理用房的规划布局实施；

(8)人行天桥与地道的通道净宽度应根据设计年限内高峰小时行人流量与设计通行能力计算确定，其中天桥桥面净宽不宜小于3.5m，地道通道净宽不宜小于3.75m。

三、自行车过街设施设计

自行车过街设施规划一般宜与行人过街设施相结合，宜同步考虑、同步规划。自行车独立进出口道可采用自行车与机动车相同或自行车与行人相同的通行规则和交通组织方式。

自行车过街应尽量采用平面过街方式；在考虑自行车立体过街的情况下，应根据自行车流量和流向设计过街设施。

1.平面过街设计

自行车平面过街形式一般有设置自行车左转专用进口道和左转自行车二次过街两种形式。前者一般设置在交叉口内部空间较大、自行车流量较低的情况下，但需要充分考虑自行车直接左转对交叉口内部通行安全性和秩序的影响；后者由于自行车可以与行人相同相位通行，可以大大改善交叉口内部的交通秩序和安全性。如图4-26所示。

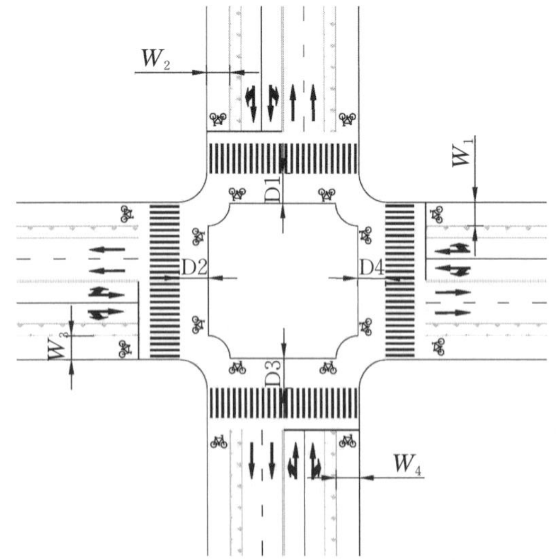

图4-26　自行车二次过街宽度设计示例

(1)过街通道宽度设计：

①过街通道宽度D_i可取进口道宽度和自行车膨胀宽度的中值，见式4-4：

$$D_i = \frac{W_{Bpi} + W_i}{2} \tag{4-4}$$

式中：W_i——各进口道的自行车道宽度(m)；

W_{Bpi}——通过W_i宽度自行车道的自行车流膨胀宽度(m)。

②自行车通道偏移量O_i应满足式4-5：

$$O_i \geqslant \frac{W_{Bpi} - D_i}{2} \tag{4-5}$$

③自行车与行人一体化过街横道总宽度的确定，要考虑在自行车高峰期，自行车应能顺利通过的要求。为满足自行车左转二次过街待行停车空间的要求，可适当加宽行人和自行车过街的宽度。

(2)过街通道位置设计。自行车过街通道与其进口道相连接，因此过街通道设置在人行过街横道的交叉口内侧以保证其连贯性，并预留等候区位置。

①转角隔离栏或标线设计。护栏曲线半径R_f主要考虑右转机动车的行驶要求，护栏长度L_f则主要考虑自行车待行停车空间和右转机动车停驶要求(≥6m)。如图4-27所示。

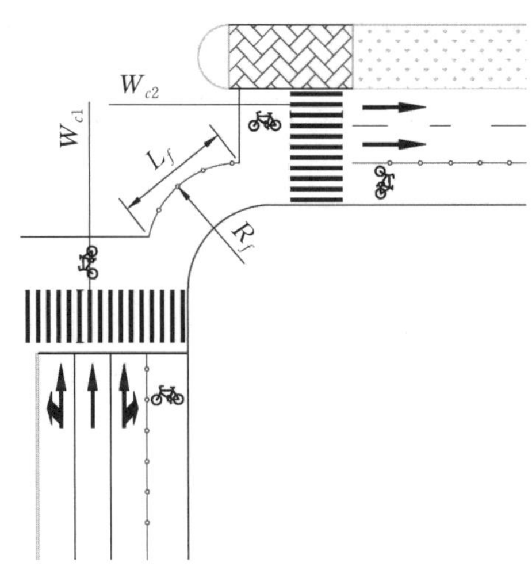

图4-27　转角隔离栏设计示例

②等候区及路缘石设计：由于等候区容纳了直行自行车和相邻进口左转自行车两股车流，因此需适当增加停候车区面积，可考虑增大人行道路缘石半径来扩大等候区的面积。如图4-28所示。

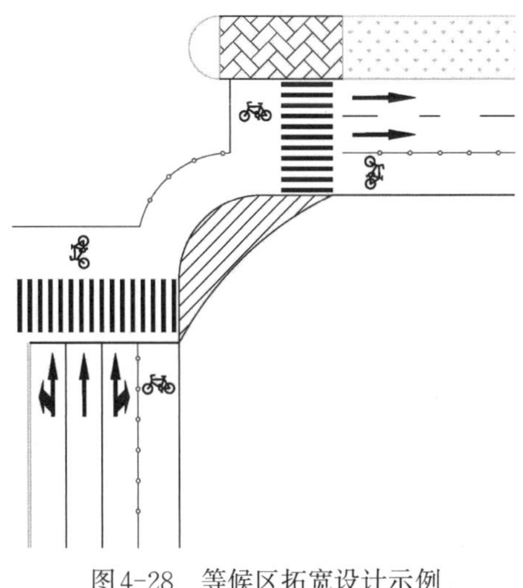

图4-28　等候区拓宽设计示例

2.立体过街设计

自行车立体过街宜与行人立体过街设施相结合,设置推行坡道,《城市人行天桥与人行地道技术规范(CJJ 69—95)》中规定坡道坡度不宜大于1:4[9]。

本章参考文献

[1]浙江省建设厅.城市道路人行过街设施规划与设计规范:DB 33/1058—2008[S].杭州:浙江工商大学出版社,2009.

[2]张智勇,等.北京市信号交叉口行人过街忍耐时间研究[J].交通信息与安全,2015,33(04):9-17.

[3]中华人民共和国住房和城乡建设部.城市道路交叉口规划规范:GB 50647—2011[S].北京:中国计划出版社,2011.

[4]杨晓光,等.交通设计[M].北京:人民交通出版社,2010.

[5]中华人民共和国住房和城乡建设部,城市步行和自行车交通系统规划标准:GB/T 51439—2021[S].北京:中国标准出版社,2021.

[6]中华人民共和国住房和城乡建设部.城市道路工程设计规范(2016年版):CJJ 37—2012[S].北京:中国建筑工业出版社,2016.

[7]中华人民共和国国家质量监督检验检疫总局,中国国家标准化管理委员会.道路交通标志和标线:GB 5768—2009[S].北京:中国标准出版社,2009.

[8]上海市市政工程管理局.上海市城市干道行人过街设施规划与设计导则:SZ—C—B 03—2007[S],2007.

[9]中华人民共和国建设部.城市人行天桥与人行地道技术规范:CJJ 69—95[S].北京:中国建筑工业出版社,1996.

第五章 公共交通专用道及停靠站设计

第一节 概 述

为了提高公共交通(下文简称公交)运行的效率与可靠性,需要进行公交优先设计。公交优先设计主要应实现以下三个目的:

(1)道路沿途行驶优先(公交专用车道优先设计):通过减少公交在沿线行驶过程中的干扰来提高行程车速及其运行的平稳性,主要措施有设置公交专用路、公交专用车道,减少道路沿途进出交通对公交的影响等;

(2)交叉口通行优先(交叉口公交优先设计):给予公交在交叉口处的优先通行权,主要方法为设置公交专用进口车道;

(3)公交停靠站处通行优先(公交停靠站交通设计):合理的停靠站形式、长度及位置,可以有效减少公交进出停靠站的时间损失。

因此本章主要介绍与上述目的相关的公交专用车道设计和公交停靠站设计。

第二节 设计流程

本章的设计内容可分为三部分:公交专用道设计、公交专用进口车道设计和公交停靠站设计。本章的主要设计流程如图5-1所示。

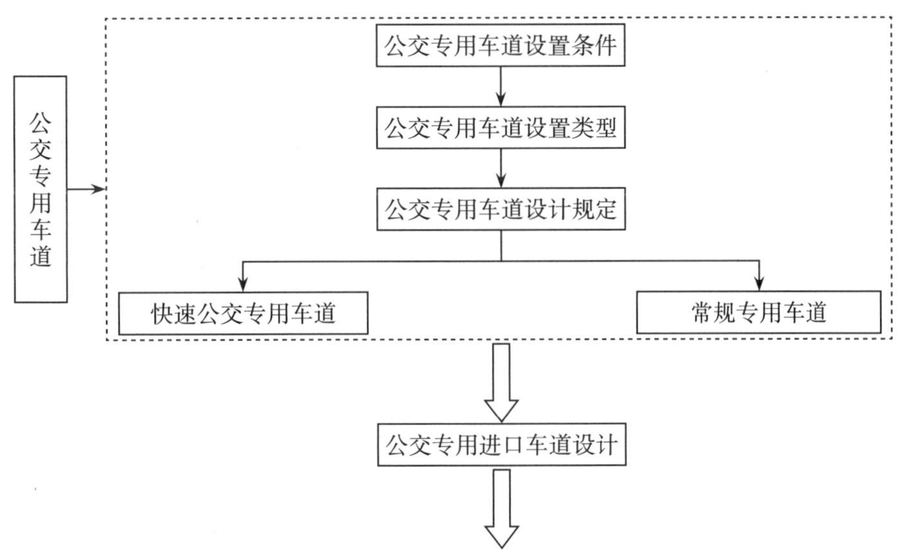

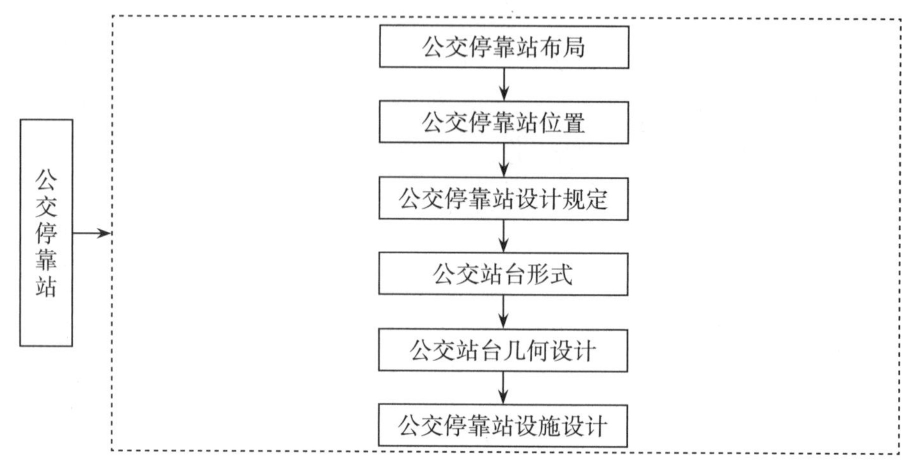

图5-1　公交专用道及停靠站设计流程图

第三节　公交专用道设计

公交专用车道为在特定的路段上，通过标志、标线划出一条或几条给公交车专用的车道。公交专用车道的设计应与城市道路功能相匹配，需综合考虑道路建设条件、公交换乘、公交信号优先、运营组织等各要素之间的关系，妥善处理好与现有社会机动车、非机动车及行人交通的关系，保证专用车道上公交车运行的连续性，尽量减少横向干扰。下面将从公交专用车道设计进行阐述。

公交专用车道设计包括公交专用车道基本设置条件、公交专用车道类型、公交专用车道设计规定等内容。应首先确定公交专用车道设置条件，然后结合道路建设条件来确定公交专用车道类型，最后按照公交专用车道设计规定设计公交专用车道。

一、公交专用车道设置条件

对于是否设置公交专用车道，一般考虑道路交通量和公交车流量等因素。根据《城市道路工程设计规范(CJJ 37—2012)》，当主、次干路每条车道交通量大于500pcu/h及公交流量大于90veh/h时，宜设置公交专用车道[1]。

此外，根据《城市道路设计规程(DGJ 08—2106—2012)》，公交专用车道按时段可分为交通高峰时段专用和全天专用[2]。对这两类公交专用车道的基本设置条件有如下说明[2]：

在双向6车道以上(含6车道)的道路，高峰小时常规公交车单向流量大于100veh/h、公交车平均运行速度在15km/h以下时，宜设置高峰时段公交车专用车道。

12h道路上公交车载客量超过同路段断面其他客车所有乘客数，宜设置全天公交车专用车道。

二、公交专用车道类型

综合《城市道路工程设计规范(CJJ 37—2012)》、《城市道路设计规程(DGJ 08—2106—2012)》和《城市交通设计导则(征求意见稿)》，公交专用车道按道路断面的位置可分为路外侧式、路次外侧式、路中央

式三种形式。三种形式的选择，应基于道路条件、公交车流特征及停靠站的纵向位置等确定[1-3]。公交专用车道类型具体参照第二章第二节中的公交系统的布局。

三、公交专用车道设计规定

公交专用车道的设计一般考虑道路使用要求。根据《城市道路工程设计规范(CJJ 37—2012)》，公交专用车道按道路使用要求可分为常规专用车道和快速公交专用车道[1]。

(1)综合《城市交通设计导则(征求意见稿)》、《快速公共汽车交通系统设计规范(CJJ 136—2010)》，公交专用车道的设计应符合下列规定[3-4]：

①公交专用车道单车道宽度不应小于3.5m。

②在现有道路上设置公交专用车道时，公交专用车道与社会车道的行车方向应保持一致。

③公交专用车道在平交路口宜连续设置。

④应通过物理分隔、醒目的标志标线和违章监控等手段保障公交车专用路权。

(2)快速公交专用车道除满足上述规定外，还需要满足《快速公共汽车交通系统设计规范(CJJ 136—2010)》中列出的规定[4]：

①快速公交专用车道可布置在道路中央或道路两侧，中央专用车道按上下行有无物体隔离又可分为分离式和整体式，应优先选用中央整体式专用车道。

②中央整体式专用车道的总宽度不应小于8m。分离式专用车道单车道的宽度不应小于4.5m。

③快速公交专用车道与其他车道应采用物体或标线分隔，分离式单车道物体隔离连续长度不应大于300m。

④快速公交专用车道单独布置时，设计速度可采用40～60km/h；当与其他车道同断面布置时应与道路的设计速度协调统一。

(3)综合《城市道路设计规程(DGJ 08—2106—2012)》和《道路交通标志和标线(GB 5768—2009)》，公交专用车道划线应由黄色虚线及白色实线组成，表示除公交车外，其他车辆及行人不得进入该车道。专用车道路面应采用黄色标记标出“公交专用”字样(见图5-2)。高峰时段专用道还应标出专用的时段。公交专用车道划线应与公交专用车道标志配合设置，黄色虚线的线段长和间隔均为400cm，线宽为20cm或25cm。对运行成熟的公交专用车道，可结合景观铺设彩色路面，加强视觉警示效果[2][5]。

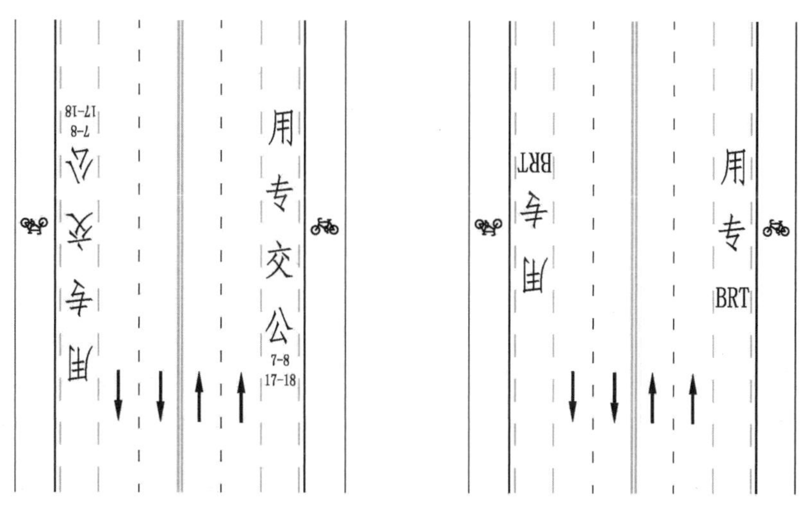

图5-2　公交专用车道划线及路面标记[5]

第四节　公交专用进口车道设计

下面将先介绍公交专用进口道的类型和布置方式，再介绍公交停靠站位置设计。

一、公交专用进口车道类型

一般地，交叉口公交专用进口车道有三种布置方式：公交车专用进口道、公交车与社会右转车共用车道、设置回授线(图5-3)[2]。

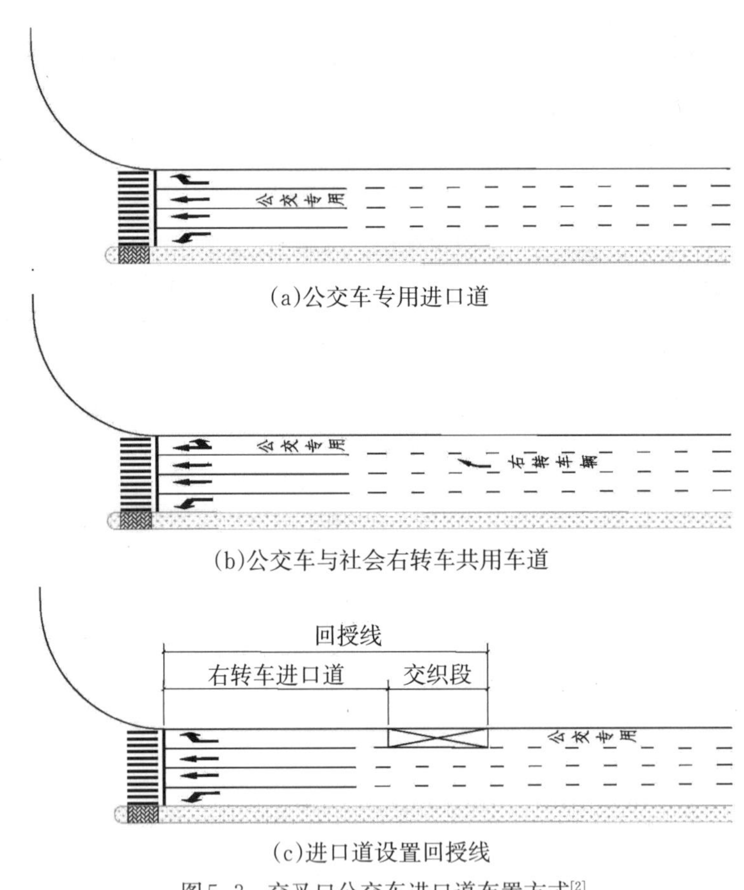

(a)公交车专用进口道

(b)公交车与社会右转车共用车道

(c)进口道设置回授线

图5-3　交叉口公交车进口道布置方式[2]

二、交叉口公交进口车道布置方式

交叉口公交进口车道布置方式中，公交车专用进口道形式较多。综合《城市道路设计规程(DGJ 08—2106—2012)》和《城市交通设计导则(征求意见稿)》，列出设置公交车专用进口道的五种情况和设置形式[2][3]：

(1)当无右转机动车流时，公交专用车道可直接设置至停止线。

(2)当右转车和公交车流量均很大的情况下，公交专用进口道应设置在最外侧，次外侧设置右转专用

车道并配以右转信号控制(图5-4)。

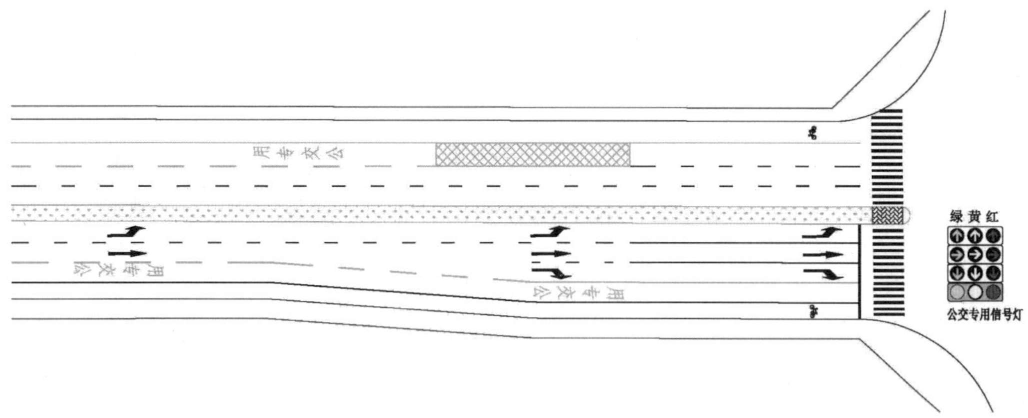

图5-4　公交车专用进口道设置形式一[3]

(3)当公交车流量大于200veh/h,宜将公交车专用进口道与右转专用进口道分开布置;当右转车辆同时大于250pcu/h流量时,公交专用进口道可布设在右转车道的左侧,避免右转车辆与公交在进口道处的交织(图5-5)。

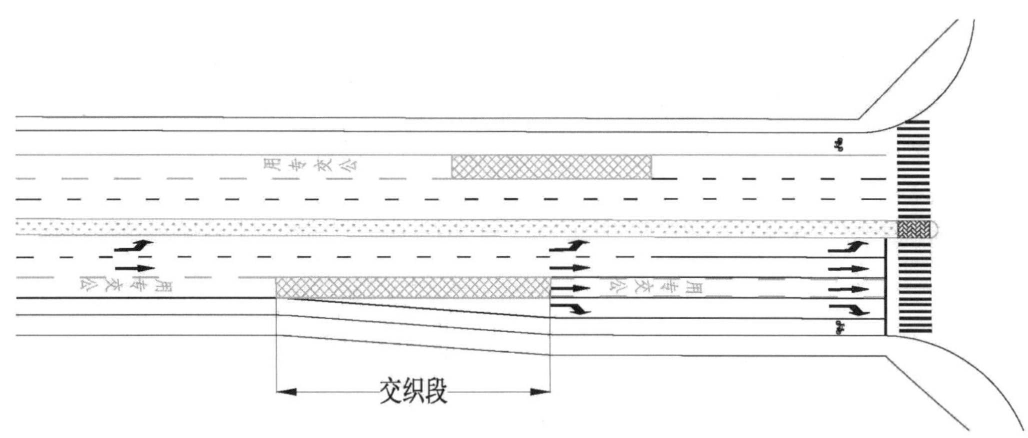

图5-5　公交车专用进口道设置形式二[3]

(4)当公交车流量相当大时,一条专用进口道无法满足需求时,可设置两条公交专用进口道(图5-6)。

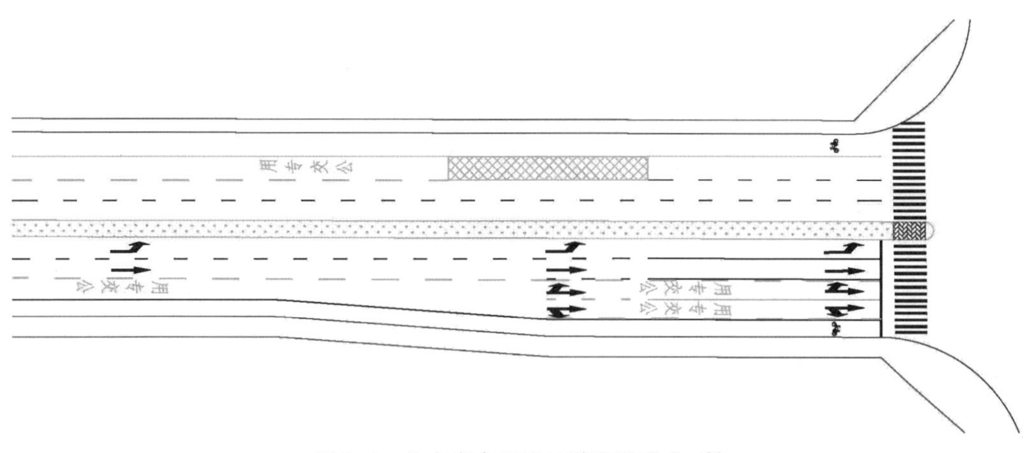

图5-6　公交车专用进口道设置形式三[3]

(5)当公交以左转为主要流向时，专用进口道的方向箭头可设计为左转，此时，直行公交车可使用交叉口直行车道通行(图5-7)。

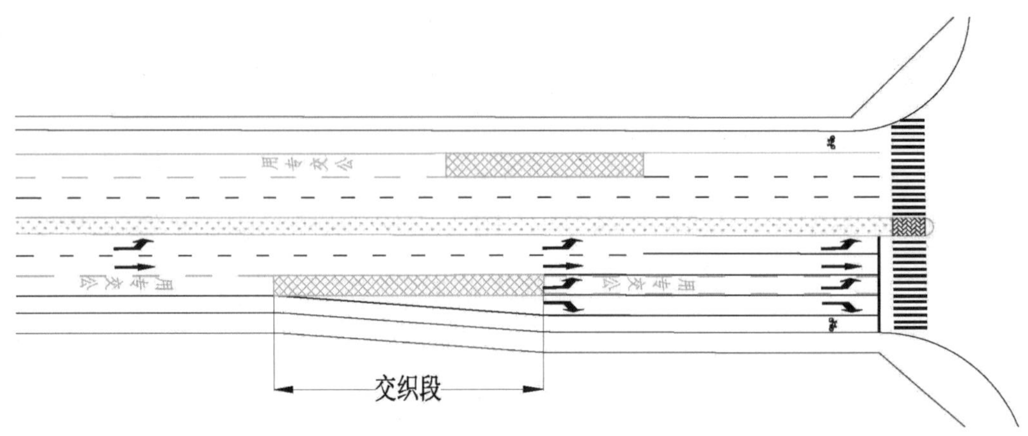

图5-7　公交车专用进口道设置形式四[3]

根据《城市道路设计规程(DGJ 08—2106—2012)》，当路外侧式专用道的公交车流量不大于150veh/h，且每一个信号周期到达的右转车辆较少时，可采用公交车与社会右转车共用进口道的布置形式(图5-3b)[2]。

根据《城市道路设计规程(DGJ 08—2106—2012)》，当交叉口进口不足4条进口车道，或设置公交专用进口道后预计交叉口会严重拥堵时，则不应设置公交车专用进口道，宜采用回授线形式(图5－3c)。回授线的最短长度为进口道展宽段长度加上公交车和社会车辆的最短交织长度。没有展宽的进口道，不应小于进口道的最大排队长度加上交织段长度。在无流量资料时，最大排队长度可取：主干路80m，次干路60m。交织段长度宜大于40m[2]。

第五节　公交停靠站设计

公共汽车停靠站是提供公交停靠、乘客上下车服务的设施。公共汽车停靠站设计，包括停靠站的位置、站台形式和站台规模(长度和宽度)、线路数以及站台附属设施(站牌、候车亭和隔离设施等)设计，设计适当与否，直接影响到公交停靠站容量及通行能力、站台服务效率与安全。此外，公交停靠站的形式与规模应满足公交线网规划的要求，同时需充分考虑道路性质、沿线两侧用地性质、换乘需求与便利性、相关交叉口交通状况及可能的用地等约束条件。因此，下面将从停靠站的布局、位置、站台形式、几何设计和设施设计五个方面对公交停靠站设计进行阐述。

一、公交停靠站布局设置

公交停靠站布局设计包括公交停靠站一般设置规定、公交停靠站一般布局规定等内容。应首先确定公交停靠站的一般设置规定和一般布局规定，然后确定公交的类型，最后按照不同类型的公交停靠站布局设计规定来设计公交停靠站的布局。

1.公交停靠站一般设置规定

公交停靠站设置一般考虑停靠站间的间距和换乘距离。

综合《城市道路工程设计规范(CJJ 37—2012)》和《城市道路设计规程(DGJ 08—2106—2012)》,城区停靠站间距宜为400m～800m,郊区停靠站间距宜为500m～1000m,郊区停靠站间距应根据具体情况确定[1][2]。

综合《城市道路设计规程(DGJ 08—2106—2012)》和《城市道路交叉口设计规程(CJJ 152—2010)》,车站间同向换乘距离应不大于50m,异向换乘距离不应大于100m。在交叉口设置的车站换乘距离不宜大于150m,同向换乘不应大于50m,异向换乘不应大于100m,特殊情况下不得大于250m[2][6]。

根据《城市道路设计规程(DGJ 08—2106—2012)》,若设置在单幅路和三幅路道路,且上下行对应的车站,宜在平面上背向错开,其错开距离应不小于30m(图5-8)[2]。

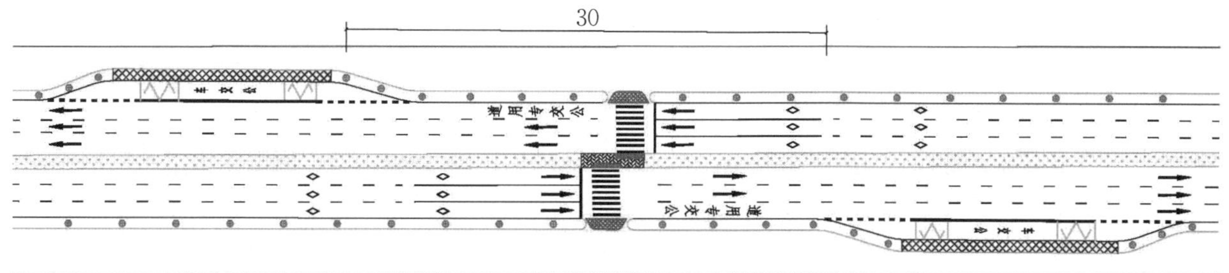

图5-8　上下行对应公交站位[2](单位:m)

根据《城市道路设计规程(DGJ 08—2106—2012)》,公交停靠站车道与相邻通车车道间应设置分隔标线[2]。

2.公交停靠站一般布局规定

根据《城市道路工程设计规范(CJJ 37—2012)》,公交停靠站应结合常规公交规划、沿线交通需求及城市轨道交通等其他交通站点设置,公交车站应与周边行人、非机动车系统统一设计[1]。

根据《城市交通设计导则(征求意见稿)》,公交中途站应优先结合行人过街横道线、中小学校、幼儿园、医院、养老院等位置设置,公交站台与上述地点的步行距离不宜大于30m[3]。

根据《城市道路设计规程(DGJ 08—2106—2012)》,布置停靠站应满足非机动车的通行要求,不得任意压缩非机动车道宽度。为尽量避免公交车与非机动车交织混行,在机非混行道路上沿人行道设置停靠站时,当人行道宽度确有富余时,可在停靠站范围采用“人非共板”形式[2]。

3.常规公交停靠站布局设计

根据《城市交通设计导则(征求意见稿)》[3],常规公交停靠站布局设计应满足下列要求:

(1)新建道路公交停靠站宜设置在交叉口的出口道,并与出口道展宽段进行一体化设计;改建交叉口在出口道布设公交停靠站有困难时,可将直行或右转公交线路的停靠站设在进口道,并与进口道进行一体化设计(图5-9)。

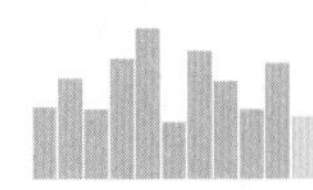

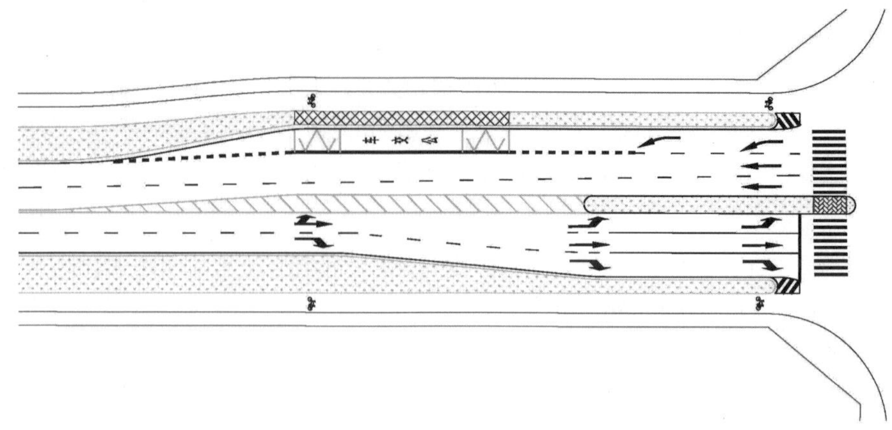

图5-9 拓宽车道与公交停靠站一体化设计[3]

(2)在一个信号周期内,当出口道停靠站的公交车排队长度过长而溢出到交叉口时,应进行设计调整,可将停靠站改为在进口道设置,并与交叉口拓宽一体化设计。

(3)路段设置公交停靠站应尽量选择背向错开形式(尾尾对接),且两站台中点错开距离不小于60米,同时应在停靠站上游设置行人过街横道。当公交排队过长妨碍行人过街时,应选择头头对接形式。

(4)头头对接公交停靠站与其下游的人行过街横道要满足视距要求,两站沿车辆行进方向迎面错开30m。

4.快速公交车站布局设计

综合《城市交通设计导则(征求意见稿)》和《城市道路交叉口规划规范(GB 50647—2011)》,快速公交车站布局设计应满足下列规定[3][7]:

(1)快速公共交通站台宜与常规公共汽(电)车站分开设置,应设置安全防护设施,并应满足无障碍设计的要求;站台应结合人行过街方式同步进行布置。

(2)车站宜设置在主要客流集散点,靠近交叉口布置,方便行人过街。

(3)车站间距宜为800~1000m。

(4)规划在中央分隔带上的快速公共交通左侧岛式站台应把两向停靠站设在同一路段;右侧式站台除可把两向停靠站设在同一路段外,也可分开设在各向的进口道上。

(5)规划在路侧的快速公交停靠站可采用相同于常规公交专用道的设站方式,站台宽度、长度应符合快速公交通行能力和服务水平的要求。

二、公交停靠站位置

根据《城市道路工程技术规范(GB 51286—2018)》,公交停靠站位置应根据公交线网规划,并应结合沿线交通需求及各类交通接驳布局要求设置。应首先确定公交停靠站位置,再结合停靠站具体位置对停靠站进行进一步的设计[8]。

1.公交停靠站位置一般设置规定

综合《城市道路交叉口设计规程(CJJ 152—2010)》和《城市道路交叉口规划规范(GB 50647—2011)》,公交停靠站设置应符合下列规定[6][7]:

(1)公交停靠站应设置在交叉口的出口道,并应与出口道进行一体化展宽,且应靠近交叉口人行横道。

(2)立交交叉匝道出入口段及立体交叉坡道段不应设置公共汽(电)车停靠站。

(3)交叉口附近设置公交停靠站不应造成公交停靠排队溢出。

(4)交叉口附近设置公交停靠站应保证候车乘客的安全,方便乘客换乘、过街,方便公交停靠进出,减少对其他类型交通的影响。

(5)有机动车与非机动车分隔带的道路,宜在机动车与非机动车分隔带布置公共汽(电)车停靠站。当分隔带宽度不足4m而人行道较宽时,可适当压缩人行道宽度,但该段人行道宽度缩减比例不得超过40%,并不得小于3m。

(6)多条公交线路合并设站时,应根据公交车到站频率、站台长度及通行能力确定线路数,同一停靠站台,停靠标准公交车线路数不宜超过5条;停靠大型公交车线路不宜超过3条,特殊情况下不应超过4条;当线路数超过上述要求时,应分开设站,站台间距应不小于25m。

(7)无轨电车与公共汽车应分开设站。无轨电车停靠站应设置于公交停靠站的下游。

2.公交停靠站位置详细设计

当公交停靠站位置在交叉口附近或交叉口范围时,公交进出站易受到交叉口排队长度的制约,因此在设计公交停靠站位置时,因考虑公交停靠站与交叉口的一体化设计。即先设置公交专用进口车道,再设置公交停靠站的详细位置。公交停靠站按位置可分为近交叉口的停靠站和路段停靠站,公交停靠站按其设置的道路位置可分为路中式停靠站和路侧式停靠站两种。

(1)停靠站设置在交叉口出口道

综合《城市道路交叉口设计规程(CJJ 152—2010)》和《城市道路交叉口规划规范(GB 50647—2011)》,公交停靠站设置在出口道时,有益于降低停靠站对交叉口通行能力的影响,可采用图5-10的设置模式[6][7]。若出口道右侧展宽增加车道,停靠站应设在展宽段向前至少20m;若出口道右侧无展宽,停靠站在干路上距对向进口车道停止线应不小于50m,在支路上应不小于30m。

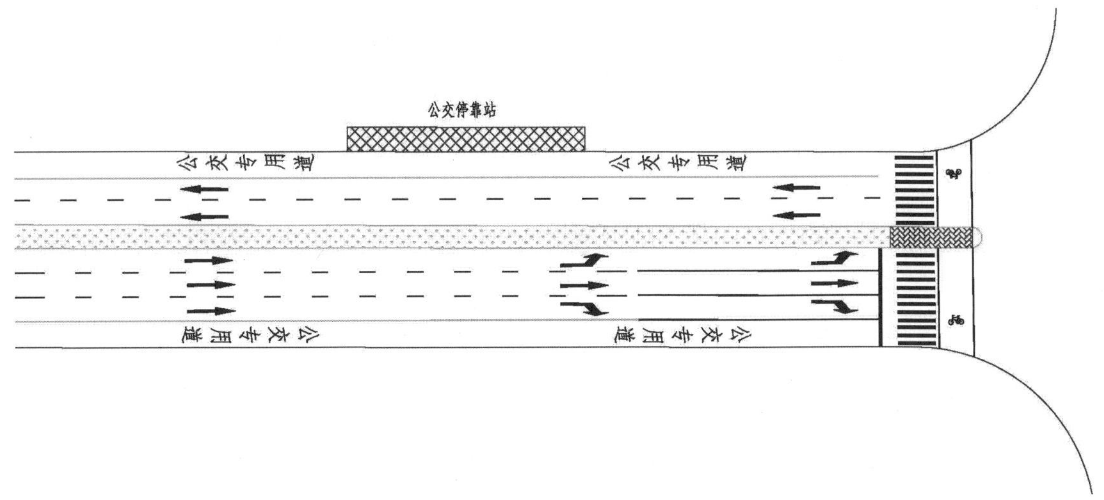

图5-10　交叉口出口道路边型停靠站

由于交叉口是大量乘客汇集和疏散的场所,也可采用图5—11的设置模式,路中型停靠站距离交叉口行人过街设施较近,可以提高乘客上下站台的便捷性,而且有利于直行和相交道路的左转公交线路驶出交叉口后停靠。但是,该类停靠站要求停靠公交线路不能太多,若站台容量不足,则会导致出口道停靠公交车排队溢出至交叉口内部,将影响整个交叉口的正常通行。因此,当高峰小时同时进站的车辆数大于站台容量时,停靠站不应设在出口道。

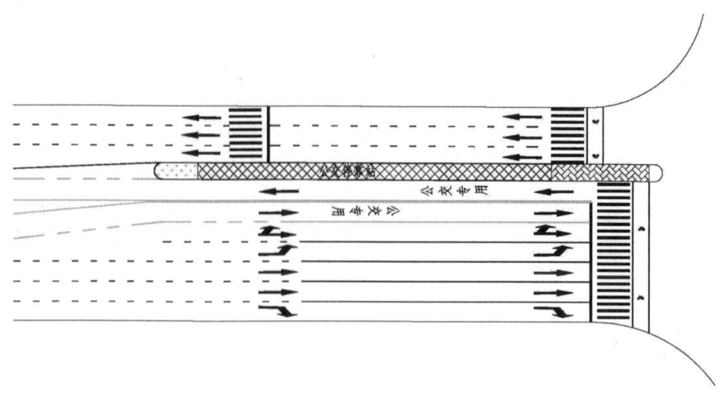

图5-11　交叉口出口道路中型停靠站

(2)停靠站设置在交叉口进口道

综合《城市道路交叉口设计规程(CJJ 152—2010)》和《城市道路交叉口规划规范(GB 50647—2011)》,改建交叉口在出口道布设公交停靠站确有困难时,可将直行或右转公交线路的停靠站设在进口道。当停靠站设置在交叉口进口道附近时,可采用图5-12的设置模式[6][7]。图(a)为交叉口进口道路侧式停靠站,这种模式适用于公交车流量大于200veh/h的交叉口,可同时对右转社会车辆进行控制,使其与公交专用车道通行权在时间上分开;图(b)为交叉口进口道路中型停靠站,这种模式适用于转向公交较少的交叉口,乘客可以通过交叉口人行横道进出公交停靠站。

当进口道有展宽车道时,应将停靠站布设在展宽车道的上游,并应与进口道进行一体化展宽;当进口道无展宽车道时,应将停靠站布设在右侧车道最大排队长度上游15m~20m处。

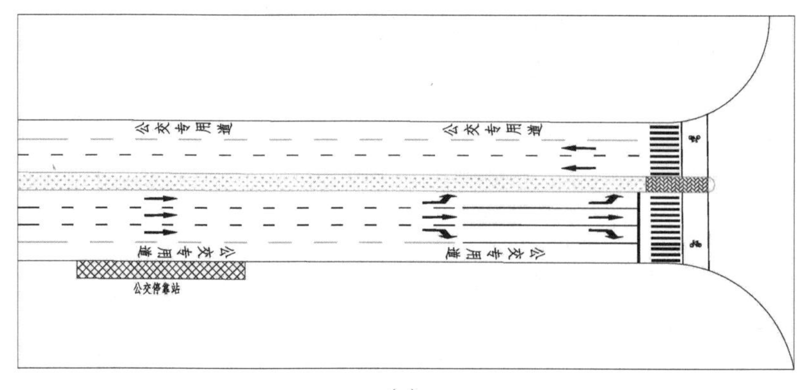

(a)

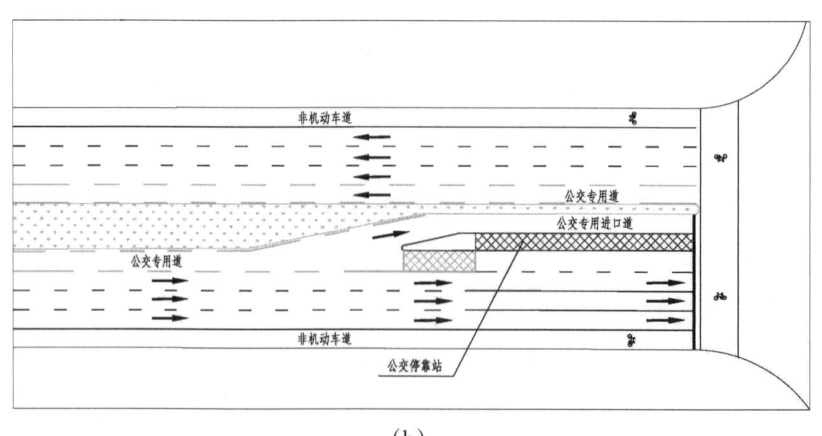

(b)

图5-12　交叉口进口道路侧式停靠站

由于左转公交在进口道附近靠站后再左转，需变换多个车道，对交叉口通行能力将造成很大的影响。因此，左转公交线路的停靠站不应设于进口道，而应在通过交叉口后的出口道附近设置。

三、公交站台形式

公交停靠站按几何形状可分为港湾停靠站和直线式停靠站，直线式停靠站即公交车直接沿路边停靠，当道路车道数有限、交通量较大或有多条公交线路通行时，这种停靠站形式易造成道路的动态瓶颈；港湾式停靠站可以避免道路的动态瓶颈，但需要占用一定的土地，并需一定的投资，而且当容量及停靠线路数不能正确确定时，仍可能导致道路出现时间性瓶颈。

综合《城市道路设计规程(DGJ 08－2106－2012)》、《城市道路交叉口设计规程(CJJ 152－2010)》和《城市道路交叉口规划规范(GB 50647－2011)》，下列情况可设置港湾式停靠站[2][6][7]。

(1)干路及有公交专用车道的交叉口应采用港湾式停靠站。

(2)改建次干路和交通量较大的新建支路，有条件时应采用港湾式停靠站。

(3)改建交叉口进出口道为干路的公交停靠站，应采用港湾式停靠站。

(4)改建交叉口进出口道为支路的道路，或治理性交叉口，在条件满足港湾式停靠站最小尺寸的情况下，应布置成港湾式。

(5)快速公交站台应与常规公交站台分开设置，应采用港湾式停靠站。

(6)无机动车与非机动车分隔带的道路，可沿人行道设置港湾式停靠站，该段人行道宽度缩减不得超过40％，并不得小于3m。

四、站台几何设计

站台几何设计包括直线式停靠站站台设计和港湾式停靠站站台设计。站台几何设计包括停靠站站台宽度、长度和高度等内容。

1.直线式停靠站站台几何设计规定

根据《城市道路交叉口规划规范(GB 50647—2011)》[7]，常规公交及公交专用车道站台宽度不应小于2m，当条件受限制时，宽度不得小于1.5m；快速公交站台双向停靠站台宽度≥5m，单向停靠站台宽度≥3m。站台长度应满足车辆停靠、人流集散及相关设施布设的要求，最小长度应满足两辆车同时停靠的要求，当停靠站需考虑出租车上下客时，可适当增加站台长度。站台长度可按式5-1确定：

$$L_b = p(l_b + 2.5) \tag{5-1}$$

式中：L_b—公交停靠站站台长度(m)；

l_b——一辆公交车长度(m)；

p—同时停站的公交车数(辆)。

根据《城市道路交叉口规划规范(GB 50647—2011)》，停靠站台高度应与车辆底板高度相匹配，便于乘客水平上下车，站台的高度不宜超过0.15m[7]。

根据《城市道路交叉口规划规范(GB 50647—2011)》，非寒冷冰冻地区道路交叉口公共汽(电)车停靠站的纵坡不宜大于2％，山岭重丘城市或地形困难时，坡度不宜超过3％；寒冷冰冻地区坡度不宜超过1.5％[7]。

2.港湾式停靠站站台几何设计规定

根据《城市道路交叉口规划规范(GB 50647—2011)》的要求,港湾式停靠站比直线式停靠站多一个展宽段,因此除了满足直线式停靠站的几何设计规定外,还需满足公交港湾站的展宽段长度、渐变段长度的几何设计规定(图5-13)[7]。

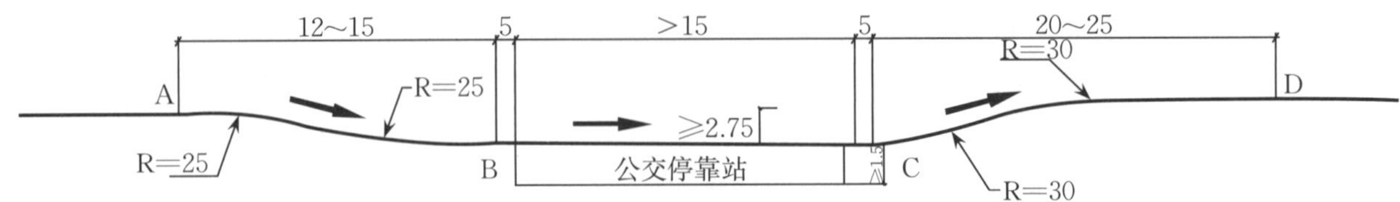

图5-13 港湾式公交停靠站的几何尺寸[2](单位:m)

五、公交停靠站设施设计

根据不同的公交类型也可将公交停靠站设施设计分为常规公交设施设计和快速公交车站设施设计。公交停靠站设施设计时应首先确定公交的类型,再结合停靠站设施功能进行设计。

1.常规公交停靠站设施设计要求

综合《城市道路设计规程(DGJ 08—2106—2012)》和《城市交通设计导则(征求意见稿)》,常规公交停靠站设施设计应满足下列功能要求[2][3]:

(1)在停靠站、车辆上应提供动态信息和静态信息。站牌的交通信息应全面(含线路图及站名、时刻表等)、清晰、明确,鼓励使用智能公交信息系统,显示线路信息、下一班次到达时间或到站距离以及延误等信息。

(2)乘客人数较多、等车时间较长、炎热或多雨雪气候地区停靠站应提供雨棚和座椅。公交候车棚立柱可设置在靠近车行道一侧,以提高站台空间的利用率(如图5-14)。

图5-14 公交停靠站的站内设施[3]

(3)停靠站及周边应有明显的标志,并应与灯杆、站棚等结合设计。停靠站的造型和色彩宜和周边景观协调(如图5-15)。

图5-15　通透式公交候车棚设计[3]

(4)停靠站候客站台与建筑边界之间应进行良好的步行系统设计(如多雨地区可设置带雨棚的人行道)(如图5-16)。

图5-16　公交停靠站与建筑边界衔接设计[3]

(5)在停靠站前后适当位置的人行道设非机动车上下坡道及交通标志,引导非机动车从停靠站外侧通过,行人过街横道宜设置在公交车站的上游。

(6)公交停靠站旁可通过绿化等提高环境质量和舒适度。在客流量大的换乘站周边宜提供方便的公共设施,如零售店、公共厕所、公共电话、出租车车站等,但不应占用道路通行空间。

(7)停靠站乘客换乘自行车的需求量较大时,应进行停靠站与自行车的换乘衔接设计,设置自行车停放区、公共自行车租赁区等。其中停放区和租赁区不得占用步行通行和乘客候车空间(如图5-17)。

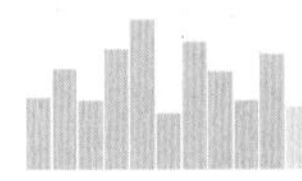

图5-17　公交停靠站周边的公共自行车停放点[3]

2.快速公交停靠站设施设计规定

综合《城市道路设计规程(DGJ 08—2106—2012)》和《城市交通设计导则(征求意见稿)》,快速公交车站设施布设应满足下列功能要求[2][3]:

(1)车站内应设置站牌及各种导向、安全、服务标志,站台应有雨棚、视频监控、售检票、座椅、垃圾箱等设施和设备。宜设子信息屏、信息广播设备、车站区域地图、站台屏蔽门、工作间等设施和设备(如图5-18)。

图5-18　快速公交站内设施[3]

(2)快速公交与城市轨道站距离较近时,宜设置便捷的换乘通道。应考虑与常规公交系统的衔接,宜采用同台换乘,尽可能减少换乘距离,鼓励票务一体化(如图5-19)。

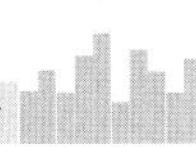

图5-19　快速公交进站口

(3)宜采用有滑动门的封闭式站台,车辆宜至少设置3个门或2个宽门以缩短上下客时间。

(4)车站300～500米范围内应有安全、连续的步行交通网络并配以过街信号灯系统。乘客过街方式应根据车站客流组织、系统运营和道路交通组织要求综合确定。宜采用乘客平面过街方式,采用过街天桥或地道时,应设置无障碍电梯或扶梯。

(5)站台斜坡、盲文、语音、突起地面标志等应符合无障碍设施的相关要求。

本章参考文献

[1]中华人民共和国住房和城乡建设部.城市道路工程设计规范(2016年版):CJJ 37—2012[S].北京:中国建筑工业出版社,2016.

[2]上海市政工程设计研究总院(集团)有限公司,上海市城市建设设计研究总院.城市道路设计规程:DGJ 08—2106—2012[S],2012.

[3]住房城乡建设部.城市交通设计导则(征求意见稿)[S].2015.

[4]中华人民共和国住房和城乡建设部.快速公共汽车交通系统设计规范:CJJ 136—2010[S].北京:中国建筑工业出版社,2010.

[5]中华人民共和国国家质量监督检验检疫总局,中国国家标准化管理委员会.道路交通标志和标线:GB 5768—2009[S].北京:中国标准出版社,2009.

[6]中华人民共和国住房和城乡建设部.城市道路交叉口设计规程:CJJ 152—2010[S],北京:中国建筑工业出版社,2010.

[7]中华人民共和国住房和城乡建设部.城市道路交叉口规划规范:GB 50647—2011[S].北京:中国计划出版社,2011.

[8]中华人民共和国住房和城乡建设部.城市道路工程技术规范:GB 51286—2018[S].北京:中国建筑工业出版社,2018.

第六章 交通控制信号灯设计

第一节 概 述

交通信号是调节道路通行权、协调动态交通与静态设施之间关系的重要手段，交通信号控制是实现交通时空资源的最佳转换与协调的关键措施。交通信号灯应能被道路使用者清晰、准确地识别，道路使用者包括机动车、非机动车驾驶员及行人等。本章主要围绕交通信号灯设计和交通信号控制方案设计展开，重点介绍机动车信号灯、非机动车信号灯和行人信号灯的设置与安装。

第二节 设计流程

道路交通信号灯的设置与安装的主要流程如图6-1所示。

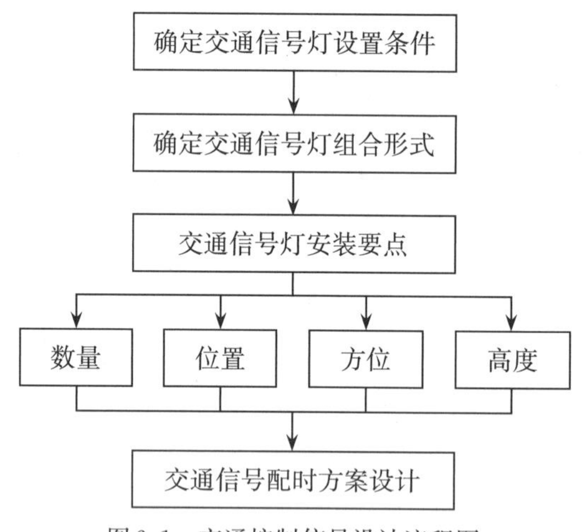

图6-1 交通控制信号设计流程图

第三节 交通信号灯设置条件

城市道路的平面交叉口设置交通信号灯的条件，应根据交叉口情况、交通流量以及交通事故率等因素确定。《道路交通信号灯设置与安装规范(GB 14886—2016)》中规定了城市道路交叉口、路段的信号灯设置条件[1]。

一、交叉口信号灯设置条件

1.交叉口机动车信号灯设置条件

按规定,交叉口机动车高峰小时流量超过表6-1所示数值时,应设置信号灯。

表6-1 交叉口机动车高峰小时流量[1]

主要道路单向车道数(条)	次要道路单向车道数(条)	主要道路双向高峰小时流量(pcu/h)	流量较大次要道路单向高峰小时流量(pcu/h)
1	1	750	300
		900	230
		1200	140
1	≥2	750	400
		900	340
		1200	220
≥2	1	900	340
		1050	280
		1400	160
≥2	≥2	900	420
		1050	350
		1400	200

注:
1.主要道路指两条相交道路中流量较大的道路。
2.次要道路指两条相交道路中流量较小的道路。
3.车道数以路口五十米以上的渠化段或路段数计。
4.在无专用非机动车道的进口,应将该进口进入路口非机动车流量折算成当量小汽车流量并统一考虑。
5.在统计次要道路单向流量时应取每一个流量统计时间段内两个进口的较大值累计。

当交叉口任意连续8h的机动车平均小时流量超过表6-2所示数值时,应设置信号灯。

表6-2 交叉口任意连续8h机动车小时流量[1]

主要道路单向车道数(条)	次要道路单向车道数(条)	主要道路双向任意连续8h平均小时流量(pcu/h)	流量较大次要道路单向任意连续8h平均小时流量(pcu/h)
1	1	750	75
		500	150
1	≥2	750	100
		500	200
≥2	1	900	75
		600	150
≥2	≥2	900	100
		600	200

根据交叉口的交通事故情况，符合以下条件之一的交叉口应设置信号灯：

(1)3年内平均每年发生5次以上交通事故，从事故原因分析通过设置信号灯可避免发生事故的交叉口；

(2)3年内平均每年发生1次以上死亡交通事故的交叉口。

此外，有特别需求的情况，例如在交通信号控制系统协调控制范围内的交叉口、因行人和非机动车通行易发生拥堵或交通事故的交叉口，可设置信号灯。

2.交叉口非机动车信号灯设置条件

按规定，非机动车驾驶人在交叉口距停车线25m范围内不能清晰视认用于指导机动车通行的信号灯的显示状态时，应设置非机动车信号灯。对于机动车单行线上的交叉口，在与机动车交通流相对的进口道应设置非机动车信号灯。非机动车交通流与机动车交通流通行权冲突的情况下，可设置非机动车信号灯。

3.交叉口行人信号灯设置条件

在采用信号控制的交叉口，已经施划人行横道标线的，应设置人行横道信号灯。行人与车辆交通流通行权冲突的情况下，可设置人行横道信号灯。此外，在需要提示驾驶员和行人注意瞭望、确认安全后方可通过的交叉口，宜设置闪光警告信号灯。

二、路段信号灯设置条件

在已施划人行横道的路段上，符合下列条件之一时，应设置人行横道信号灯：

(1)路段机动车和行人高峰小时流量超过表6-3所列数值时，应设置人行横道信号灯和相应的机动车信号灯；

表6-3　路段机动车和行人高峰小时流量[1]

路段车道数(条)	路段机动车高峰小时流量(pcu/h)	行人高峰小时流量(per/h)
<3	600	460
	750	390
	1050	300
≥3	750	500
	900	440
	1250	320

(2)路段任意连续8h的机动车和行人平均小时流量超过表6-4所列数值时，应设置人行横道信号灯和相应的机动车信号灯。

表6-4　路段任意连续8h机动车和行人小时流量[1]

路段车道数(条)	路段任意连续8h的机动车平均小时流量(pcu/h)	任意连续8h的行人平均高峰小时流量(per/h)
<3	520	45
	270	90
≥3	670	45
	370	90

同理，根据路段交通事故发生情况，符合以下条件之一时，应设置人行横道信号灯和相应的机动车信号灯：

(1)3年内平均每年发生5次以上交通事故，从事故原因分析通过设置信号灯可避免发生事故的路段；

(2)3年内平均每年发生1次以上死亡交通事故的路段。

对于行人信号灯，尤其要确保儿童、老人、残障人士能清晰、准确地识别和方便地使用。《城市道路工程设计规范(CJJ 37—2012)》规定，在学校、幼儿园、医院、养老院门前附近的道路过街设施应设置提示标志，并应施划人行横道线，必要时应设置交通信号灯[2]。根据《城市道路交叉口设计规程(CJJ 152—2010)》，当非机动车交通流与行人交通流同样处理时，可设置非机动车、行人共用信号灯[3]。

第四节　交通信号灯组合形式

信号灯的组合形式应根据指挥对象、控制目标和控制方式等条件综合确定。《道路交通信号灯设置与安装规范(GB 14886—2016)》中规定[1]，机动车信号灯、方向指示信号灯、非机动车信号灯竖向安装时，灯色排列顺序由上向下应为红、黄、绿；横向安装时，灯色排列顺序由左到右为红、黄、绿。

一、机动车信号灯的组合形式

常规情况下，机动车信号灯和方向指示信号灯组合形式应符合表6-5的规定。

表6-5　机动车信号灯和方向指示信号灯常规组合表[1]

组合名称	排列顺序	说明	图示
常规组合1	竖向安装，从上向下应为红、黄、绿	常用组合。通常用于左转车辆较少、不需要设置左转控制相位的路口。 机动车信号灯中绿灯亮表示，准许车辆通行，但转弯的车辆不得妨碍被放行的直行车辆、行人通行；机动车信号红灯表示，禁止车辆通行，但右转的车辆在不妨碍被放行的车辆和行人通行的情况下，可以通行	红 黄 绿
	横向安装，由左至右应为红、黄、绿		红　黄　绿

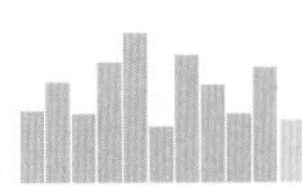

续表

组合名称	排列顺序	说明	图示
常规组合2	竖向安装，分为两组，左边一组为左转方向指示信号灯，从上向下应为红、黄、绿，右边一组为机动车信号灯，从上向下应为红、黄、绿	常用组合。通常用于设有左转专用导向车道且左转车辆较多，需设置独立的左转控制相位的路口。机动车信号灯的绿灯亮，左转方向指示信号灯的红灯亮表示：直行和右转方向可通行，左转禁行；机动车信号灯中红灯亮，左转方向指示灯的绿灯亮表示：左转方向可通行，直行禁止，右转弯的车辆在不妨碍被放行的车辆、行人通行的情况下，可以通行；方向指示信号灯的绿色发光单元不得与机动车信号灯的绿色发光单元同亮；允许左转方向指示信号灯中所有发光单元均熄灭，此时相当于常规组合1	红 黄 绿
	横向安装，分为两组，上面一组为左转方向指示信号灯，从左到右应为红、黄、绿，下面一组为机动车信号灯，从左到右应为红、黄、绿		红 黄 绿

左转车辆较少、不需要设置左转相位的交叉口，或直行和左转车道共用的交叉口，应选择表6-5的常规组合1，如图6-2所示。设有左转专用导向车道、且左转车流较大需要设置左转相位单独放行的交叉口，应选择表6-5的常规组合2，参见图6-3所示。

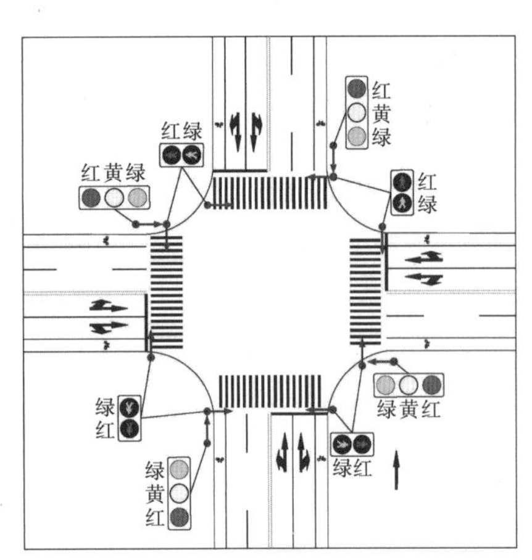

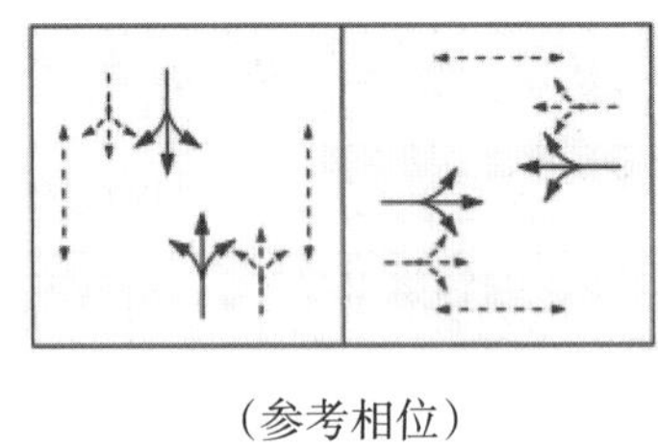

（参考相位）

图6-2 常规组合1应用示例[1]

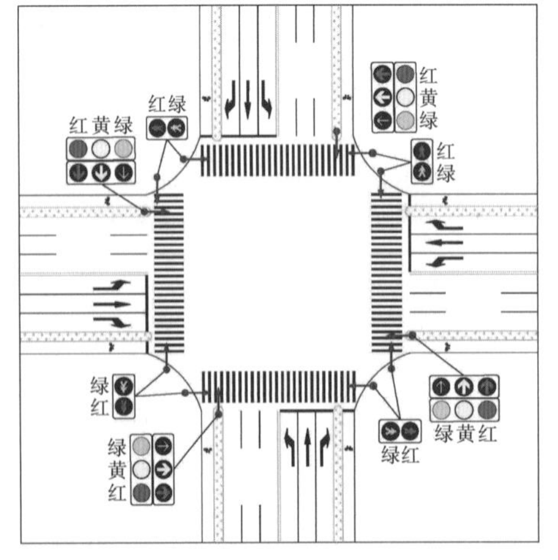

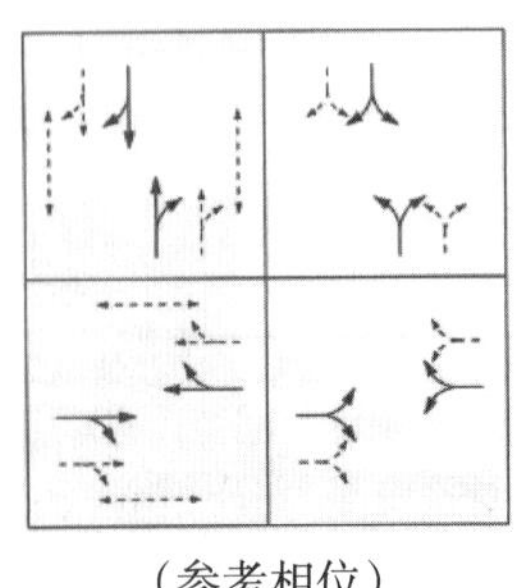

（参考相位）

图6-3 常规组合2应用示例[1]

其他特殊情况下，机动车信号灯和方向指示信号灯组合形式应符合《道路交通信号灯设置与安装规范(GB 14886—2016)》的规定[1]。

在设置专用掉头机动车道的交叉口，需要对掉头机动车进行控制时，可增设掉头信号灯。在设置公交车辆或BRT、有轨电车等专用车道的交叉口，需对公交车辆或BRT、有轨电车等进行信号优先控制或单独控制时，可设置专用信号灯。

根据《城市交通设计导则》，当右转机动车转弯半径较大导致右转机动车车速较快时，应设置右转信号灯；当设置右转渠化岛时也应配以右转信号灯。机动车右转绿箭头灯不应与相邻人行横道的绿灯设在同一相位[4]。

二、非机动车信号灯的组合形式

不需要单独控制左转非机动车交通流时，可设置一组非机动车信号灯，灯色排列顺序由上向下应为红、黄、绿。需要单独控制左转非机动车交通流时，应同时设置两组，左边一组为左转非机动车信号灯，由上向下应为红、黄、绿；右边一组为非机动车信号灯，由上向下应为红、黄、绿，如图6-4所示。

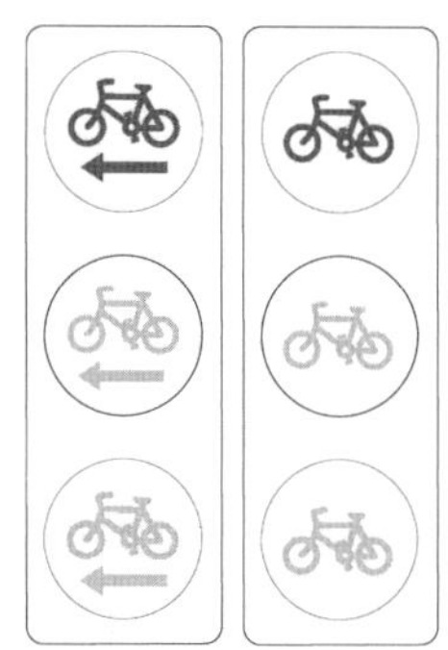

图6-4　非机动车信号灯排列顺序[1]

三、人行横道信号灯的组合形式

人行横道信号灯应采用竖向安装，灯色排列顺序由上向下应为红、绿。

第五节　交通信号灯安装

一、基本原则

按照《道路交通信号灯设置与安装规范(GB 14886—2016)》规定，交通信号灯应满足下列基本原则[1]：

(1)对应于交叉口某进口，可根据需要安装一个或多个信号灯组合。

(2)一个信号灯组合应当设置在同一支撑杆件或固定设施上。

(3)交叉口信号灯采用悬臂式或柱式安装时，可安装在出口左侧、出口上方、出口右侧、进口左侧、进口上方和进口右侧。若只安装一个信号灯组合，应安装在出口处。

(4)至少有一个信号灯组合的安装位置和方式能确保:在该信号灯组合所指示的车道上的机动车驾驶人,处于表6-6规定的范围内时均能清晰观察到信号灯。因地形或其他因素影响,若不能确保驾驶人在该范围内能清晰观察到信号灯显示状态时,应配套设置注意信号灯标志,警告驾驶人注意前方路口设置有信号灯。

表6-6 交叉口视距要求[1]

道路设计车速(km/h)	30	40	50	60	70	80
距停车线最小距离(m)	50	65	85	110	140	165

(5)悬臂式机动车灯杆的基础位置(尤其是悬臂背后)应尽量远离电力浅沟、窨井等,同时与路灯杆、电杆、行道树等相协调。

(6)设置的信号灯和灯杆不应侵入道路通行净空限界范围。

(7)畸形交叉口信号灯的安装位置可参照以上规定因地制宜地选择。畸形交叉口根据需要可增设信号灯,并优先设置在进口道附近。

二、信号灯安装方式

信号灯安装方式包括:悬臂式、柱式、门式、附着式、中心安装式。

三、信号灯安装数量

《道路交通信号灯设置与安装规范(GB 14886—2016)》中规定[1],安装在出口处的信号灯组合中某组信号灯指示车道较多,若所指示车道从停车线至停车线后50m不在以下三种范围内时,应相应增加一组或多组信号灯:

(1)无图案宽角度信号灯基准轴左右各10°,如图6-5所示;

(2)无图案窄角度信号灯基准轴左右各5°;

(3)图案指示信号灯基准轴左右各10°。

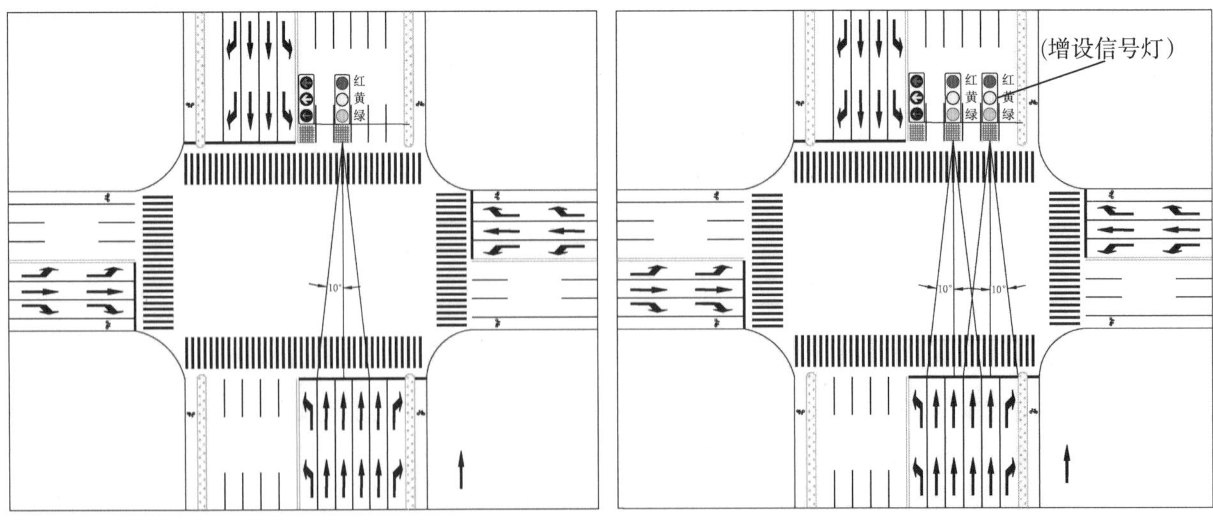

(a)信号灯组未能覆盖所指示车道示例　　(b)信号灯组中增加一组信号灯

图6-5 信号灯组中增设信号灯示例[1]

规范规定，交叉口某个进口设置多个相同行进方向的车道但不相邻时，可增加一组或多组该方向的信号灯。路段上设置的机动车信号灯离停止线较近，不便于驾驶人观察时，宜在信号灯立杆上附着增加设置信号灯组。停止线与信号灯的距离大于50m的，或道路路段双向四车道的，宜增设信号灯组合，如图6-6所示；道路路段为双向六车道及以上的，应增设至少一个信号灯组合，参见图6-7。

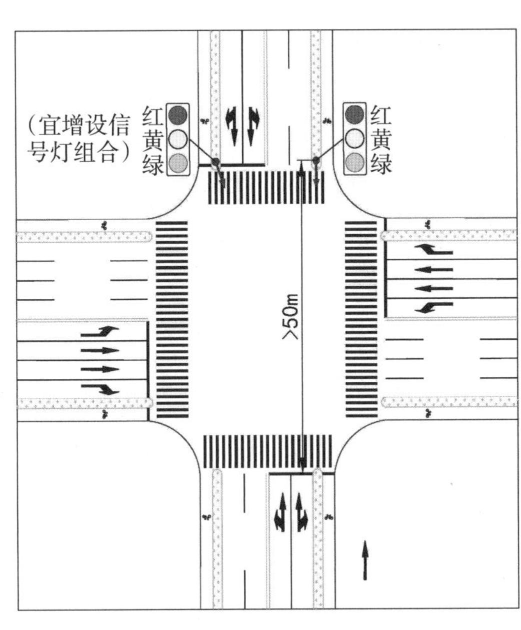

图6-6　停止线距信号灯的距离大于50m时增设信号灯组合[1]

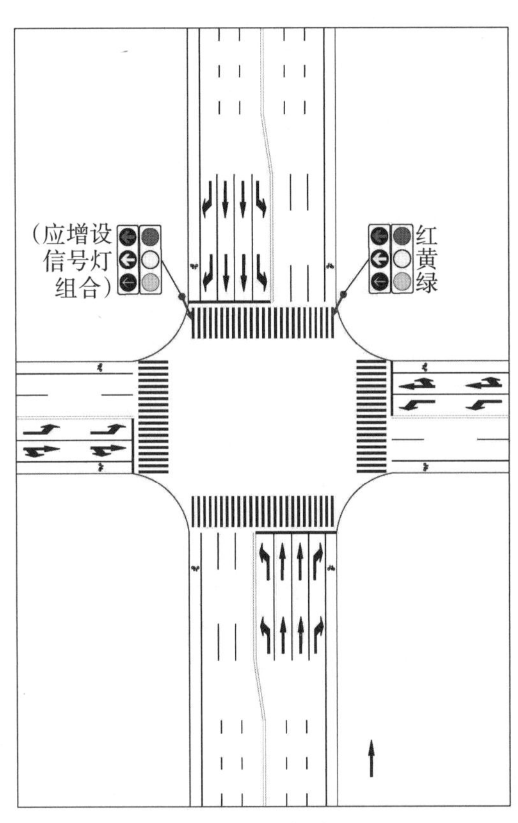

图6-7　双向六车道以上的道路应增设信号灯组合[1]

根据《城市道路工程技术规范(GB 51286—2018)》，为保证交通信号能被清晰、准确地识别，城市主干路宜左右各设1组，有利于各车道车辆的视认，并可作为故障备份。当路口较宽导致信号灯视认距离过长时，应设置远近2套灯组[5]。

四、信号灯安装位置

《道路交通信号灯设置与安装规范(GB 14886—2016)》规定了不同类型信号灯的安装位置[1]。

1.机动车信号灯和方向指示信号灯的安装位置

在未设置机动车道与非机动车道隔离带的交叉口，信号灯安装位置要求如下：

(1)信号灯灯杆宜安装在出口路缘线切点附近。

(2)当道路较宽时，可根据需要在对向进口道右侧人行道上增设一个信号灯组合(如图6-8的2号位置)；若设有中央隔离带，可根据需要在中央隔离带内增设一个信号灯组合(如图6-9的2号位置)。

(3)当停止线与信号灯的距离较远时，可根据实际需要，在进口道右侧增设一个信号灯组合(如图6-8或图6-9的3号位置)；必要时可在对向出口道人行道上或中央隔离带上再增设一个信号灯组合(如图6-8或图6-9的4号位置)。

(4)当道路较窄(机动车和非机动车道路总宽12m以下)、信号灯采用柱式安装时,应在道路出口两侧人行道上各安装一个信号灯组合。

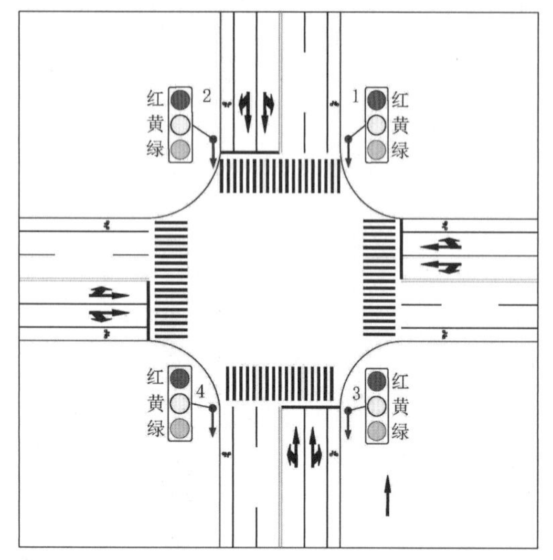

图6-8　信号灯安装位置示例一[1]

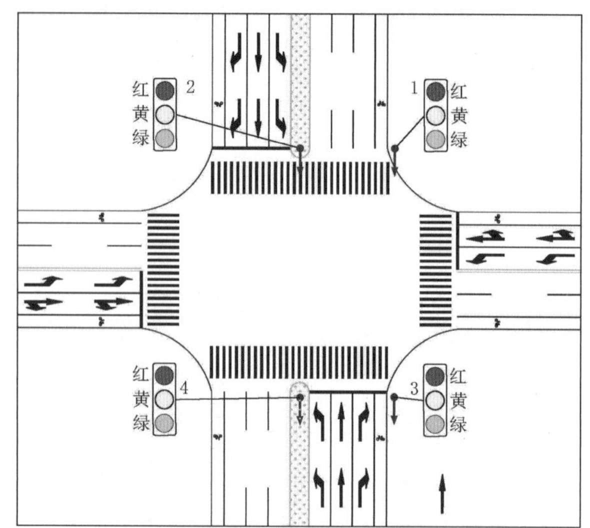

图6-9　信号灯安装位置示例二[1]

在设置有机动车道和非机动车道隔离带的交叉口,信号灯安装位置要求如下:

(1)在隔离带的宽度允许情况下,信号灯灯杆宜安装在出口机非隔离带缘头切点向后2m以内。

(2)当道路较宽时,可根据需要在对向进口道右侧机非隔离带内增设一个信号灯组合(如图6-10的2号位置);若设有中央隔离带,可根据需要在中央隔离带内增设一个信号灯组合(如图6-11的2号位置)。

(3)当停止线与信号灯的距离较远时,可根据实际需要,在进口道右侧隔离带内增设一个信号灯组合(如图6-10或图6-11的3号位置);必要时可在对向出口道右侧隔离带或中央隔离带内再增设一个信号灯组合(如图6-10或图6-11的4号位置)。

(4)当机动车行车道较窄(宽度10m以下)、信号灯采用柱式安装时,可在出口道两侧机非隔离带内各安装一个信号灯组合。

(5)若隔离带宽度较窄,可采用悬臂式安装在道路右侧人行道上。

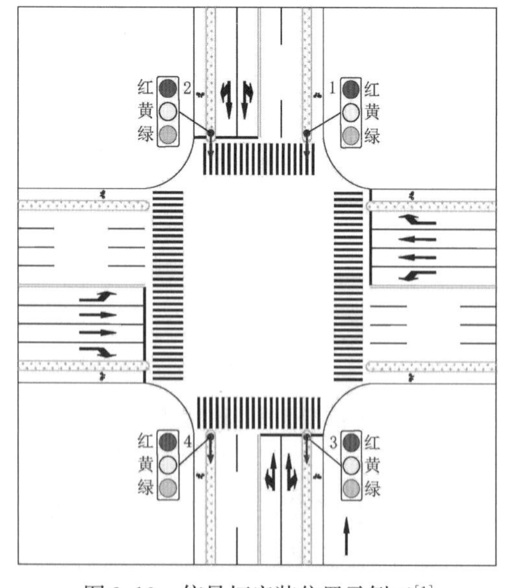

图6-10　信号灯安装位置示例三[1]

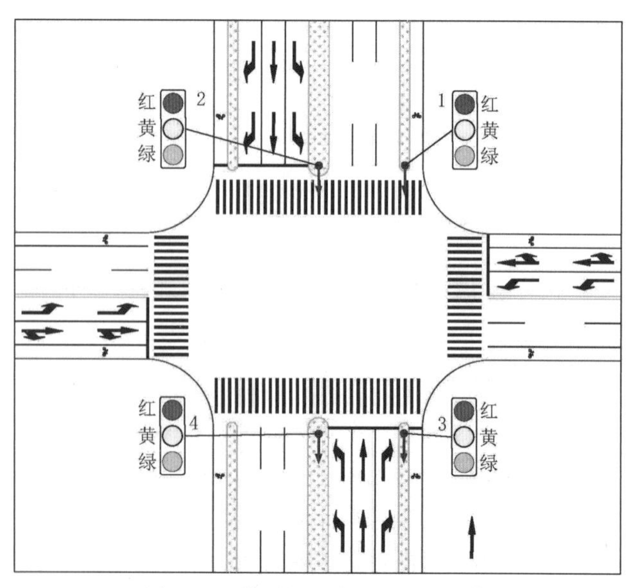

图6-11　信号灯安装位置示例四[1]

此外，T型路口垂直方向、Y型路口的信号灯灯杆宜设置在进口道正对的路缘后2m以内。环形交叉口设置信号灯对进出环岛的车辆进行控制时，在环岛内设置4个信号灯组合分别指示进入环岛的机动车，在环岛外层设置4个信号灯组合分别指示出环岛的机动车，如图6-12所示。

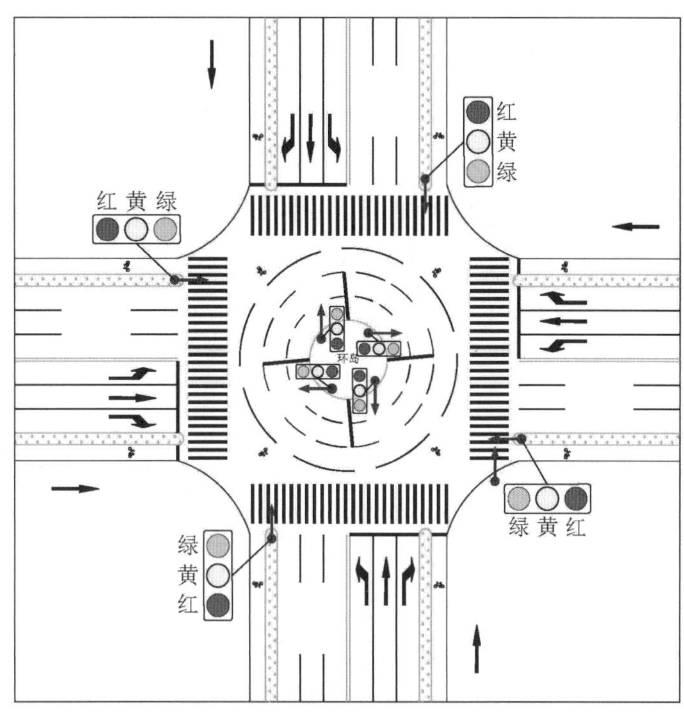

图6-12　环形交叉口信号灯安装位置示例[1]

在立交桥下路口或者较大的平面交叉路口划有左转待行区时，如果进入左转待行区的车辆不容易观察到本方位的信号灯的变化，宜在另一方位增设一个信号灯组合或单独一组左转方向指示灯，但不应影响其他方向的视认。

在设置有导流岛的交叉口，信号灯灯杆可设置在导流岛上。如果右转机动车与行人或非机动车冲突较大需要控制时，可在导流岛上增设控制右转车道的机动车信号灯，但不应影响其他方向的视认。

在设有掉头车道的交叉口，掉头车辆与左转交通为同一相位，能有效地利用左转相位无冲突、无交织地掉头。为了避免在直行相位期间掉头车辆的驶出，造成交通流的冲突与交织，应在出口道的机非分隔带上设置控制掉头车辆的专用信号灯组(信号灯色与本向进口道左转相位同步)。

2.非机动车信号灯安装位置

在未设置机动车道和非机动车道隔离带的道路，非机动车信号灯宜采用附着式安装在机动车信号灯灯杆上。在设置有机动车道和非机动车道隔离带的道路，且机动车信号灯灯杆安装在出口右侧机动车道和非机动车道隔离带上时，非机动车信号灯安装位置要求如下：

(1)隔离带宽度小于2m的，非机动车信号灯宜采用附着式安装在机动车信号灯灯杆上。

(2)隔离带宽度大于2m且小于4m的，可借用机动车信号灯灯杆采用悬臂式安装非机动车信号灯。

(3)隔离带宽度大于4m的，应单独设立非机动车信号灯灯杆，采用柱式安装在出口右侧路缘线切点附近距路缘0.8～2m的人行道上。

(4)当非机动车停止线与非机动车信号灯的距离大于50m时，应在进口道增设一组非机动车信号灯，可安装在进口非机动车道停止线前0.8～2m处右侧距路缘0.8～2m的人行道上或进口非机动车道左侧的机非隔离带内。在设置有导流岛的路口，非机动车信号灯灯杆可安装在导流岛上。安装位置示例参见

《道路交通信号灯设置与安装规范(GB 14886—2016)》[1]。

3.人行横道信号灯安装位置

路口或路段上的人行横道信号灯应安装在人行横道两端内沿或外沿线的延长线、距路缘0.8~2m的人行道上,采取对向灯安装。

在道路中央设置有行人过街安全岛的交叉口或路段,当行人一次过街距离不小于18m时,宜在行人过街安全岛上增设人行横道信号灯,采用行人二次过街控制方式。

允许行人等候的导流岛面积较大时,应在导流岛上安装人行横道信号灯。

学校、幼儿园、医院、养老院门前的人行横道,应设置人行横道信号灯和相应的机动车信号灯。

根据《城市交通设计导则》,当人行横道未设置行人过街安全岛时,人行横道信号灯的位置无法满足双向行人均看到危险方向的要求,应在地面增加提示标识[4]。

五、信号灯安装高度

根据《道路交通信号灯设置与安装规范(GB 14886—2016)》,机动车信号灯、方向指示信号灯、闪光警告信号灯的安装高度如下[1]:

(1)采用悬臂式安装时,高度为5.5~7m;

(2)采用柱式安装时,高度不应低于3m;

(3)增设的信号灯安装高度低于2m时,信号灯壳体不得有尖锐突出物。

非机动车信号灯安装高度为2.5~3m。在借用机动车信号灯灯杆采用悬臂式安装非机动车信号灯时,应符合对机动车信号灯安装高度的要求。

人行横道信号灯安装高度为2~2.5m。

六、信号灯安装方位

根据规范,机动车信号灯、方向指示信号灯、闪光警告信号灯的安装方位,应使信号灯基准轴与地面平行,基准轴的垂面通过所控机动车道停车线后60m处中心点。在信号灯立杆上附着增设的信号灯,安装方位应保证处于停止线附近的机动车驾驶人能够清晰观察到信号灯[1]。

(1)非机动车信号灯的安装方位,应使信号灯基准轴与地面平行,基准轴的垂面通过所控非机动车道停车线中心点。

(2)人行横道信号灯的安装方位,应使信号灯基准轴与地面平行,基准轴的垂面通过所控人行横道边界线中心点。

第六节 信号控制方案设计

科学合理的信号控制方案设计能极大程度提高交通系统的运行效率,改善交通运行状态,有效地提高交通服务水平。单点交叉口交通信号控制可以分为定时信号控制和感应信号控制。定时信号控制是最基本的一种控制方式,本节主要讨论定时信号控制方案设计基本内容。

一、一般规定

交叉口时空资源的相互转化和制约关系决定着道路交通设计方案的总体最优。根据《城市交通设计导则》，交叉口信号灯应进行交通时空一体化设计[4]。

(1)交叉口的空间渠化设计必须与信号设计同步进行；

(2)交叉口车道功能划分时，应统筹考虑通行权及绿信比分配影响，多方案比选之后确定最佳方案；

(3)交叉口进口车道数不足且无条件展宽时，可以通过拓宽相交道路进口车道、同时调整信号绿信比的方式提高交叉口通行能力；

(4)交叉口综合整治时，应在信号相位设计的基础上校核交叉口进出口车道数匹配情况，以确定同时汇入出口道的车流类型和车道数量；

(5)交叉口展宽车道的长度应考虑信号控制下各方向交通流的最大排队长度；

(6)在设置信号灯时，应配套设置相应的道路交通标志、道路交通标线和交通技术监控设备。

《城市道路交通组织设计规范(GB/T 36670—2018)》对新建和已建交叉口的信号控制设计规定如下[6]：

(1)新建交叉口信号控制设计。新建交叉口可根据道路类型、车道分布、预测交通流量对交叉口进行初始方案设计。

人行横道信号灯的绿灯时间应能保证行人安全过街，行人过街步速宜取1.0m/s。人行横道信号灯的红灯时间不宜大于90s。

交叉口信号周期根据交通需求和流量预测设计初始方案，实际运行一段时间之后，应根据交通流量对配时方案进行调整。

(2)已建交叉口信号控制优化。根据工作日、周末、节假日等不同日期，统计分析全天交通流量。根据流量划分控制时段，控制时段应至少包含高峰、平峰和夜间。

根据交叉口交通流的运行特点，合理优化控制相位；在对相位进行优化时，应尽量减少交通流冲突，同时兼顾行人及非机动车过街需求。

根据交通流量和控制相位确定信号配时，设计不同时段的控制方案和信号配时方案，信号周期不宜超过180s。

当交叉口面积较大，仅靠黄灯时间不足以避免不同交通流之间的交织时，应根据交叉口实际交通流运行情况设置全红时间，以保证交叉口通行安全。

二、定时信号控制方案设计

交叉口定时信号配时设计流程和方法可参照上海市工程建设规范《城市道路平面交叉口规划与设计规程(DGJ 08—96—2013)》[7]以及《城市道路交通设计指南》[8]，主要内容包括确定信号相位方案和信号基本控制参数。

1.信号相位方案

信号相位必须同交叉口进口道车道功能划分方案同时设定。对于左、右转弯交通量及其专用车道的布置，常用基本方案如图6-13所示。

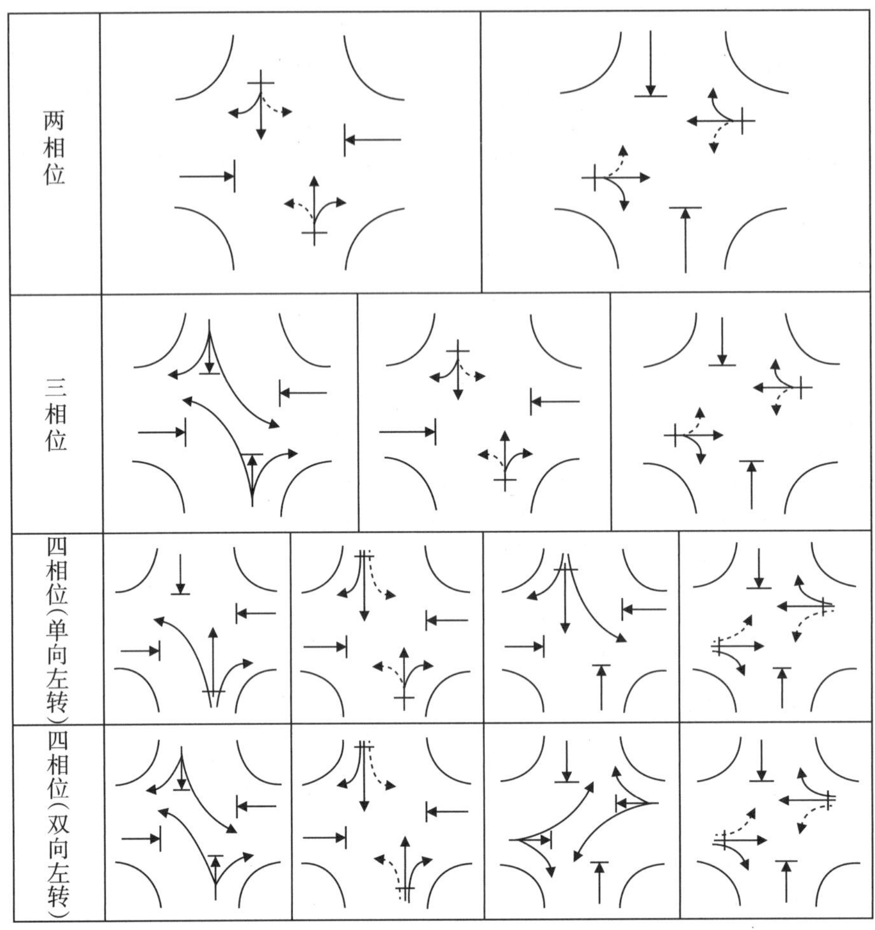

图6-13　信号相位常用基本方案[7]

有左转专用车道时，根据左转流向设计交通量计算左转车每周期到达车辆，当平均到达3辆以上时，宜用左转专用相位。同一相位各相关进口道左转车每周期平均到达量相近时，宜用双向左转专用相位；否则宜用单向左转专用相位。

2.信号周期时长

参照上海市工程建设规范《城市道路平面交叉口规划与设计规程(DGJ 08-96-2013)》，最佳信号周期时长按式6-1计算[7]：

$$C_0 = \frac{L}{1-Y} \tag{6-1}$$

信号总损失时间，按式6-2计算：

$$L = \sum_k \left(L_s + I - A\right)_k \tag{6-2}$$

式中：L_s—起动损失时间(s)，应实测，无实测数据时可取3s；

A—黄灯时长(s)，可定为3s；

I—绿灯间隔时间(s)；

k—一个周期内的绿灯间隔数。

流量比总和，按式6-3计算：

$$Y = \sum_{j=1}^{m} \max\left[y_j, y_j', \cdots\cdots\right] = \sum_{j=1}^{m} \max\left[\left(\frac{q_d}{S_d}\right)_j, \left(\frac{q_d}{S_d}\right)_j', \cdots\cdots\right]; (Y \ngtr 0.9) \tag{6-3}$$

式中：Y—组成周期的全部信号相位的各个最大流量比y值之和；

m——一个周期内的相位数；

y_j、y_j'—第j相位的流量比；

q_d—设计交通量(pcu/h)；

S_d—设计饱和流量(pcu/h)。

计算Y值大于0.9时，须改进进口道设计或/和信号相位方案，重新设计。

3.信号配时及绿信比

每周期的总有效绿灯时间按式6-4计算：

$$G_e = C_0 - L \tag{6-4}$$

式中：G_e—每周期总有效绿灯时间(s)；

C_0—最佳信号周期时长(s)；

L—信号总损失时间(s)。

各相位的绿信比按式6-5计算：

$$\lambda_j = \frac{g_{ej}}{C} \tag{6-5}$$

式中：λ_j—各相位绿信比；

g_{ej}—各相位有效绿灯时间(s)。

各相位的实际显示绿灯时间按式6-6计算：

$$g_j = g_{ej} - A_j + l_j \tag{6-6}$$

式中：g_j—第j相位实际显示绿灯时间(s)；

A_j—第j相位黄灯时间(s)；

l_j—第j相位起动损失时间(s)。

在设置常规相位的条件下，各相位的有效绿灯时间按式6-7计算：

$$g_{ej} = G_e \frac{\max\left[y_j, y'_j\cdots\cdots\right]}{Y} \tag{6-7}$$

信号配时设计结果可用信号配时图表达，如图6-14所示。

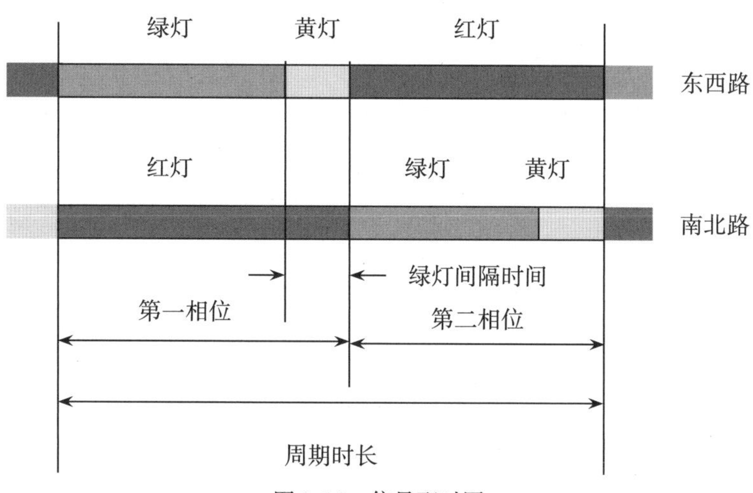

图6-14　信号配时图

本章参考文献

[1]中华人民共和国国家质量监督检验检疫总局,中国国家标准化管理委员会.道路交通信号灯设置与安装规范:GB 14886—2016[S].北京:中国标准出版社,2016.
[2]中华人民共和国住房和城乡建设部.城市道路工程设计规范(2016年版):CJJ 37—2012[S].北京:中国建筑工业出版社,2016.
[3]中华人民共和国住房和城乡建设部.城市道路交叉口设计规程:CJJ 152—2010[S],北京:中国建筑工业出版社,2010.
[4]住房城乡建设部.城市交通设计导则(征求意见稿)[S].2015.
[5]中华人民共和国住房和城乡建设部.城市道路工程技术规范:GB 51286—2018[S].北京:中国建筑工业出版社,2018.
[6]国家市场监督管理总局,中国国家标准化管理委员会.城市道路交通组织设计规范:GB/T 36670—2018[S].北京:中国计划出版社,2018.
[7]上海市城乡建设和交通委员会.城市道路平面交叉口规划与设计规程:DGJ 08—96—2013[S],2013.
[8]杨晓光,等.城市道路交通设计指南[M].北京:人民交通出版社,2003.

第七章 交通标志与标线设计

第一节 概述

城市道路交通标志和标线是引导道路使用者有秩序地使用道路资源,从而促进道路交通安全、提高道路运行效率的基础设施。交通标志和标线用于告知道路使用者道路通行权力,明示道路交通禁止、限制、遵行状况,告示道路状况和交通状况等信息。本章介绍道路交通标志和标线的设计要求与设计内容。

第二节 设计流程

道路交通标志和标线设置的主要流程如图7-1所示。

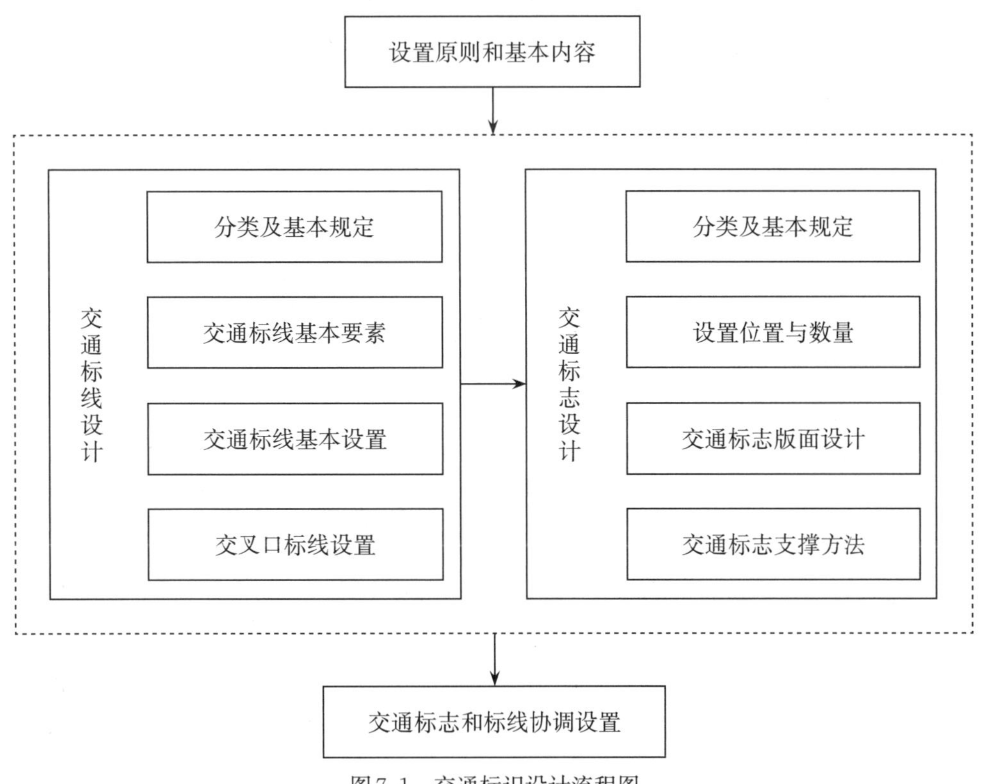

图7-1 交通标识设计流程图

第三节　设置原则和基本内容

一、原　则

(1)道路交通标志和标线应传递清晰、明确、简洁的信息,以引起道路使用者的注意,并使其具有足够的发现、认读和反应时间。

(2)道路交通标志和标线不应传递与道路交通无关的信息,如广告信息等。

(3)道路交通标志和标线传递的信息不应相互矛盾,应互为补充。

二、基本内容

根据《城市道路交通标志和标线设置规范(GB 51038—2015)》,交通标志和标线的设计应包括下列内容[1]:

(1)交通标志的设置位置、内容、种类;版面和尺寸设计;支撑方式、标志板、支撑件、连接件、基础;强度、稳定性验算;视认角度验算及视认环境评价;材料及施工工艺要求等。

(2)交通标线的设置位置、内容、种类;文字、图形和尺寸;材料及施工工艺要求等。

第四节　道路交通标线

城市道路交通标线应由施划或安装于城市道路上的各种线条、箭头、文字、图案及立面标记、突起路标和轮廓标等交通安全设施所构成。交通标线向道路使用者传递有关道路交通的规则、警告、指引等信息,可以与标志配合使用,也可以单独使用。

一、分类及基本规定

(1)根据《道路交通标志和标线(GB 5768.3—2009)》[2],交通标线按功能可以分为以下三类:

①指示标线:指示车行道、行车方向、路面边缘、人行道、停车位、停靠站及减速丘等的标线;

②禁止标线:告示道路交通的遵行、禁止、限制等特殊规定的标线;

③警告标线:促使道路使用者了解道路上的特殊情况,提高警觉准备应变防范措施的标线。

(2)道路交通标线按设置方式可分为以下三类:

①纵向标线:沿道路行车方向设置的标线;

②横向标线:与道路行车方向交叉设置的标线;

③其他标线:字符标记或其他形式标线。

(3)道路交通标线按形态可分为以下四类：

①线条：施划于路面、缘石或立面上的实线或虚线；

②字符：施划于路面上的文字、数字及各种图形、符号；

③突起路标：安装于路面上用于标示车道分界、边缘、分合流、弯道、危险路段、路宽变化、路面障碍物位置等的反光体或不反光体；

④轮廓标：安装于道路两侧，用以指示道路边界轮廓、道路的前进方向的反光柱（或反光片）。

(4)《城市道路交通标志和标线设置规范(GB 51038—2015)》中规定，交通标线设置应符合下列一般规定[1]：

①应符合道路设计要求，充分体现道路总体设计的意图；

②应与交通实际运行特点相适应，有利于道路交通的有序、安全与畅通；

③宜与交通标志设置配合使用，相互协调，相互补充，也可单独使用；

④应遵循适当设置的原则，不得出现传递信息过量或不足的情况；

⑤应与周边其他交通设施表达的信息相匹配，传递的交通信息不得相互矛盾；

⑥应保证交通标线在使用期间的可视性，及时对交通标线进行维护。

(5)交通标线位于水泥混凝土路面的接缝处，可偏向接缝一侧，偏移宽度不宜大于所施划标线的宽度。

(6)交通标线施划后，除加宽情况外，一条机动车道宽度不得大于3.75m。

(7)次干道及以上等级的城市道路应设置交通标线，支路及其他城市道路宜设置交通标线。

(8)在城市道路的路段、交叉口、收费广场、作业区等区域，应根据需要设置指示标线、禁止标线、警告标线及其他标线。

二、交通标线的基本要素

根据《城市道路交通标志和标线设置规范(GB 51038—2015)》的规定[1]，传达禁止、限制、警告等信息应采用黄色交通标线；传达重要的提示信息应采用白色交通标线；在作业区应采用橙色交通标线；为表达一些特殊意义也可采用红色、蓝色、黑色交通标线。

《道路交通标志和标线(GB 5768.3—2009)》对交通标线的形式、颜色及含义规定如表7-1所示[2]。

图例彩图效果

表7-1　道路交通标线的形式、颜色及含义[2]

编号	名称	含义	图例
1	白色虚线	划于路段中时，用以分隔同向行驶的交通流；划于路口时，用以引导车辆行进	— — — —
2	白色实线	划于路段中时，用以分隔同向行驶的机动车、机动车和非机动车，或指示车行道的边缘；划于路口时，用作导向车道线或停止线，或用以引导车辆行驶轨迹；划为停车位标线时，指示收费停车位	————
3	黄色虚线	划于路段中时，用以分隔对向行驶的交通流或作为公交专用车道线；划于交叉口时，用以告示非机动车禁止驶入的范围或用于连续相邻道路中心线的路口导向线；划于路侧或缘石上时，表示禁止路边长时停放车辆	— — — —

续表

编号	名称	含义	图例
4	黄色实线	划于路段中时，用以分隔对向行驶的交通流或作为公交车、校车专用停靠站标线；划于路侧或缘石上时，表示禁止路边停放车辆；划为网格线时，表示禁止停车的区域；划为停车位标线时，表示专属停车位	
5	双白虚线	划于路口，作为减速让行线	
6	双白实线	划于路口，作为停车让行线	
7	白色虚实线	用于指示车辆可临时跨线行驶的车行道边缘，虚线侧允许车辆临时跨越，实线侧禁止车辆跨越	
8	双黄实线	划于路段中，用以分隔对向行驶的交通流	
9	双黄虚线	划于城市道路路段中，用于指示潮汐车道	
10	黄色虚实线	划于路段中时，用以分隔对向行驶的交通流，实线侧禁止车辆越线，虚线侧准许车辆临时越线	
11	橙色虚、实线	用于作业区标线	
12	蓝色虚、实线	作为非机动车专用道标线；划为停车位标线时，指示免费停车位	

部分常见指示标线、禁止标线、警告标线的图例如表7-2所示。

图例彩图效果

表7-2 部分交通标线的图例及含义[1]

编号	类型	标线名称	含义	图例(除标明单位外，缺省单位为cm)
1	指示标线	可跨越对向车行道分界线	允许车辆短时越线行驶	400 600 10.15

续表

编号	类型	标线名称	含义	图例(除标明单位外,缺省单位为cm)
2	指示标线	车行道边缘线	禁止车辆跨越车行道边缘行驶或机非分界	
3			允许车辆跨越车行道边缘行驶	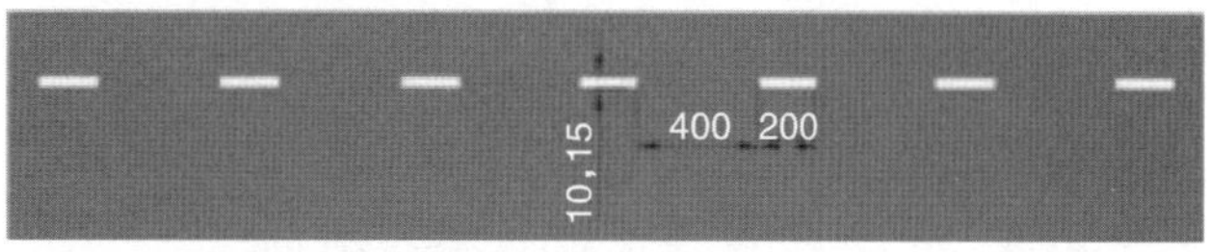
4			禁止实线侧车辆越线行驶,允许虚线侧车辆越线行驶	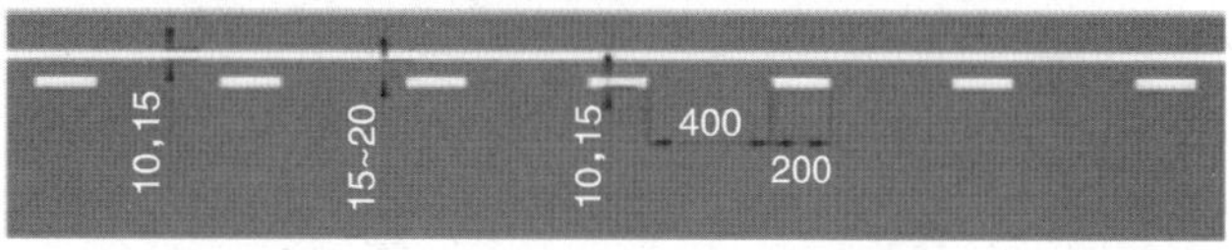
5			禁止车辆跨越车行道边缘行驶或机非分界	
6		左弯待转区线	车辆在指示时段进入左弯待转区等待左转的位置	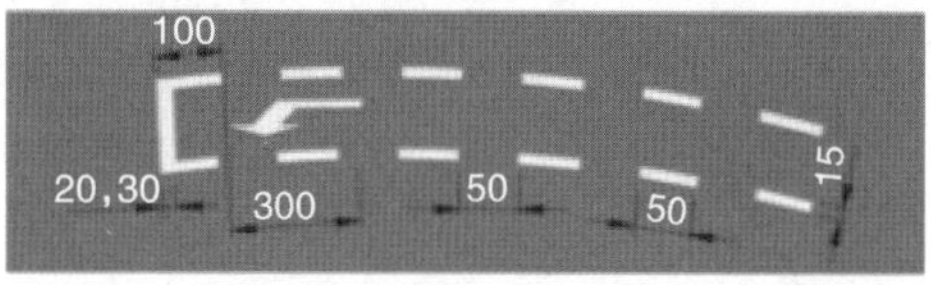
7		直行待行区线	车辆在指示时段进入直行待行区等待直行的位置	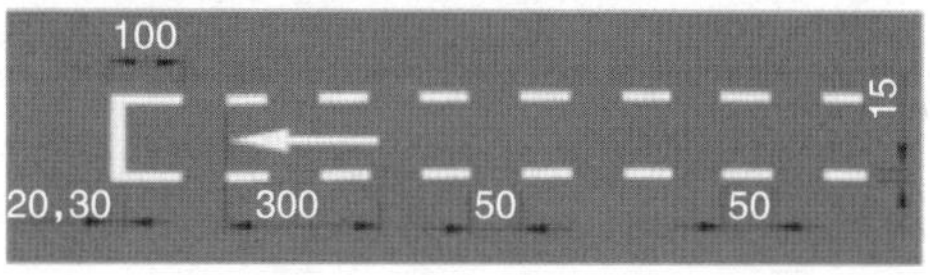
8		路口导向线	连接对向车道分界线	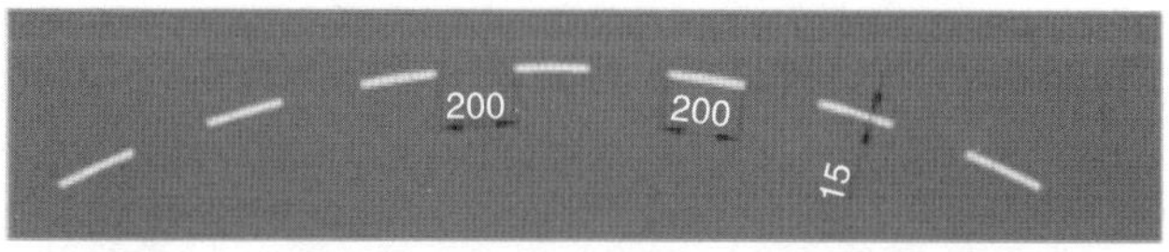
9			连接同向车道分界线	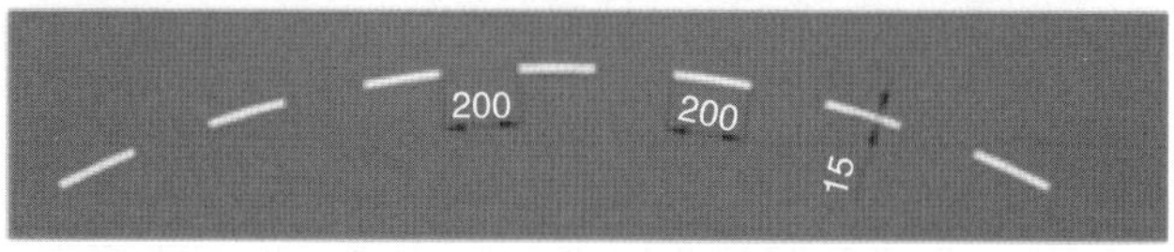
10		导向车道线	指示路口驶入车辆按导向方向行驶	

续表

编号	类型	标线名称	含义	图例(除标明单位外,缺省单位为cm)
11	指示标线	人行横道线	一定条件下允许行人横穿道路	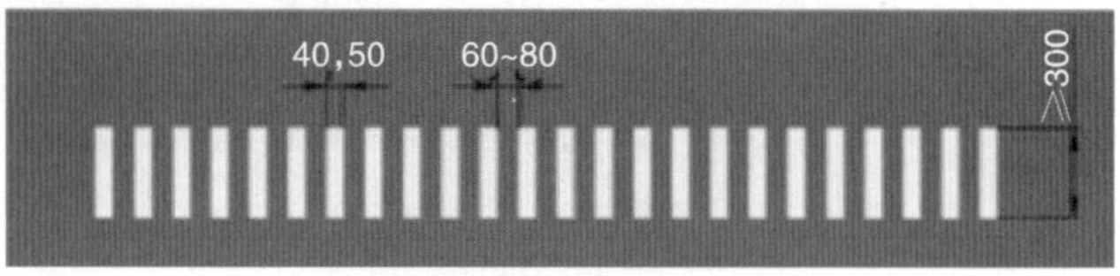
12	指示标线	人行横道预告标识线	无信号灯控制路段设置人行横道线时,应在人行横道线上游设置预告标识	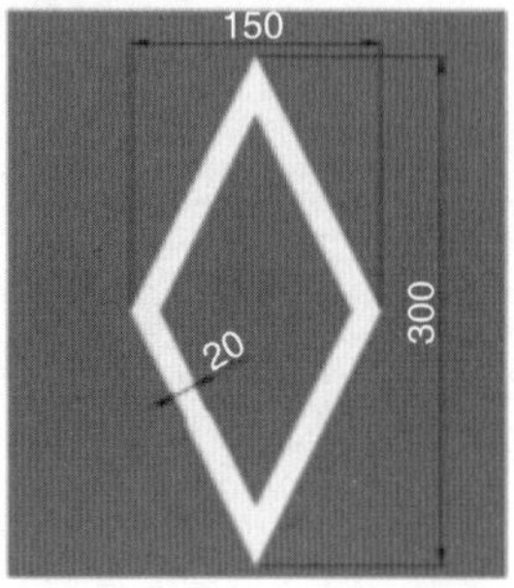
13	指示标线	道路入口标线	在道路入口处设置用于引导驶入车辆的行驶轨迹	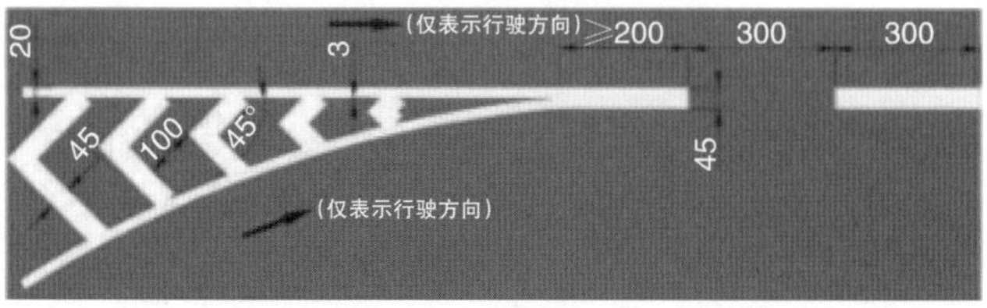
14	指示标线	道路出口标线	在道路出口处设置用于引导驶出车辆的行驶轨迹	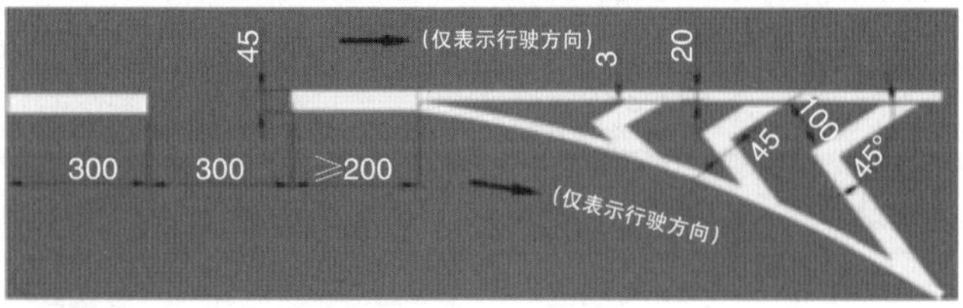
15	指示标线	导向箭头	指示车辆行驶方向	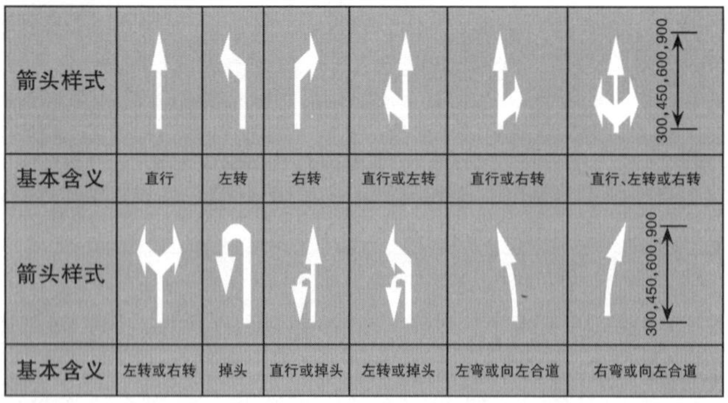 箭头样式 / 基本含义:直行、左转、右转、直行或左转、直行或右转、直行、左转或右转;左转或右转、掉头、直行或掉头、左转或掉头、左弯或向左合道、右弯或向左合道
16	禁止标线	禁止跨越对向车行道分界线	禁止双方向车辆越线或压线行驶	

续表

编号	类型	标线名称	含义	图例(除标明单位外,缺省单位为cm)
17	禁止标线	禁止跨越对向车行道分界线	禁止双方向车辆越线或压线行驶	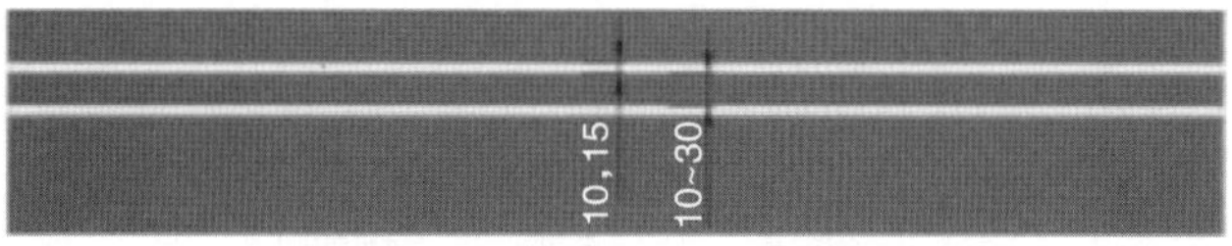 10,15　10~30
18				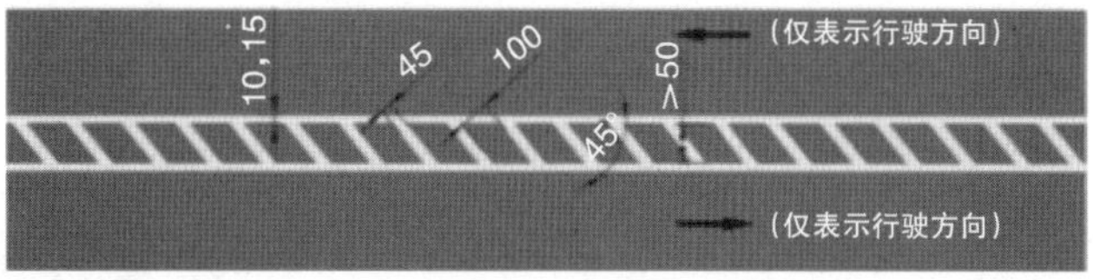 10,15　45　100　>50　45°　(仅表示行驶方向)　(仅表示行驶方向)
19			禁止实线侧车辆越线行驶,允许虚线侧车辆越线行驶	 10~30　10,15　10,15　600　400
20		停止线	车辆让行,等候放行等情况下的停车位置	 20,30,40
21		停车让行线	车辆在此路口应停车让交叉道路车辆先行	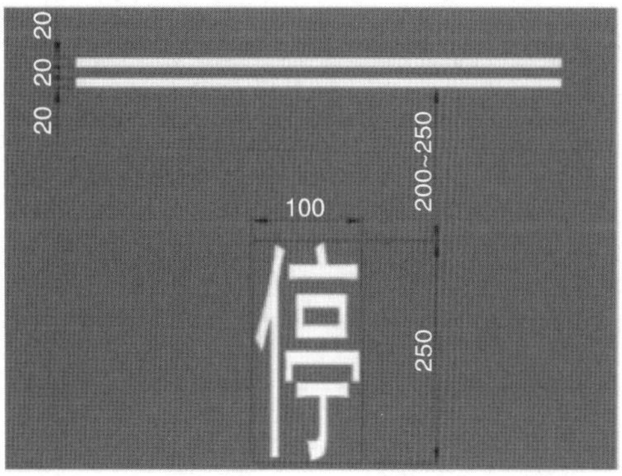 20　20　20　200~250　100　停　250
22		减速让行线	车辆在此路口应减速让交叉道路车辆先行	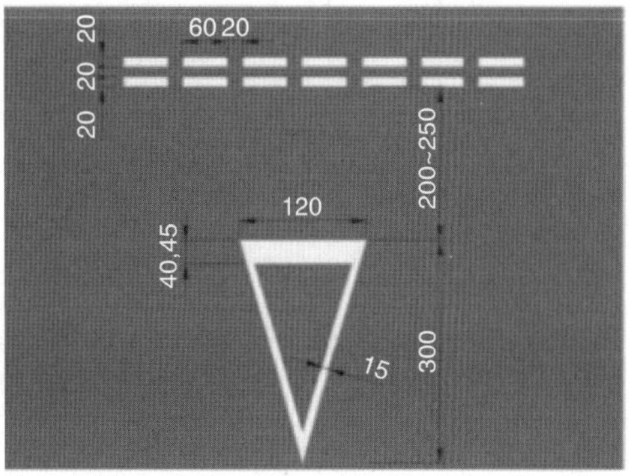 20　20　20　60 20　200~250　120　40,45　15　300

续表

编号	类型	标线名称	含义	图例(除标明单位外,缺省单位为cm)
23	禁止标线	导流线	车辆需要按规定的路线行驶,不得压线或越线行驶	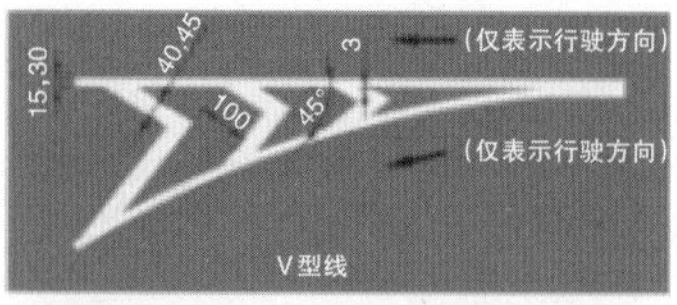 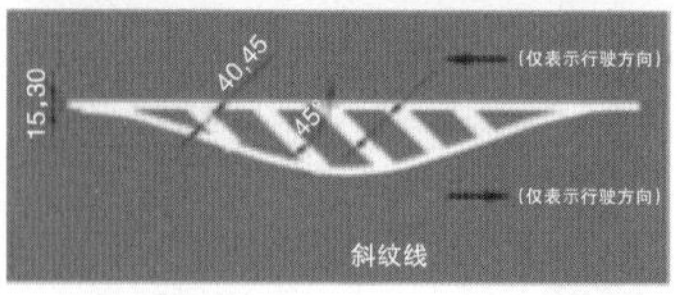 V型线 斜纹线
24	禁止标线	网状线	禁止车辆以任何原因在该区域停车	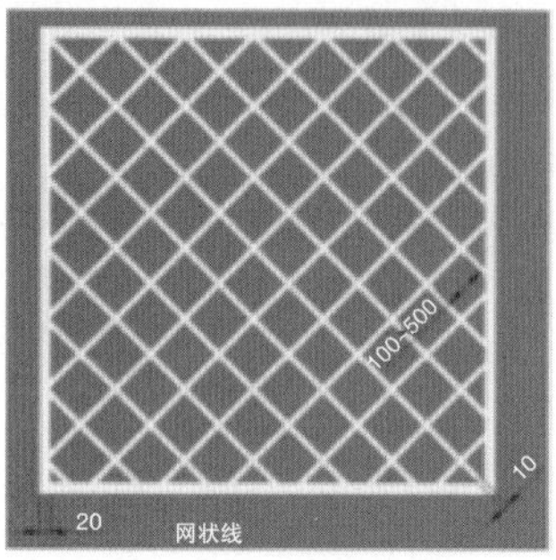 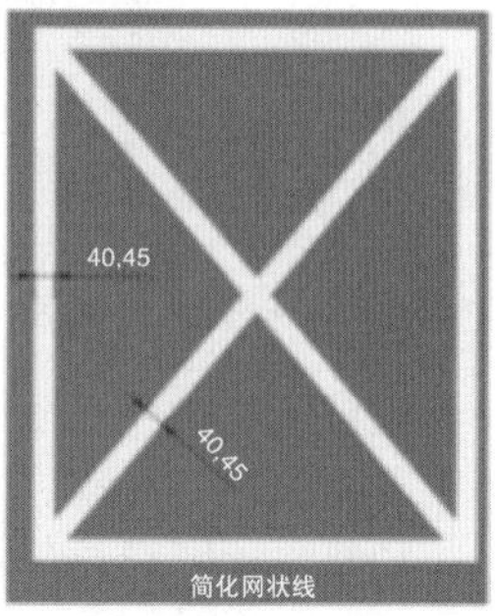 网状线 简化网状线
25	禁止标线	公交专用车道线	除公交车外,其他车辆及行人不得进入该区域	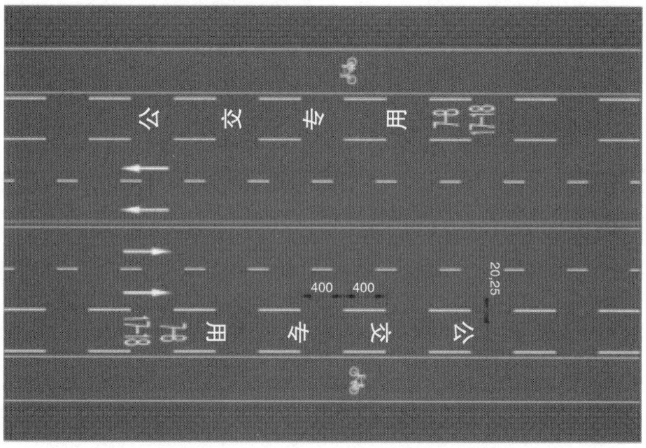
26	警告标线	车行道横向减速标线	横向布置于机动车道内,警告车辆驾驶人前方应减速慢行	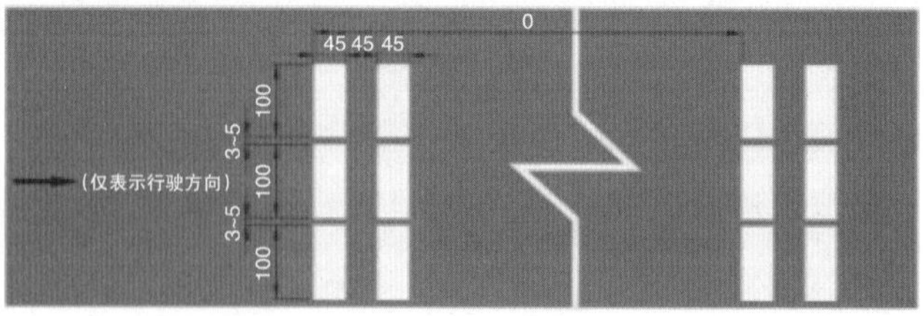
27	警告标线	车行道纵向减速标线	纵向布置于同向车道分界线侧,警告车辆驾驶人前方应减速慢行	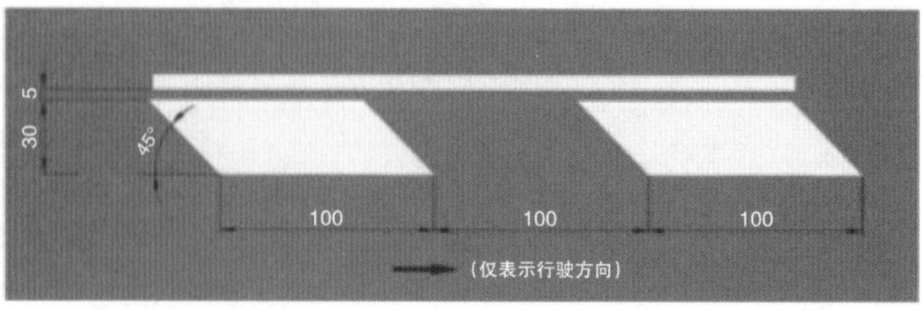

三、交通标线基本设置

1.指示标线

指示道路上机动车、非机动车、行人等通行的位置和方向，应设置指示标线。指示标线的类型应符合表7-3的规定。

表7-3　指示标线的类型[1]

序号	分类	标线名称
1	纵向标线	可跨越对向车行道分界线、可跨越同向车行道分界线、潮汐车道线、车行道边缘线、待行区线、路口导向线、导向车道线
2	横向标线	人行横道线、车距确认线
3	其他标线	道路出入口线、停车位标线、停靠站标线、导向箭头、路面文字标记、路面图形标记、减速丘标线

各类指示标线的设置，应遵循《城市道路交通标志和标线设置规范(GB 51038—2015)》的要求[1]。

2.禁止标线

严格禁止道路使用者某些交通行为时，应设置禁止标线。禁止标线的类型应符合表7-4的规定。

表7-4　禁止标线类型[1]

序号	分类	禁止标线名称
1	纵向设置	禁止跨越对向车行道分界线、禁止跨越同向车行道分界线、禁止停车线
2	横向设置	停止线、停车让行线、减速让行线
3	其他	非机动车禁驶区标线、导流线、中心圈、网状线、专用车道线、禁止掉头(转弯)线

各类禁止标线的设置，应遵循《城市道路交通标志和标线设置规范(GB 51038—2015)》的要求[1]。

3.警告标线

警示道路使用者注意道路通行规则时，应设置警告标线。警告标线的类型应符合表7-5的规定。

表7-5　警告标线类型[1]

序号	设置方式	标线名称
1	纵向设置	路面(车行道)宽度渐变段标线、接近障碍物标线、铁路平交道口标线、纵向减速标线
2	横向设置	横向减速标线
3	其他	立面标记和实体标记

各类警告标线的设置，应遵循《城市道路交通标志和标线设置规范(GB 51038—2015)》的要求[1]。

4.交通标线

《城市道路交通设施设计规范(GB 50688—2011)》对一般路段、特殊路段、平面及立体交叉交通标线的设置要求规定如下[3]。

(1)一般路段的交通标线应符合下列规定：

①城市道路双向行驶机动车时，对向行驶的车道间应划黄色对向车行道分界线，同向行驶的车道间

应划白色车行道分界线；

②城市快速路应在机动车道的外侧边缘(路缘带内侧)划车行道边缘线,其他等级道路在机动车道的外侧边缘(路缘带内侧)宜划车行道边缘线；

③机非分离行驶的路段当无实物隔离时,机动车道与非机动车道的分界应划车行道边缘线(机非分界线)；

④人行横道线的设置应根据道路等级、行人横穿需求、交通安全等因素确定；

⑤标线宽度应根据道路等级、设计速度和路面宽度确定,并应符合表7-6的规定。

表7-6　标线宽度[3]

<table>
<tr><th colspan="2">设计速度(km/h)</th><th>车行道边缘线(cm)</th><th>车行道分界线(cm)</th><th>路面中心线(cm)</th></tr>
<tr><td colspan="2">100、80、60(快速路)</td><td>20</td><td>15</td><td>—</td></tr>
<tr><td colspan="2">60、50(主、次干路)</td><td>15</td><td>15或10</td><td>15</td></tr>
<tr><td colspan="2">40、30(主次干路及支路)</td><td>15</td><td>15或10</td><td>15</td></tr>
<tr><td rowspan="2">20(次干路及支路)</td><td>双车道</td><td>—</td><td>—</td><td>15</td></tr>
<tr><td>单车道</td><td>—</td><td>—</td><td>—</td></tr>
</table>

(2)特殊路段的交通标线应符合下列规定：

①视距受竖曲线或平曲线、桥梁、隧道等限制的路段,应设禁止跨越车行道分界线,线宽应为15cm；

②在车道数缩减或增加的路段应设置车行道宽度渐变段标线。在靠车道变化一侧的渐变段起点前,可配合设置窄路标志或车道变化标志；

③在需要指示车辆行驶限制要求的车道内,可设置路面文字标记。文字标记尺寸和纵向间距应按表7-7选取,文字书写顺序应按行车方向由近至远。

表7-7　文字标记尺寸和纵向间距[3]

设计速度(km/h)	100	80、60、50	40、30、20
字高(cm)	450~650	300~400	150~200
字宽(cm)	150~200	100~150	50~70
纵向间距(cm)	300~400	200~300	100~150

(3)平面及立体交叉交通标线应符合下列规定：

①平面交叉口标线(包括车行道中心线、人行横道线、停止线、导向箭头、禁止跨越车行道分界线等)应根据交叉口形状、交通量、车行道宽度、转弯车辆的比率及交通组织等情况合理设置；

②左弯待转区线应在设有左转弯专用信号及辟有左转专用车道时使用,左弯待转区不得妨碍对向直行车辆的正常行驶；

③在平面交叉口过大、不规则以及交通组织复杂等情况下,车辆寻找出口车道困难时,应设置路口导向线,辅助车辆行驶和转向；

④过宽、不规则或行驶条件比较复杂的交叉路口,立体交叉的匝道口或其他特殊地点,应设置导流线,导流线应根据交叉路口的地形和交通流量、流向情况进行设计；

⑤立体交叉的分、合流段应设置出入口标线及导向箭头。出入口导向箭头的设置尺寸和重复设置次数应按表7-8选取。进口车道转向排序不规则的路口,宜增加导向箭头的重复设置次数。

表7-8　出入口导向箭头的设置尺寸和重复设置次数[3]

设计速度(km/h)	100	80、60、50	40、30、20
导向箭头长度(m)	9	6	3
重复设置次数	≥3	3	≥2

四、交叉路口标线设置

《道路交通标志和标线(GB 5768.3—2009)》对交叉路口标线设置规定如下[2]。

1.一般原则

(1)交叉口标线的设置以保障交叉口交通的安全、有序、高效为目标,应结合交叉口实际情况和交通流实际特点进行设计和设置;

(2)应积极开辟左右转弯专用车道;

(3)为开辟交叉口专用车道,应首先考虑适当的路口加宽与适当的路口车道宽度缩减,上述措施无法满足要求或受条件限制无法实施时,按优先次序可依次采用缩小中央分隔带的宽度、缩小中央分隔带宽度并缩小车行道宽度、偏移道路中心线并缩小车行道宽度、缩小路肩或非机动车道的宽度等方法开辟交叉口专用车道。

2.交叉路口标线分类

交叉口标线按设置分为如下两类:

(1)交叉路口出入部分的路面标线:在交叉路口出入部分,按需要设置车行道分界线,导向车道线,车行道导向箭头,左(右)转弯导向线等各种路面标线,以明确指示驶入和驶出交叉路口交通流的行驶位置和前进方向。

(2)交叉路口内的路面标线:交叉路口内是指停止线内侧的交叉口区域。在交叉路口内可以按需要设置停止线、停车让行线、减速让行线、人行横道线、非机动车禁驶区线、中心圈等标线,以指示车辆的停止位置和行人及非机动车的通过位置,还可按需要设置左弯待转区、导流线等标线,以指示交叉口内机动车的行驶轨迹,从而引导交通流顺利、平稳地通过交叉口。

3.交叉口交通标线设计

(1)车行道分界线。可跨越对向车行道分界线应采用黄色虚线,线宽宜为15cm,交通流量非常小等特殊情况线宽可采用10cm,线段及间隔长度应分别为4m和6m。

可跨越同向车行道分界线应采用白色虚线,当设计速度大于或等于60km/h,线段及间隔长度应分别为6m和9m,线宽应为15cm;当设计速度小于60km/h,线段及间隔长度应分别为2m和4m,线宽应为10cm。交通流量非常小等特殊情况线宽可采用8cm。

(2)导向车道线及导向箭头。导向车道线应为白色实线,设计速度大于或等于60km/h,线宽应为15cm,设计速度小于60km/h,线宽应为10cm。导向车道线设置时应在导向车道内配合设置两组导向箭头。导向车道线的长度应根据交叉口车辆排队长度、几何线形、交叉口间距、交通管理措施等因素,宜为30~70m。

导向箭头的颜色应采用白色。按尺寸大小,导向箭头可分为3.0m、4.5m、6.0m、9.0m四种类型,不同道路等级及设计速度,导向箭头的大小及导向箭头重复设置次数应满足表7-9的规定。

表7-9 导向箭头的大小及设置次数[2]

道路等级	快速路		连续流匝道、主干路、次干路、支路	
设计速度(km/h)	100	80、60	60、50、40*	40、30、20
导向箭头长(m)	9	6	4.5	3
重复设置次数	≥3	≥3	≥3	≥2

注:40*指连续流匝道的设计速度。

(3)人行横道线。人行横道线应采用一组白色平行粗实线,线宽宜为40cm或45cm,线间隔为60cm,最大不应超过80cm。人行横道线宽度应大于等于3m,应以1m为一级加宽。

当机动车道数为双向6车道及以上时,应在中央分隔带或对向车道分界线处设置安全岛;安全岛长度不应小于人行横道线宽度,安全岛宽度不应小于2m,困难情况下不应小于1.5m;

需要预告前方有人行横道时,应在人行横道前的车行道中央设置人行横道预告路面标识。设置位置应综合考虑车辆的停车距离和夜间行驶时的可视性,一般在距离人行横道前30~50m的地方设置一个,在其前10~20m间隔的地方设置一个。根据具体的道路状况,可以再重复设置一个。人行横道位于曲线转弯部分的前方或其他视距不良处时,应设置预告标识。

应在人行横道线前配合设置停止线和人行横道预告标识,并应配合设置人行横道标志,也可增设注意行人标志;人行横道预告标识应为白色菱形图案,纵向长度应为3m,横向长度应为1.5m,线宽应为20cm;白色菱形图案应在人行横道线前30~50m设置第一组,间隔10~20m重复设置一组。

(4)停止线。停止线原则上应与道路中心线垂直,应设置在有利于驾驶员观察路况的位置。有人行横道时,应设置在人行横道前1~3m,单向两条以上车道的道路,停止线距人行横道线宜采用3m;无人行横道时,停止线宜设在距横向道路路缘延长线后3~10m处。

停止线应为白色实线,线宽可根据道路等级、交通量、行驶速度的不同选用20cm、30cm或40cm。

(5)让行线。交叉路口内的让行线包括停车让行线和减速让行线两种。停车让行线应由两条平行的白色实线和一个白色"停"字组成,白色实线宽度应为20cm,间隔应为20cm。减速让行线应由两条平行的白色虚线和一个白色倒三角形组成,虚线线段及间隔长应分别为60cm和20cm,线宽应为20cm。

设有人行横道时,让行线应距人行横道线1~3m;无人行横道时,让行线宜设在距横向道路路缘延长线后3~10m。

(6)路口导向线。路口导向线应采用虚线,线宽应为15cm,线段及间隔长度均应为2m。连接对向车行道分界线应采用黄色虚线,连接同向车行道分界线或机非分界线的应采用白色虚线。

平面交叉口相交角小于70°或左转车辆寻找出口车道困难,应设置左转导向线;右转转动角度较大或右转车辆易与非机动车、路缘石发生冲突,宜设置右转导向线。

(7)导流线。机动车道过宽或不规则交叉口,交通行驶条件比较复杂的交叉口,宜设置导流线。用来连接对向车道分界线的导流线应采用黄色实线,其他情况应采用白色实线。

导流线的型式可分为单实线、V型线和斜纹线三种,外围线宽应为15cm或20cm,内部填充线宽应为40cm或45cm,间隔应为100cm,倾斜角应为45°,方向应顺两侧行车方向。

(8)待行区线。交叉口范围内较大且左转车辆较多,左转车辆在直行时段进入待转区等待左转,应设置左弯待转区线。直行车道及车辆较多,直行车辆在横向道路左转时进入待行区等待直行,应设置直行待行区线。

待行区线应由白色虚线、停止线和导向箭头三部分组成;白色虚线线宽应为15cm,线段及间隔长度均应为0.5m;停止线线宽宜为20cm或30cm;导向箭头长应为3m,宜在待行区起始位置及停止线前各施划一组,待行区较长时可重复设置,较短时可仅设置一组(见图7-2)。

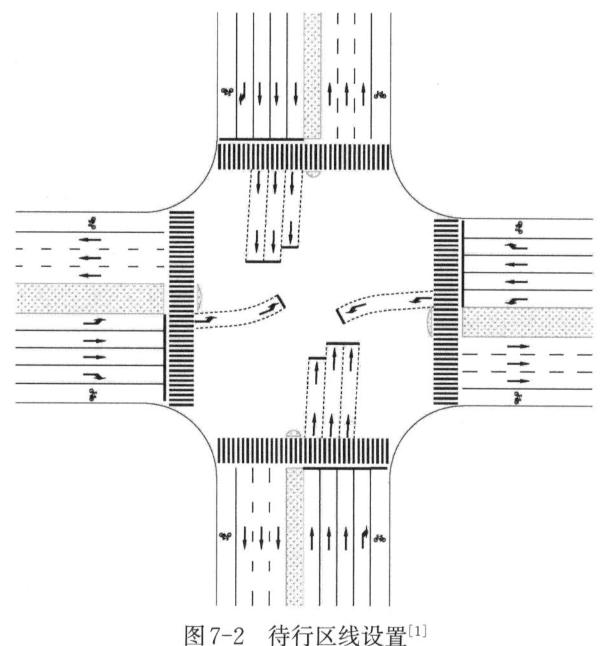

图7-2　待行区线设置[1]

第五节　道路交通标志

道路交通标志是以颜色、形状、字符、图形等向道路使用者传递信息，用于管理交通的设施。交通标志应结合道路及交通状况设置。通过交通标志提供准确及时的信息和引导，使道路使用者顺利快捷地抵达目的地，促进交通畅通和行车安全。

一、分类及基本规定

交通标志按其作用应分为主标志和辅助标志两类，其中主标志包括警告标志、禁令标志、指示标志、指路标志、旅游区标志、作业区标志、告示标志；辅助标志附设在主标志下，对主标志进行辅助说明。

交通标志按版面内容显示方式应分为静态标志和可变信息标志。交通标志按设置的时效分为永久性标志和临时性标志。

根据《城市道路交通设施设计规范(GB 50688—2011)》，交通标志的设置应符合下列基本规定[3]：

(1)应综合考虑城市规模和特点、路网设施布局、道路等级、几何条件、交通状况、道路使用者需求、环境及气候等因素；

(2)标志的设置应优先考虑交通法规和安全要求；

(3)标志信息发布应明确、连续、系统，防止出现信息不足或过载的现象；重要的信息应重复发布；

(4)充分考虑道路使用者在动态条件下的视认性，即考虑在动态条件下发现、判读标志及采取行动所需的时间和前置距离；

(5)标志应设置在道路行进方向右侧或车行道上方，也可根据具体情况设置在左侧，或左右两侧同时设置；

(6)标志的设置不得被桥墩、柱、树木等物体遮挡。

二、交通标志的设置位置与数量

《城市道路交通标志和标线设置规范(GB 51038—2015)》中规定[1],交通标志应设置在车辆行进方向上易看到的地方,并宜设置在车辆前进方向的右侧或车行道上方。当路段单向车道数大于4条、道路交通量大、大车比例高时,宜分别在车辆前进方向左、右两侧设置相同的交通标志。

警告标志的前置距离可根据道路的设计速度和条件类型确定,参见《城市道路交通标志和标线设置规范(GB 51038—2015)》。禁令、指示标志应设置在禁止、限制或遵循路段的开始位置,部分禁令、指示标志开始路段的交叉口前还宜设置相应的提前预告标志。

不同种类的标志不宜并列设置,当受条件限制需并列设置时,应符合下列规定:

(1)安装在同一支撑结构上标志不应超过4个,并应按禁令、指示、警告的顺序,先上后下、先左后右排列。

(2)同类标志的设置顺序,应按提示信息的重要程度排列。

(3)停车让行标志、减速让行标志、会车让行标志、解除限制速度标志、解除禁令超车标志应单独设置;当条件限制需并列设置时,同一支撑结构上标志不应超过2个。

(4)当指路标志和分向行驶车道标志需并列设置时,应按分向行驶车道标志、指路标志顺序从左至右排列。

辅助标志应设置在被说明的主标志下缘,当需要两种以上内容的辅助标志对主标志进行说明时,可采取组合形式,但组合的内容不宜多于3种。主、辅标志及支撑结构的竖向及横向最小净空,标志的安装角度应符合《城市道路交通标志和标线设置规范(GB 51038—2015)》的规定[1]。

可变信息标志设置应根据路网交通管理需要进行,设置位置应符合下列规定:

(1)有进行交通实时控制需求的路段上适当位置;

(2)快速路、高架带路入口及出入口前适当位置;

(3)长度大于500m的隧道入口前适当位置;

(4)潮汐车道起点和可变导向车道前;

(5)需进行停车诱导的停车场站的入口前,以及相邻交叉口进口道前适当位置;

(6)有其他特殊要求的路段。

三、标志版面设计

交通标志的版面布置应信息明确、无歧义、简洁美观。同类标志宜采用同一类型的标志版面。设置于同一门架式、悬臂式等支撑结构上的同类标志,宜采用同一高度和边框尺寸。

根据《城市道路交通标志和标线设置规范(GB 51038—2015)》[1],当禁令、指示标志套用于无边框的白色底板上时,为必须遵守标志;但禁令标志中的停车让行、减速让行标志不得套用于无边框的白色底板上。对事故多发路段,以及标志视认条件受道路行驶环境影响较大路段设置的警告标志,宜采用套用于无边框的荧光黄色底板上的版面。

同一版面中的禁令或指示标志的数量不应多于4种;快速路、隧道、特大桥路段的入口处,同一版面中的禁令或指示标志的数量不应多于6种。同一版面中禁止某种车辆转弯或禁止直行的禁令标志,不应多于2种,若禁止的车辆多于2种,则应增设辅助标志。

禁令、指示、警告标志版面上附加图形和文字时，应符合《城市道路交通标志和标线设置规范(GB 51038—2015)》的规定[1]。

指路标志版面中的信息含义见图7-3，各方向指引的目的地信息数量及布置见图7-4。指路标志中的文字应使用规范汉字，使用的箭头应符合规范要求，具体设置应符合《城市道路交通标志和标线设置规范(GB 51038—2015)》的规定[1]。

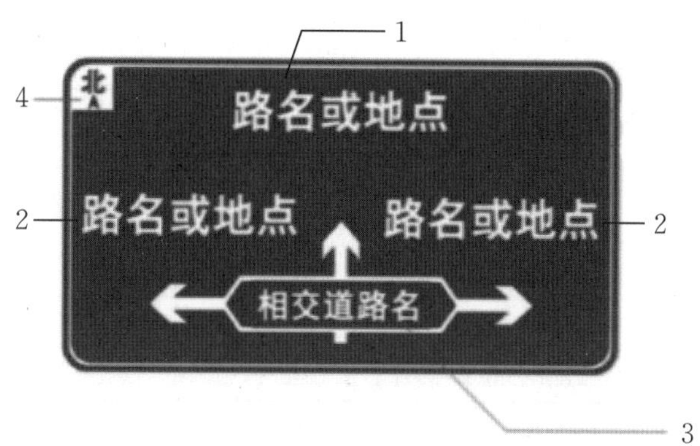

图7-3　指路标志版面信息含义[1]

1—前方通达的道路或地点；2—左、右方向通达的道路或地点；3—前方交叉道路；4—地理方向信息

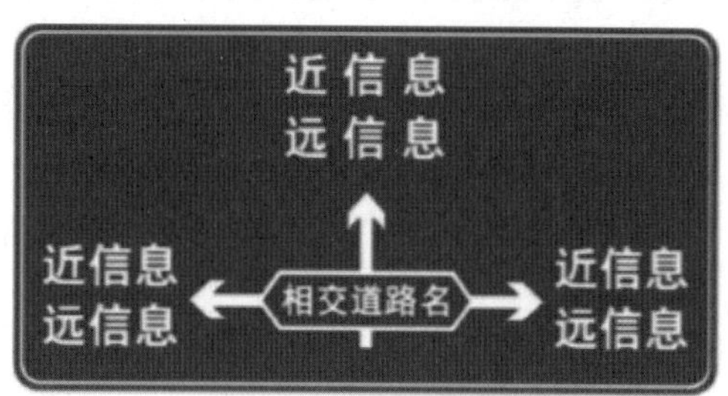

图7-4　指路标志版面信息数量及布置[1]

《城市道路交通设施设计规范(GB 50688—2011)》对各类标志版面形状、尺寸、颜色的一般规定如下[3]。

标志版面形状应符合表7-10的规定。

表7-10　标志版面形状[3]

版面形状	适用范围
矩形(含正方形)	指路标志、旅游区标志、辅助标志、作业区标志、告示标志、警告标志(部分)、禁令标志(部分)、指示标志(部分)
正等边三角形	警告标志(部分)
圆形	禁令标志(部分)、指示标志(部分)
倒等边三角形	减速让行标志
叉形	多股铁道路口叉形标志
八角形	停车让行标志

警告标志、禁令标志、指示标志的版面尺寸应符合表7-11的规定；指路标志的版面尺寸应根据数字、文字高度及其间隔等要素计算确定。

表7-11　标志版面尺寸[3]

设计速度(km/h)		100	80	60、50、40	30、20
警告标志	三角形边长(cm)	130	110	90	70
	叉形标志宽度(cm)	—	—	120	90
禁令标志	圆形标志外径(cm)	120	100	80	60
	三角形标志边长(减速让行)(cm)	—	—	60	70
	八角形标志外径(停车让行)(cm)	—	—	80	60
	长方形标志边长(区域限制、解除)(cm×cm)	—	—	120×170	90×130
指示标志	圆形标志外径(cm)	120	100	80	60
	正方形标志边长(cm)	120	100	80	60
	长方形标志边长(cm×cm)	190×140	160×120	140×100	—
	单行线标志边长(cm×cm)	120×60	100×50	80×40	60×30
	会车先行标志边长(cm×cm)	—	—	80×80	60×60

标志版面颜色应符合表7-12的规定。

表7-12　标志版面颜色、含义及适用范围[1]

颜色	含义	适用范围
红色	禁止、停止、危险	禁令标志的边框、底色、斜杠，叉形符号和警告性线形诱导标的底色等。
黄色(荧光黄色)	警告	警告标志的底色
蓝色	指示、指路	指示标志的底色、干路和支路的指路标志的底色
绿色	快速路指路	快速路指路标志底色
棕色	旅游区及景点指引	旅游区指引和旅游项目标志的底色
黑色	警告、禁令等	标志的文字、图形符号和部分标志的边框
白色	警告、禁令等	标志的底色、文字和图形符号以及部分标志的边框
橙色(荧光橙色)	警告、指示	道路作业区的警告、指路标志
荧光黄绿色	警告	注意行人、注意儿童的警告标志

指路标志的版面文字应符合下列规定：

(1)应简洁、清晰地反映道路名称、地点、路线、方向和距离等内容；

(2)应使用规范汉字或并用其他文字对照形式，若并用汉字和其他文字，汉字应排在其他文字上方；

(3)标志版面文字尺寸应符合表7-13的规定。

表7-13　标志版面文字尺寸[3]

设计速度(km/h)	100	80	60、50、40	30、20
汉字高度h(cm)	70、65、60	60、55、50	50、45、40、35	30、25
拼音与英语、拉丁文、少数民族文字高	$1/3h$～$1/2h$			
阿拉伯数字	字高h；字宽$1/2h$～$4/5h$			

可变信息标志版面应符合下列规定：

(1)可变信息标志分为全可变信息标志和部分可变信息标志，版面可根据交通管理要求采用文字版、图形版、文字加图形等版面形式。

(2)显示的警告、禁令、指示标志的图形，以及字符、形状等要求应与静态标志一致。文字的字体、字高、间距等应保证视认性，可按表7-13执行。

(3)可变信息标志的颜色应符合表7-14的规定。

表7-14　可变信息标志的颜色[3]

类别	显示内容	底色	边框	图形、符号、文字
文字标志	一般信息	黑色	—	绿色
	警告信息		—	黄色
	禁令信息		—	红色
图形标志	警告标志	黑色	黄色	黄色
	禁令标志		红色	黄色
	指示标志		蓝色	绿色
	指路标志		绿色	绿色
	作业区标志		随类型	黄色
	辅助标志		—	绿色
	潮汐车道标志		—	红色×、绿色↓
	可变导向车道	蓝色*	—	绿色或黄色
	交通状况	蓝色或绿色*	—	红、黄、绿等色
	其他信息	视需要		

注:“*”为不可变部分的颜色

各类型标志版面设计及颜色和图形设计应符合《城市道路交通标志和标线设置规范(GB 51038—2015)》的规定[1]。部分常见交通标志版面颜色及图形如表7-15所示。

图例彩图效果

表7-15　交通标志版面颜色及图形[1]

序号	类型		名称		版面颜色及图形示例
1	指示标志	与行驶方向相关的指示标志	车辆行驶方向	直行、向左(向右)转弯	
				直行和向左	
				靠右侧(左侧)道路行驶	
2			环岛行驶		
3			单行路		
4		指导驾驶人驾驶行为的指示标志	鸣喇叭		
5			最低限速		

续表

序号	类型		名称		版面颜色及图形示例
6	指示标志	与车道使用目的相关的指示标志	车道行驶方向	左转、右转、直行	
				直行和左转合用	
				掉头、掉头和左转合用	
				分向行驶车道	
7			专用道路和车道	机动车行驶、机动车车道	
				非机动车行驶、非机动车车道	
				公交专用车道、快速公交专用道	
8		与道路路权相关的指示标志	人行横道		
9			步行		
10			允许掉头		
11	禁令标志	与道路优先权相关的禁令标志	停车让行		
12			减速让行		
13		与道路通行权相关的禁令标志	禁止通行		
14			禁止驶入		
15			禁止各类或某类机动车驶入	禁止机动车驶入	
				禁止大型客车驶入	

续表

序号	类型		名称		版面颜色及图形示例
15	禁令标志	与道路通行权相关的禁令标志	禁止各类或某类机动车驶入	禁止小型客车驶入	
16	禁令标志	与道路通行权相关的禁令标志	禁止各类或某类非机动车、行人进入	禁止非机动车进入	
16	禁令标志	与道路通行权相关的禁令标志	禁止各类或某类非机动车、行人进入	禁止行人进入	
17	禁令标志	与某方向通行权相关的禁令标志	禁止车辆向某方向通行	禁止向左(或向右)转弯	
17	禁令标志	与某方向通行权相关的禁令标志	禁止车辆向某方向通行	禁止直行	
17	禁令标志	与某方向通行权相关的禁令标志	禁止车辆向某方向通行	禁止向左向右转弯	
17	禁令标志	与某方向通行权相关的禁令标志	禁止车辆向某方向通行	禁止直行和向左转弯	
18	禁令标志	与某方向通行权相关的禁令标志	禁止掉头		
19	禁令标志	与交通管理相关的禁令标志	禁止超车、解除禁止超车		
20	禁令标志	与交通管理相关的禁令标志	禁止停车		
21	禁令标志	与交通管理相关的禁令标志	禁止长时停车		
22	禁令标志	与限制相关的禁令标志	限制速度		
23	禁令标志	与限制相关的禁令标志	解除限制速度		
24	禁令标志	与限制相关的禁令标志	限制宽度		
25	禁令标志	与限制相关的禁令标志	限制高度		

续表

序号	类型		名称	版面颜色及图形示例
26	警告标志	与平面交叉相关的警告标志	交叉口	
27			注意信号灯	
28		与道路平面线形相关的警告标志	急弯路	
29			反向弯路	
30			连续弯路	
31		与交通流状况相关的警告标志	双向交通	
32			注意合流	
33			施工	
34		与可能出现危险状况相关的警告标志	注意行人	
35			注意儿童	
36			注意非机动车	

续表

序号	类型		名称	版面颜色及图形示例
37	干路和支路指路标志	路径指引标志	交叉口预告	
38			交叉口告知	
39			路名牌	
40		沿线设施指引标志	停车场	
41			残疾人专用设施	
42		道路其他信息指引标志	绕行	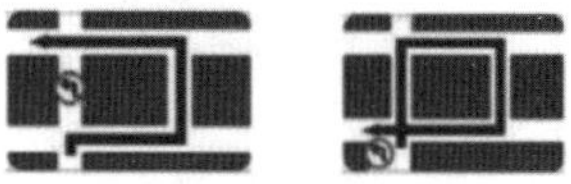
43			线形诱导标	
44	告示标志		行车安全提醒	

四、标志支撑方式

标志的支撑方式应根据交通量、车型构成、车道数、沿线构造物分布、风荷载大小,以及路侧条件等因素确定,如表7-16所规定。

表7-16 标志支撑方式及适用条件[1]

支撑方式		适用条件
柱式	单柱式	警告、禁令、指示及小型尺寸指路标志
	双柱式	大中型长方形的指示或指路标志
悬臂式		1.道路较宽、交通量较大、外侧车道车辆阻挡内侧车道车辆视线; 2.视距或视线受到限制。
门架式		1.同向三车道以上的多车道道路需分别指示各车道去向; 2.交通量较大、外侧车道车辆阻挡内侧车道车辆视线; 3.互通式立交间隔距离较近、标志设置密集; 4.受空间限制,柱式、悬臂式安装有困难; 5.隧道、匝道入口处,以及出口匝道在行车方向的左侧。
附着式		1.支撑件设置有困难; 2.采用附着式设置更为合理。

当标志与交通信号灯结合布置更为合理时,标志与交通信号灯的支撑结构宜一并设计,或将标志附着安装在交通信号灯的支撑结构上。

第六节 交通标志和标线协调设置

在道路、周边空间条件、自然环境等合适的情况下,标志和标线应协调设置。无法设置标志时,应设置标线;无法设置标线时,应设置标志。

根据《城市道路交通标志和标线设置规范(GB 51038—2015)》,道路交通标志标线协调设置规定如下[1]。

(1)导向车道标志标线协调设置应符合表7-17的规定,各车道的导向箭头的指示方向必须和车道行驶方向一致。

表7-17 导向车道标志标线协调设置[1]

情形	标志		标线	
	种类	设置原则	种类	设置原则
交叉口进口道为二或三车道	车道行驶方向标志	可设	导向车道线	必须设
			导向箭头	必须设
交叉口进口道四车道及以上	车道行驶方向标志	应设	导向车道线	必须设
			导向箭头	必须设
可变导向车道	车道行驶方向标志	必须设	可变导向车道线	应设

(2)交叉口让行标志协调设置应符合表7-18的规定。

表7-18 交叉口让行标志标线协调设置[1]

情形	标志		标线	
	种类	设置原则	种类	设置原则
停车让行	停车让行标志	必须设	停车让行标线	应设
减速让行	减速让行标志	必须设	减速让行标线	应设

(3)交叉口禁止通行方向的标志标线协调设置应符合表7-19的规定。

表7-19　交叉口禁止通行方向的标志标线协调设置[1]

<table>
<tr><th rowspan="2">情形</th><th colspan="2">标志</th><th colspan="2">标线</th></tr>
<tr><th>种类</th><th>设置原则</th><th>种类</th><th>设置原则</th></tr>
<tr><td>禁止掉头</td><td>禁止掉头标志</td><td>必须设</td><td>禁止掉头标记</td><td>应设</td></tr>
<tr><td>禁止向左向右转弯</td><td>禁止向左向右转弯标志</td><td>必须设</td><td>禁止转弯标记</td><td>可设</td></tr>
</table>

(4)路段人行横道标志标线协调设置应符合表7-20的规定。

表7-20　路段人行横道标志标线协调设置[1]

<table>
<tr><th rowspan="2">情形</th><th colspan="2">标志</th><th colspan="2">标线</th></tr>
<tr><th>种类</th><th>设置原则</th><th>种类</th><th>设置原则</th></tr>
<tr><td>灯控人行横道</td><td>人行横道标志</td><td>可设</td><td>人行横道线、停止线、禁止跨越同向车行道分界线</td><td>应设</td></tr>
<tr><td rowspan="2">非灯控人行横道</td><td>人行横道标志</td><td>必须设</td><td rowspan="2">人行横道线、停止线、人行横道预告标识、禁止跨越同向车行道分界线</td><td rowspan="2">应设</td></tr>
<tr><td>注意行人标志</td><td>可设</td></tr>
</table>

(5)机非分道行驶路段标志标线协调设置应符合表7-21的规定。

表7-21　机非分道行驶路段标志标线协调设置[1]

<table>
<tr><th rowspan="2">情形</th><th colspan="2">标志</th><th colspan="2">标线</th></tr>
<tr><th>种类</th><th>设置原则</th><th>种类</th><th>设置原则</th></tr>
<tr><td>采用分隔带隔离</td><td rowspan="3">机动车行驶标志、非机动车行驶标志、机动车车道标志、非机动车车道标志</td><td>应设</td><td rowspan="3">非机动车路面标记</td><td>可设</td></tr>
<tr><td>采用活动式护栏隔离</td><td>可设</td><td>宜设</td></tr>
<tr><td>无隔离</td><td>可设</td><td>必须设</td></tr>
</table>

(6)限速路段标志标线协调设置应符合表7-22的规定。

表7-22　限速路段标志标线协调设置[1]

<table>
<tr><th rowspan="2">情形</th><th colspan="2">标志</th><th colspan="2">标线</th></tr>
<tr><th>种类</th><th>设置原则</th><th>种类</th><th>设置原则</th></tr>
<tr><td rowspan="3">最高限速路段</td><td>限制速度标志</td><td>必须设</td><td rowspan="3">路面限速标记</td><td rowspan="3">可设</td></tr>
<tr><td>解除限制速度标志</td><td>应设</td></tr>
<tr><td>最低限速标志</td><td>可设</td></tr>
</table>

本章参考文献

[1]中华人民共和国住房和城乡建设部,中华人民共和国国家质量监督检验检疫总局.城市道路交通标志和标线设置规范:GB 51038—2015[S].北京:中国计划出版社,2015.

[2]中华人民共和国国家质量监督检验检疫总局,中国国家标准化管理委员会.道路交通标志和标线:GB 5768—2009[S].北京:中国标准出版社,2009.

[3]中华人民共和国住房和城乡建设部,中华人民共和国国家质量监督检验检疫总局.城市道路交通设施设计规范(2019年版):GB 50688—2011[S].北京:中国计划出版社,2019.

第八章 停车设计

第一节　概　述

停车设计是对动态交通设计的静态补充，为了实施交通需求管理，常采用“以静制动”措施，即通过静态交通的合理化反制动态交通，以达到调节交通需求、改善交通阻塞的目的。随着城市用地日渐紧张，城市汽车保有量日益饱和，在有限的土地资源里如何实现停车位的优化设计，合理配置停车位，成为城市交通规划设计者需要关注的重点之一。本章主要内容包括：路内机动车停车设计、路外机动车停车场(库)设计、自行车停车场设计。路内停车场泊位设置具有灵活性，通常占城市社会公共停车泊位供应的20%左右。路外机动车停车场是城市停车泊位供应的主体。随着慢行交通的推广，自行车停车场也成为停车设计的重点内容。

第二节　路内机动车停车场设计

一、设计流程

路内机动车停车场设计的主要设计流程如图8-1所示。

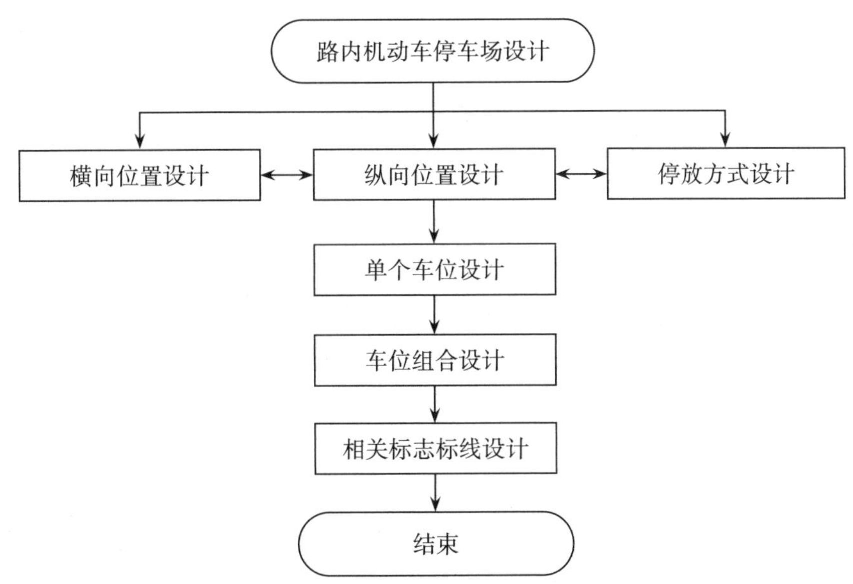

图8-1　路内机动车停车场设计流程图

二、路内停车场设置原则

在设置路内停车位时，应遵循以下原则：

1.道路等级

（1）当有停车需求且有停靠条件时，路内停车可设置于交通量较小的支路或次干路上。除专门进行道路拓宽或设置港湾式停车区的情况外，交通集散功能较强的支路不宜设置路内停车场。

（2）一般情况下，城市快速路、主干路、次干路的主道不宜设置路内停车场。

（3）路内停车场的设置应因地制宜。在一些非机动车流量小的道路及近期新建、扩建的道路，道路等级可能较高但交通量较小，道路利用率低，可视需求设置路内停车场。

2.道路断面

（1）路内停车场的设置宜优先选择机动车行车空间，一方面方便车辆的进出和停放，另一方面减少对其他交通方式空间的占用。

（2）在机动车行车空间紧张且慢行交通流量较小的情况下，可考虑占用非机动车道或人行道设置部分车位。

3.道路宽度

有停车需求时，必须满足路内停车最小道路宽度的要求，如表8-1所示。若道路宽度小于最小路宽，则不得在路内设置停车位。

表8-1　设置路内停车泊位的道路宽度[1]

通行条件	车行道路路面实际宽度(m)	泊位设置
机动车双向通行道路	≥12	可两侧设置
	8～12	可单侧设置
	<8	不可设置
机动车单行通行道路	≥9	可两侧设置
	6～9	可单侧设置
	<6	不可设置

4.服务水平

路内停车场的设置应将原道路交通量换算成标准小汽车单位交通量V，然后按车道布置，计算每条车道的基本容量以及不同条件下车道容量的修正系数，获得路段交通容量C，当V/C小于0.8时，允许设置路内停车场。设置路边停车场条件与道路服务水平的关系如表8-2所示。

表8-2　设置路内停车场条件与道路服务水平关系[1]

服务水平	交通状态		交通流量/容量(V/C)	备注
	交通状况	平均行驶速度(km/h)		
A	畅通	≥50	$V/C\leqslant0.6$	容许路内停车
B	↓	≥40	$0.6<V/C\leqslant0.7$	容许路内停车
C		≥30	$0.7<V/C\leqslant0.8$	容许路内停车
D		≥25	$0.8<V/C<0.9$	视情况考虑是否设置
E		约为25	$0.9\leqslant V/C\leqslant1.0$	禁止路内停车
F	堵塞	<25	-	禁止路内停车

三、路内停车场设计

1.路内停车位置设计

(1)纵向位置设计

①路内停车带纵向位置设计主要考虑距交叉口距离。

②当两个交叉口距离较近时，设置路内停车位要保证不影响交叉口排队，如图8-2所示。

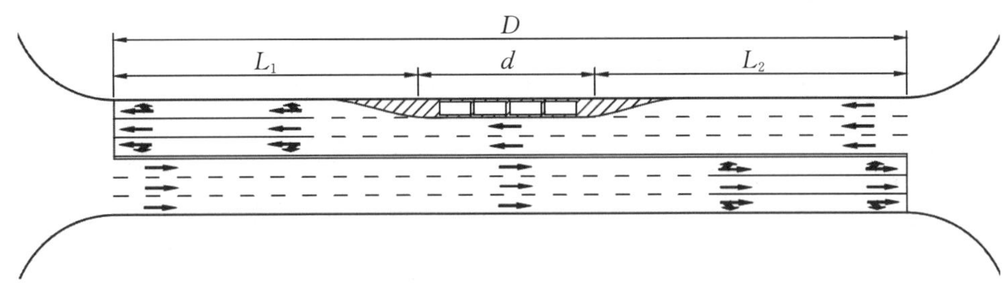

图8-2　近交叉口路内停车设置示例

注：D—交叉口间距离；L_1—前方交叉口进口道最大排队长度加15～20m；L_2—上游交叉口出口道基本拓宽长度加15～20m；d—容许设置路内停车区段长度。

显然，$d=D-L_1-L_2$。一般，如果d<20m，则不宜设置路内停车车位。

③当路内停车路段上有单位出入口时，为保证车辆进出的安全，要求确保在单位出入口驶离车辆的视距三角形内不设置路内停车位。

(2)横向位置设计。横向位置设计分为左侧路内停车带和右侧路内停车带。左侧路内停车带设置在单行道或双向通行道路压缩中央分隔带的空间。右侧路内停车带在国内较普遍，在设置时，要分析其对主线机动车交通运行的影响，以及对行人与非机动车的影响。

路内停车场横向位置布置方式，按其在道路横断面的不同位置，可分为占用机动车道、非机动车道或人行道设置停车三种形式；按几何形状又可分为港湾式和非港湾式停车场两种。

①占用机动车道的路边停车带设计。一般占用最外侧机动车道或机非混行车道设置停车带。这种停车带进出车辆易与主线行驶的机动车和非机动车交通产生交织，同时停车后上下车乘客容易与主线运行的机动车或非机动车道运行的非机动车产生冲突，在设置时应该特别考虑安全问题。如图8-3所示。

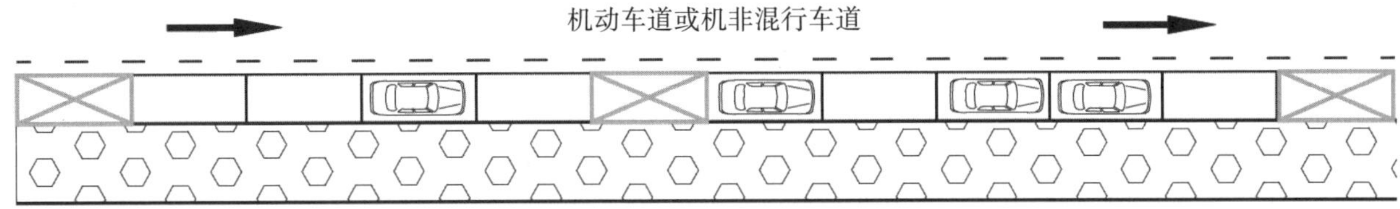

图8-3　占用外侧机动车道或机非混行车道停车带

②通过压缩设施带或慢行通道空间设置港湾式停车带。

1)机非混行道路或机动车专用道路，局部压缩人行道设置港湾式路边停车带，这种设计要求人行道有足够宽度且行人流量较少。如图8-4所示。

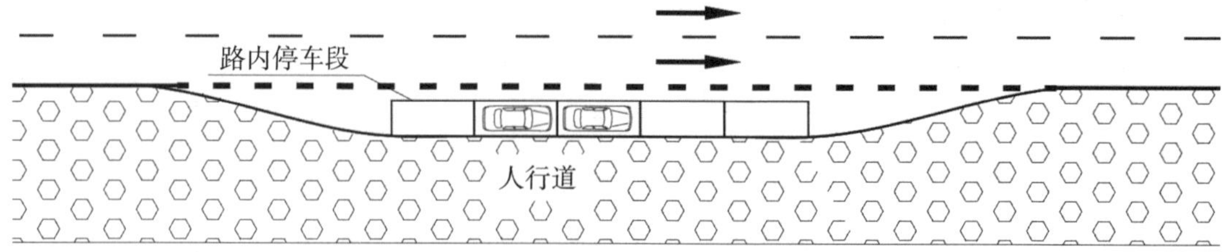

图8-4　沿人行道设置的港湾式路边停车带

2)压缩机非分隔带设置路内停车带,在分隔带宽度≥4m时,设置方法如图8-5所示;在分隔带宽度<4m,而人行道有多余宽度时,港湾式停车带设置方法如图8-6所示。

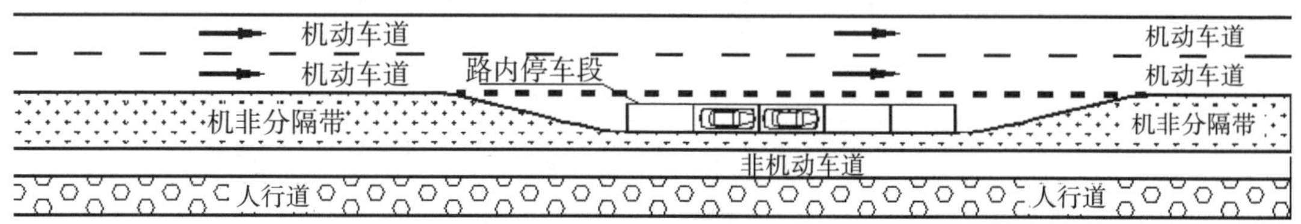

图8-5　沿机非分隔带设置的港湾式路内停车带(分隔带不小于4m)

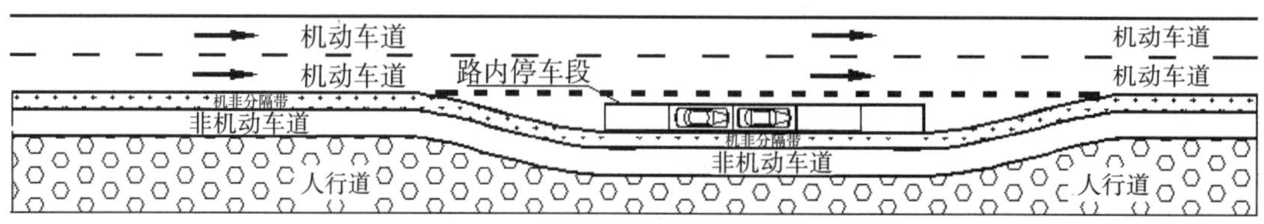

图8-6　沿机非分隔带设置的港湾式路内停车带(分隔带小于4m)

港湾式路边停车带的设计主要控制参数有车辆驶入曲线C1、停放车辆长度L、车辆驶出曲线C2和路边停车场深度Z,如图8-7所示。

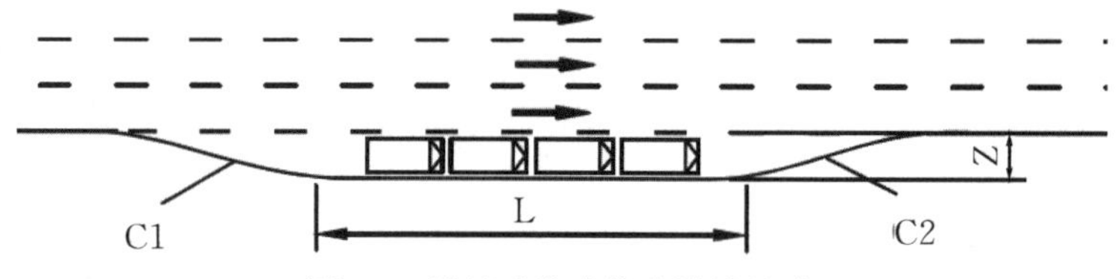

图8-7　港湾式路边停车设计尺寸

其中停放车辆长度计算公式为:

$$L = n \times w + (n-1) \times d \tag{8-1}$$

式中:L—路边停车场停放车辆长度;

n—路边停车场泊位数;

w—平均每辆车长度;

d—停放车辆间的距离,建议0.5~1m。

参考相关规范及研究成果,路内停车带深度Z应稍大于车辆宽度,因此停放车辆为小型车时可取3m,停放大型车取3.5m。考虑到车辆的进出,可以在停车带开始和结束的地方设置渐变段,方便车辆的到达与离开,渐变段长度可设为6~7m。

③占用其他通道或设施的路边停车带设计。占用其他交通方式通道的路边停车带包括除机动车道以外的非机动车道、人行道或分隔带。

1)利用三块板道路富余的非机动车道设置停车带。此时进出停车带的车辆容易与非机动车和主线机动车交通产生交织,应辅以相应的管理措施,如图8-8所示。

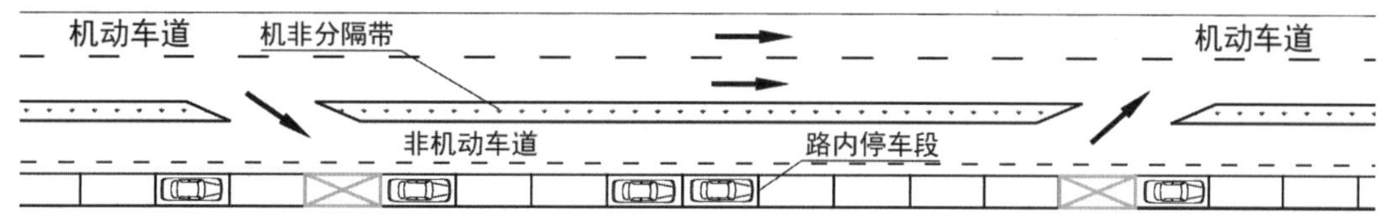

图8-8　利用三块板道路非机动车道设置的停车带

2)利用分隔带行道树之间空隙设置停车带,图8-9所示为机动车道直接进出停车带的形式。注意进出停车带的车辆容易与主线机动车交通流产生相互影响,存在一定的安全隐患。因此,可以借用非机动车道驶入停车带,驶出时直接进入机动车道,如图8-10所示。

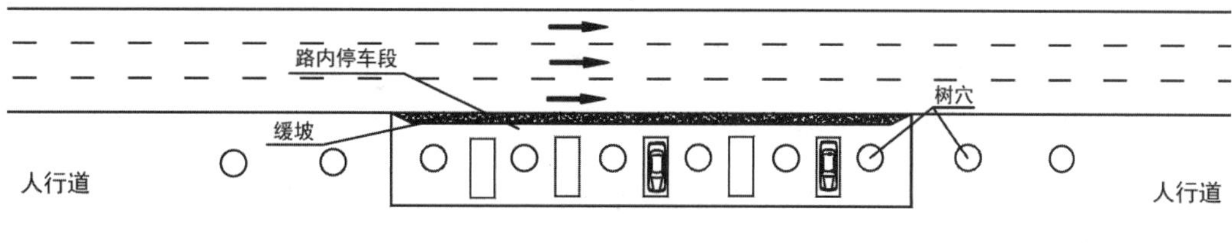

图8-9　利用机非分隔带空间设置的停车带(直接进出式)

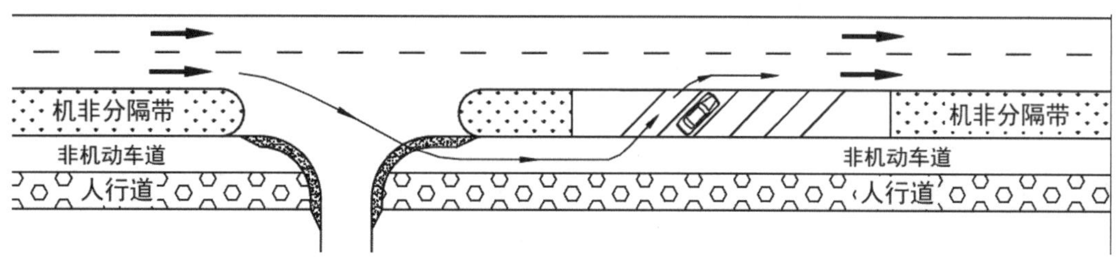

图8-10　利用机非分隔带空间设置的停车带(非机动车道进,机动车道出)

2.路内停车泊位设计

(1)停放方式及设计尺寸

①单个车位设计。参考《城市道路路内停车泊位设置规范(GA/T 850—2009)》,停车泊位设计分大、小两种尺寸。大型泊位长15.6m、宽3.25m,适用于大中型车辆。小型泊位长6m、宽2.5m,适用于小型车辆。条件受限时,宽度可适当降低,但最小不应低于2m[1]。

按停放形式分为平行式、垂直式和斜列式三种,如图8-11所示。平行式为泊位与道路呈平行排列,垂直式为泊位与道路垂直排列,斜列式是泊位与道路呈一定角度排列,常见的斜列式角度有30°、45°和60°几种。

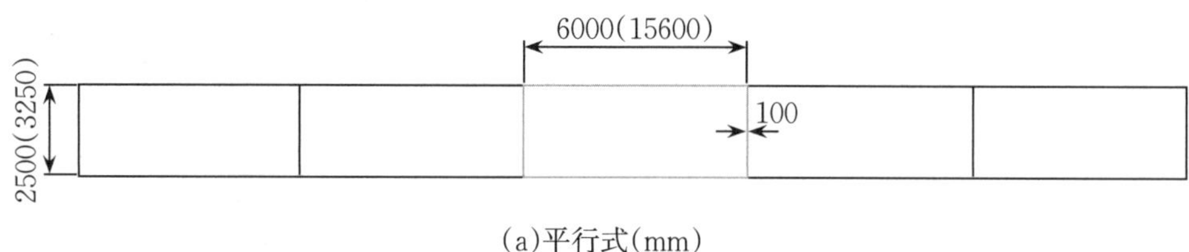

(a)平行式(mm)

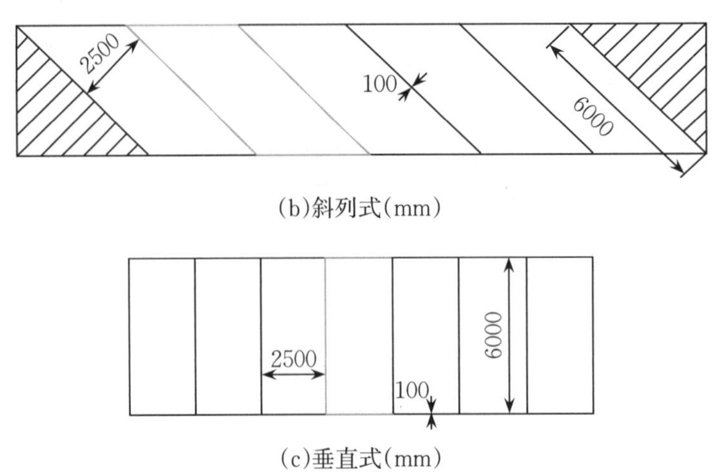

(b)斜列式(mm)

(c)垂直式(mm)

图8-11　车位停放形式图示

②车位组合设计。多个停车泊位相连组合时，每组长度宜在60m以内，每组之间应留有不低于4m的间隔。车位组合设计示意图如图8-12所示。

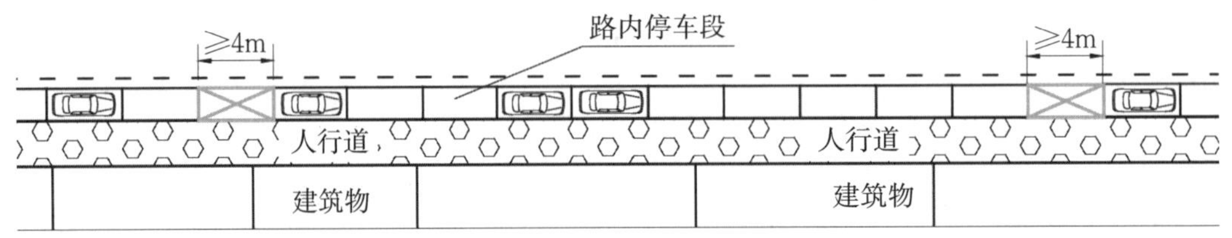

图8-12　车位组合设计图示

③停车保护空间设计。设置路侧平行式停车位时，考虑驾驶员下车时可能存在安全隐患，在车流量较大或者车速较快的区域，宜在停车带靠近机动车道一侧设置保护空间。空间的宽度根据车门打开后占用的宽度确定，建议取1m，如图8-13所示。

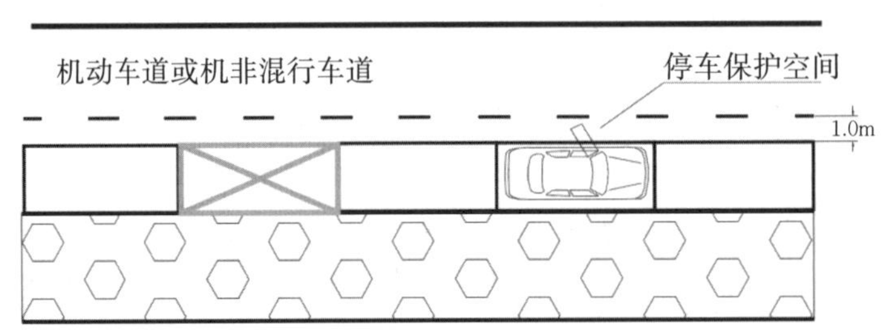

图8-13　停车保护空间示意图

(2)相关标志标线设计。路内停车带的主要标志标线有：路内停车带标志牌、地面停车位编号和停车位标线。

①标线设计。停车位标线依据《道路交通标志和标线(GB 5768.3—2009)》规定，停车位标线的宽度可介于6至10cm之间，蓝色标线代表免费停车位，白色标线代表收费停车位，黄色标线代表专用停车位。限时停车位标线为虚线边框，线宽0.1m，在车位内标注准许停车的时间，数字高为0.6m[2]。

占用非机动车或机非混行车道的路内停靠方式，可在停车位起始位置设置注意前方路面状况标记。示例如图8-14所示。

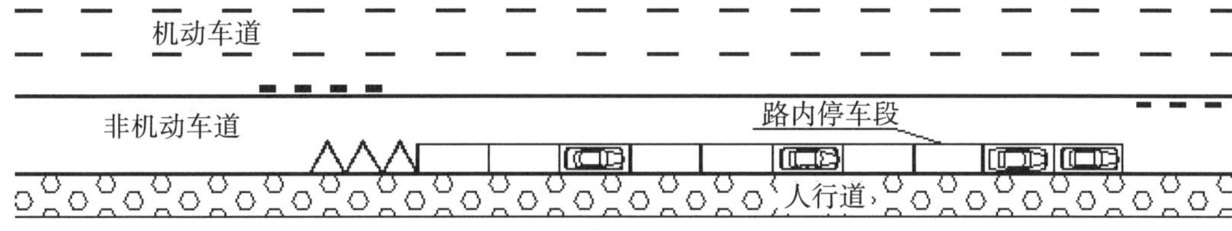

图8-14　注意前方路面状况标线示例

②标志设计。路内停车带应在停车带两端设置停车标志，即停车位标志，可以通过对停车位标志附加图形或采用辅助标志，形成不同功能和性质的停车位标志。路内停车带标志如图8-15所示。

停车位标志　限时段停车位　限时长停车位　残疾人专用停车位

图8-15　路内停车带标志

同一路段的泊位每超过50个宜增设一块道路停车场标志牌，连续跨越多条道路的路内停车带宜在停车带与跨越的每条道路交叉口路口设置道路停车场标志。

第三节　路外机动车停车场设计

一、设计流程

路外机动车停车场设计的主要设计流程如图8-16所示。

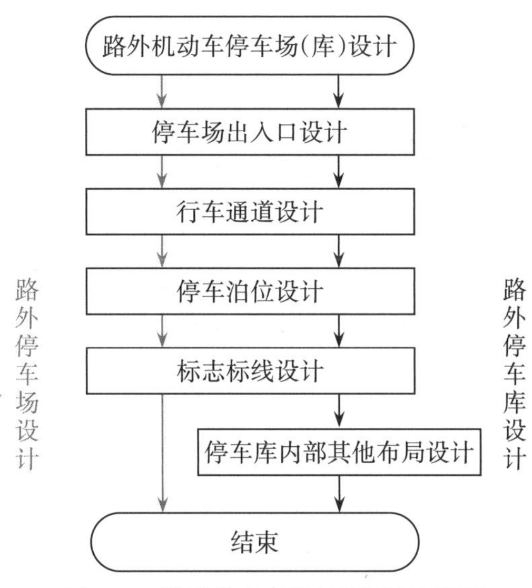

图8-16　路外机动车停车场设计流程图

二、路外地面停车场设计

1.出入口设计原则

在出入口设计时，应尽量减少进出停车场(库)的交通与道路上动态交通的互相影响，一般应遵循以下几条原则：

(1)出入口的设置要有利于分散道路上的交通量，尽可能避免因停车场出入而导致的道路服务水平的降低。

(2)停车场的出入口应设在次要道路或巷道上，且尽量远离道路交叉口，以减少对主干道路及交叉口交通的影响。

(3)公共停车场出入口要具有良好的视野，机动车出入口的位置(距离道路交叉口宜大于80m)距离人行过街天桥、地道、桥梁或隧道等引道口应大于50m，距离学校、医院、公交车站等人流集中的地点应大于30m[3]。

(4)为确保出入口处的行车秩序，应在离开出入口的一定位置处设置相关的标志和信号。出入口设置在城市主干路的公共停车场，机动车交通组织应采用右进右出的方式，严禁左转直接驶入(出)主干路；出入口设置在城市次干路、支路上的城市公共停车场，机动车交通组织宜采用右进右出的方式，在不影响对向道路交通的情况下，可采用左转方式驶入(出)[3]。

(5)机动车停车库出入口之间的同侧和异侧净距均不应小于5.0m[4]。同侧和异侧净距示意图如图8-17所示。

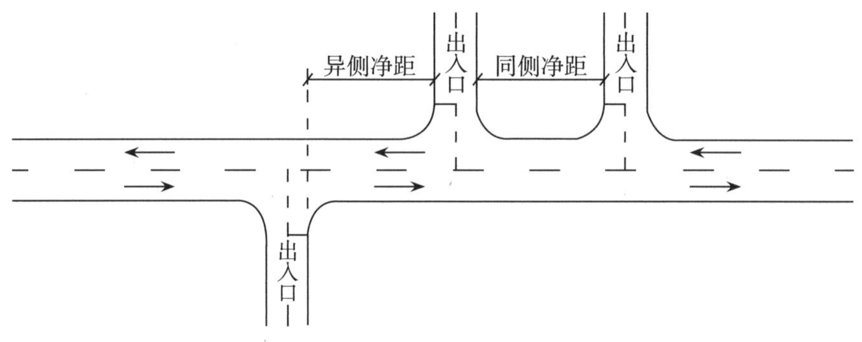

图8-17　同侧和异侧净距示意图

(6)机动车与非机动车停车库出入口宜分开设置，出入口净距不应小于5.0m[4]。设置在一起时，应用物理隔离，且二者之间必须有良好的行车视距。特大型汽车库应设置人流专用出入口。

(7)双向出入通道与城市道路相交的角度应为75°到90°，具有良好的通视条件。并在距入口边线内2.0m处作为视点的120°范围内至边线外7.5m不应有遮挡视线的障碍物[4]，如图8-18所示。进出分开的单向出入口通道设置应避免车辆行驶路线出现小于90°的折角[4]，见图8-19。

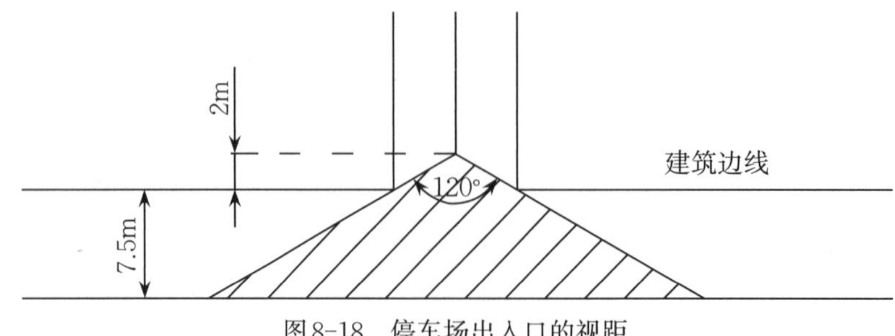

图8-18　停车场出入口的视距

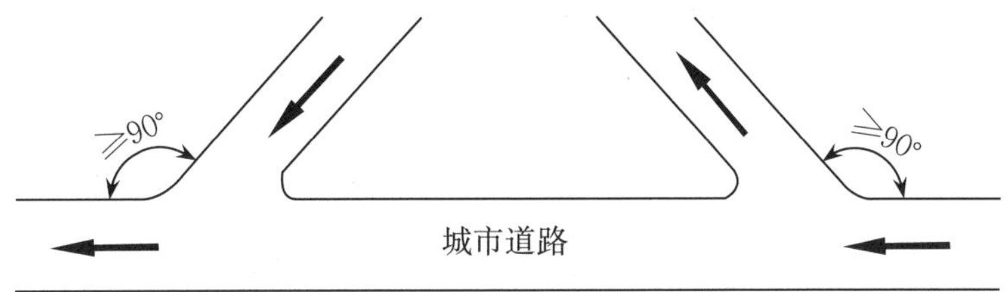

图8-19　单向出入口通道的设置

(8)行人和非机动车的停车场出入口宜与城市道路慢行交通系统衔接,保证行人和非机动车流线的连续性和出行的安全性。

2.停车场出入口设计

参考《城市公共停车场工程项目建设标准(建标128-2010)》[3],停车场出入设计原则如下:

(1)大、中型停车场出入口不得少于2个,特大型停车场出入口不得少于3个,并应设置专用人行出入口,且两个机动车出入口之间的净距不小于15m。

(2)停车场的出口与入口宜分开设置,单向行驶的出(入)口宽度不得小于5m,双向行驶的出(入)口宽度不得小于7m。小型停车场只有一个出入口时,出入口宽度不得小于9m。

(3)城市公共停车场出入口要具有良好的视野,机动车出入口的位置(距离道路交叉口宜大于80m)距离人行过街天桥、地道、桥梁或隧道灯引道口应大于50m;距离学校、医院、公交车站等人流集中的地点应大于30m。

根据停车场收费点的特征,结合排队论的相关理论,一般来说,服务系统符合泊松分布或者负指数分布,以单进出口道为例,排队车道长度计算公式如下:

$$L=\frac{\lambda}{\mu-\lambda}\times(l_{车}+l_{停}) \tag{8-2}$$

式中:L—排队长度(m);

λ—停车场车辆的到达率或者离开率(veh/h);

μ—收费亭的平均服务率(veh/h);

$l_{车}$和$l_{停}$—分别是车辆的平均车身长和停驶车辆间的平均间距(m)。

3.停车场内部布局

(1)行车通道设计。

①行车通道设计的内容主要包括通道的宽度设计和通道转弯半径设计。

②通道宽度设计主要考虑车辆通道通行和车辆进出不同形式停车位的需求;通道转弯半径主要考虑车型和单双向行驶的情况。停车场(库)内部通道宽度和转弯半径应符合下列规定:

1)供微型车、小型车双向行驶的,通道宽度不应小于5.5m,单向行驶的不应小于3.0m;弯道处,当转弯半径(内径)小于15.0m时,双向行驶的通道宽度,坡道弯道处不应小于7.5m,平面弯道处不应小于7.0m,单向行驶的不应小于4.0m[4]。

2)可供轻型车、中型车和大型车双向行驶的,通道宽度不应小于6.5m,单向行驶的不应小于3.5m;弯道处,当转弯半径(内径)小于20m时,双向行驶的通道宽度不应小于8.0m,单向行驶的不应小于5.0m[4]。

3)通道两侧设置停车位的情况,根据停车位停放方式的不同,通道宽度可按表8-3的推荐值选取。

表8-3　停车场通道宽度一览表[4]

车型＼停放方式		平行式	斜列式				垂直式	
			30°	45°	60°	60°		
		前进停车	前进停车	前进停车	前进停车	后退停车	前进停车	后退停车
通道宽度(m)	微型汽车	3.0	3.0	3.0	4.0	3.6	7.0	4.5
	小型汽车	3.8	3.8	3.8	4.5	4.2	9.0	5.5
	中型汽车	4.5	4.5	5.6	8.5	6.3	15.0	9.0
	大货车	5.0	5.0	6.6	10.0	7.3	17.0	10.0
	大客车	5.0	5.0	8.0	12.0	8.2	19.0	11.0

4)停车场(库)内部主要通道的转弯半径(内径)一般情况不应小于表8-4的对应值。

表8-4　最小转弯半径[4]

车辆类型	最小转弯半径(内径)(m)
大型汽车	10.0
中型汽车	7.0
轻型汽车	5.0
小型汽车	3.0
微型汽车	3.0

停车泊位的设计必须和车型与停放方式相匹配,停车泊位尺寸设计必须同时满足车辆长度的停放空间、汽车间距的要求和驾驶员上下车开关门的空间要求,若停车场靠墙、柱及其他构筑物,尺寸计算时内侧考虑汽车间的间距,外侧考虑汽车与墙柱之间的间距。特殊车位设置,如无障碍车位、子母车位(指在一个停车位中,可以前后停放一大一小两部汽车的停车位)等,需附加考虑使用者的需求,注重人性化和效率的结合。

(2)停车泊位布置形式。

路外停车场常用的泊位布置型式有平行式、垂直式、斜列式30°、斜列式45°和斜列式60°。各种布设型式所占用的停车面积、驶入驶出泊位的难易程度、相邻通道上可见度均不同。

(3)平行式停放方式。

平行式停放方式车辆进出方便、迅速,但是单位车辆停车面积大,车辆停放时车身方向与通道平行。大中型车车身较长,在拐弯、后退时驾驶操作复杂,宜采用平行式的停车方式,方便大型车直接驶入停车泊位,不易造成车位使用混乱或者堵塞通道。平行式停车方式适用于狭长场地停放车辆,停车位可以连续布设,也可以设计为两个停车位为一组、每组之间间隔1.4m的方式,如图8-20所示。

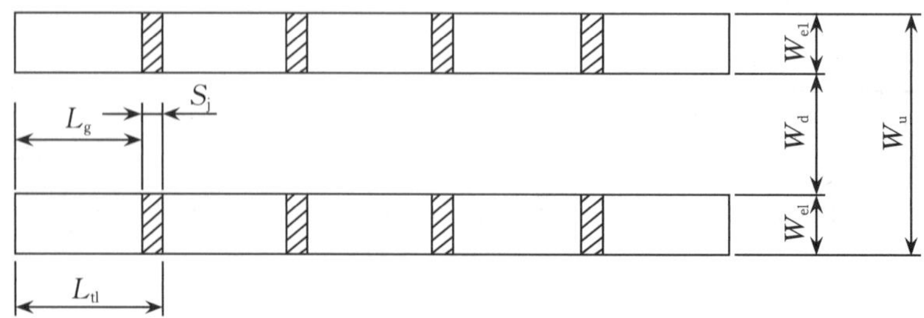

(a)平行式停车泊位设计一

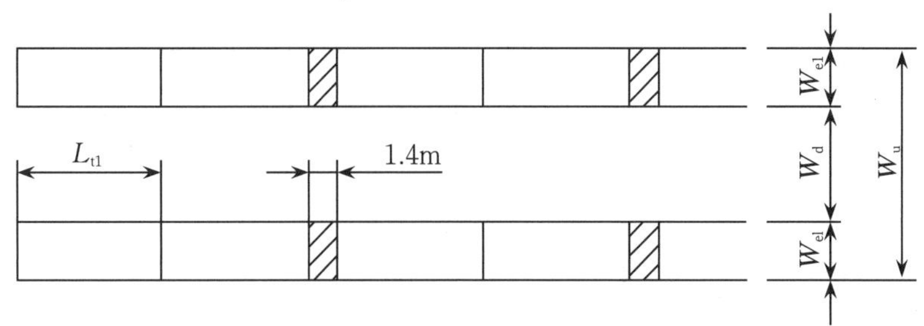

(b)平行式停车泊位设计二

图8-20　平行式停车方式

W_{e1}:平行式停车,垂直通道方向的车位尺寸;L_{t1}:平行式停车,平行通道方向的车位尺寸;W_d:通车道宽度;W_u:停车带宽度;S_j:车辆间隔;L_g:车身长。

(4)斜列式停放方式。

斜列式车位停放灵活,驶入驶出方便,停放时车身方向与通道成30°、45°、60°或其他锐角倾斜布置,如图8-21所示。斜列式停放方式适用性较广。针对大型车所需要的停车数量较大或高峰时停车周转率很高等情况,宜采用斜列式停放方式和前进停车、前进发车的停驶方式。此种方式使得车辆停车、启动时不需要大幅转弯,利于迅速停放和出车;但是,斜列式停放方式单位泊位占用面积较大,场地利用率较低,因此适宜采用60°或45°,停放方式以尽量减少停车空间损失。布设方式如图8-21所示。

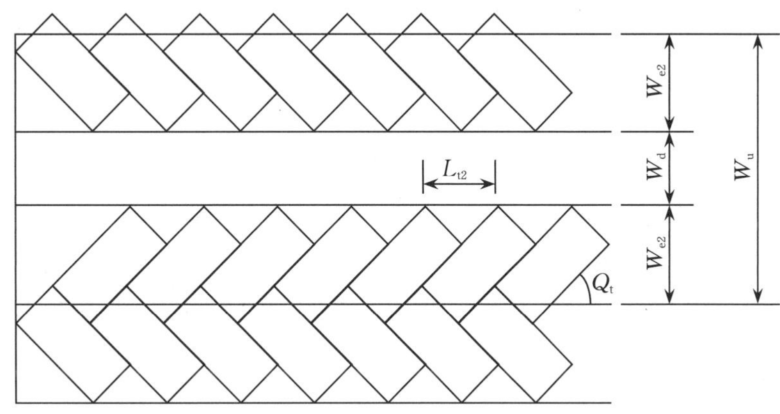

图8-21　斜列式停车方式

W_{e2}:斜列式停车,垂直通道方向的车位尺寸;L_{t2}:斜列式停车,平行通道方向的车位尺寸;W_d:通车道宽度;W_u:停车带宽度;Q_t:车位倾斜角度

(5)垂直式停放方式。

垂直式停放方式驶入驶出车位一般需要倒车一次,用地比较紧凑,是最常采用的停车场停放方式,车辆停放时车身方向与通道垂直。小型车、微型车车身较小,行驶方便灵活,在泊位布置时宜尽量采用垂直式停车方式,以尽可能充分利用停车场地的空间和提高泊位数量。如图8-22所示。

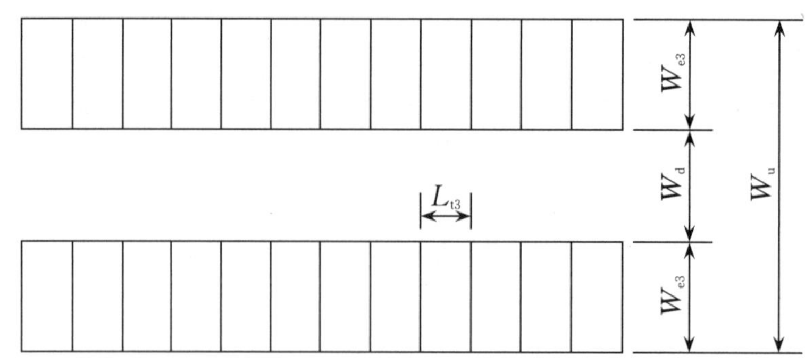

图8-22 垂直式停车方式

W_{e3}:垂直式停车,垂直通道的车位尺寸;L_{t3}:垂直式停车,平行通道的车位尺寸;W_d:通车道宽度;W_u:停车带宽度;

停车泊位设计的基本参数很多,表8-5中介绍几个关键的设计参数,区分不同车辆类型和停放方式对应的停车泊位的宽度、长度。在具体设计时,应该根据实际情况选用。

表8-5 机动车停车场设计参数(单位:m)[4]

停放方式		平行式	斜列式				垂直式	
			30°	45°	60°	60°		
项目		前进停车	前进停车	前进停车	前进停车	后退停车	前进停车	后退停车
垂直通道方向的车位尺寸(m)	A	2.2	3.0	3.8	4.3	4.3	4.0	4.0
	B	2.4	3.6	4.4	5.0	5.0	5.3	5.3
	C	3.5	6.2	7.8	9.1	9.1	9.4	9.4
	D	3.5	6.7	8.5	9.9	9.9	10.4	10.4
	E	3.5	7.7	9.9	12.0	12.0	12.4	12.4
平行通道方向的车位尺寸(m)	A	5.7	4.4	3.1	2.6	2.6	2.2	2.2
	B	6.0	4.8	3.4	2.8	2.8	2.4	2.4
	C	11.4	7.0	5.0	4.0	4.0	3.5	3.5
	D	12.4	7.0	5.0	4.0	4.0	3.5	3.5
	E	14.4	7.0	5.0	4.0	4.0	3.5	3.5

注:表中A类指微型汽车,B类指小型汽车,C类指中型汽车,D类指大货车,E类指大客车。

三、路外停车库(场)设计

1.停车库设计原则

(1)车库出入口设计原则

①参考《车库建筑设计规范(JGJ 100—2015)》,按出入方式,机动车车库出入口分为平入式、坡道式、升降梯式三种类型[5]。

②每个地块可以按照地下车库停车位的数量及其功能划分来决定地下车库进出口的数量。

③机动车车库出入口数量主要根据停车场规模进行确定,有特殊情况的可特殊处理。《车库建筑设计规范(JGJ 100—2015)》对出入口的数目进行了相关规定:特大型汽车库库址,车辆出入口不应少于3个,并应设置人流专用出入口;大中型汽车库的库址,根据停车当量车辆出入口不应少于2个或少于1个;小型汽车库车辆出入口不应少于1个[5]。

④根据《民用建筑设计统一标准(GB 50352—2019)》,地下机动车车库出入口与连接道路间宜设置缓冲段,缓冲段应从车库出入口坡道起坡点算起,并应符合下列规定:出入口缓冲段与车库内道路连接处的转弯半径不宜小于5.5m;当出入口与车库道路垂直时,缓冲段长度不应小于5.5m;当出入口与车库道路平行时,应设不小于5.5m长的缓冲段再汇入车库道路;当出入口直接连接车库外城市道路时,其缓冲段长度不宜小于7.5m[6]。

(2)地下车库内部交通设计原则

①交通组织尽量采用单循环交通组织设计,保证车辆能够顺利的寻找车位和进出坡道。

②停车位:小型车停车位尺寸最小长度为5.3m,最小宽度为2.4m[5],中型货车停车位尺寸的最小长度为9m,最小宽度为3m。

③通道宽度:垂直停车位前方的通车道宽度建议双向通行至少5.5m,两侧无停车位的通道宽度建议最小4m。

④地下车库坡道:小汽车直线坡道建议采用15%坡道,环形坡道建议采用12%坡度;中型货车坡道直线坡道建议采用12%坡度,环形坡道建议采用10%的坡度[5]。

⑤车库净高要求:车库室内净高最小为2.2m,货运通道考虑允许中型货车通行,需要4.2米净高。如果有特殊车辆的通行和停放需求,应该根据车辆的高度进行设置[5]。

地下车库内部主要交通设施尺寸建议如表8-6所示。

表8-6　地下车库内部主要交通设施尺寸建议

标准	中型货车	小型汽车
通车道宽度	10m	5.5m
停车位尺寸	9m×3m	5.3m×2.4m(最小)[5]
车库内部净高要求[5]	4.2m	2.2m
坡道坡度[5]	直坡:12% 环坡:10%	直坡:15% 环坡:12%
坡道宽度[5]	直坡:单行3.5m,双行7m 曲线坡:单行5m,双行10m	直坡:单行3m,双行5.5m 曲线坡:单行3.8m,双行7m
最小转弯半径(内径)[4]	7m	3m

2.停车库出入口设计

(1)出入口数量需求测算方法[7]:

①确定项目地块中各业态的建筑面积。

②根据当地不同业态的产生、吸引量,推算出不同业态高峰小时产生、吸引的交通量(人次),根据调研资料,对于商业综合体而言,晚高峰产生的交通量大于早高峰,因此高峰小时交通量建议选取晚高峰时段的交通产生吸引量为计算基础。

③参考同类项目同类地区的商业综合体交通出行方式,同时考虑当地规划中提出的交通出行方式划分,确定项目客流的交通出行方式。

④通过下面计算公式测算出晚高峰时段项目地块吸引和产生的小汽车交通量:

1)高峰小时吸引小汽车量=高峰小时吸引人流量×小汽车出行方式比例/载客量

2)高峰小时产生小汽车量=高峰小时产生人流量×小汽车出行方式比例/载客量

其中吸引量即为进入车库的小汽车量,产生量即为离开车库小汽车量。

⑤根据高峰时段项目地块的吸引和产生交通量测算不同业态需求的出入口的数量。对于车库出入口

的通行能力,不同的业态通行能力不一致。根据现状调查可知,住宅和办公停车人流由于熟知车库设计情况,因此其进出车库出入口交通的通行能力单个坡道(双向2车道)一般取值为500pcu/h。商业人流出口和入口方面通行能力有所差异。一般车库入口采用自动识别或者是刷卡进入,通行能力单个坡道(双向2车道)一般取值为500pcu/h,而车库出口方面根据收费方式不一样,通行能力取值不一样。若采用停车收费方式,则通行能力取为360pcu/h,若采用车库中收费或者其它方式,则通行能力取值为500pcu/h。

(2)出入口形式及参数设计。停车库出入口形式主要有2种,与市政道路垂直和与市政道路平行或斜交。建议停车库出入口尽量采用与市政道路垂直相交的形式。停车库出入口形式示意图如图8-23所示。

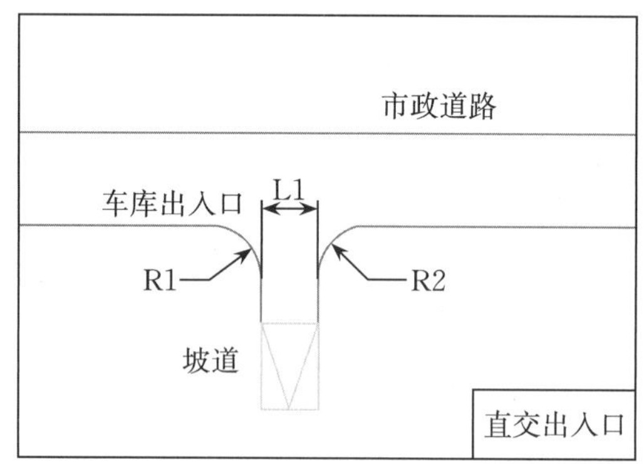

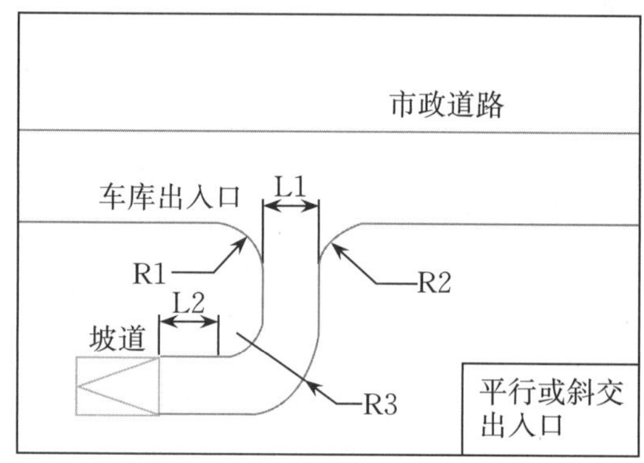

图8-23 停车库出入口形式示意图

这2种形式主要设计参数如表8-7所示。表中L1为车库出入口的道路宽度,L2为车库出入口通道转弯处与坡道的距离,R1、R2为车库出入口左右侧道路转弯半径,R3为车库出入口通道转弯处转弯半径。

表8-7 停车库出入口与市政道路相交尺寸规格参数[8]

	直交出入口		平行或斜交出入口	
	客车出入口	货车出入口	客车出入口	货车出入口
L1	≥8m	≥9m	≥8m	≥9m
L2	/	/	≥8m	≥8m
R1	≥4.5m	≥6m	≥4.5m	≥6m
R2	≥4.5m	≥6m	≥4.5m	≥6m
R3	/	/	≥4.5m	≥6m

(3)出入口间距要求。两个出入口之间的距离应大于20m,并应大于两出入口处道路转弯半径之和。

3.停车库内部空间布局

停车库单层平面布局方法(如车位设计和机动车组织流线等)与地面停车场类似,可参考地面停车场布局。停车库的特殊要求如下:

(1)单车位面积。根据《车库建筑设计规范(JGJ 100—2015)》,垂直式后退停车所需的最小每停车位的面积最小[5]。在设计时,可根据设计需求选用停车位的布置形式。

(2)车位尺寸设计。根据《车库建筑设计规范(JGJ 100—2015)》所规定的车与车、墙、柱之间的净距,如表8-8所示,计算出标准车位的设计尺寸应为5300mm(长)×2400mm(宽),如图8-24所示[5]。

表8-8　汽车与墙、柱、护栏之间的最小间距

项目　尺寸　车辆		微型汽车/小型汽车(m)
平行式停车时汽车间纵向净距		1.2
垂直式、斜列式停车时汽车间纵向净距		0.5
汽车间横向净距		0.6
汽车与柱间净距		0.3
汽车与墙、护栏及其他构筑物间净距	纵向	0.5
	横向	0.6

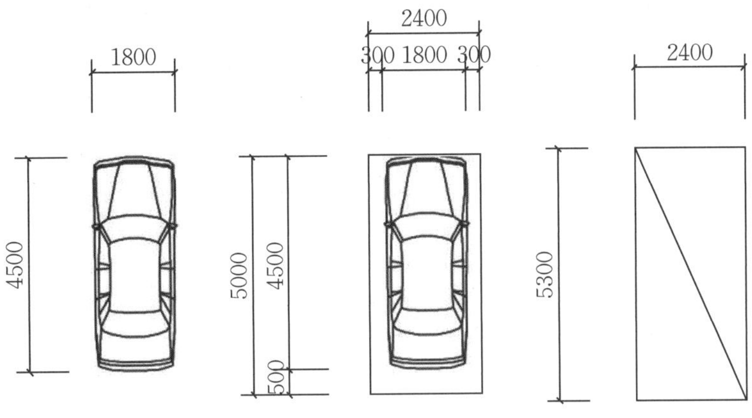

图8-24　标准车位设计尺寸

考虑到停车库的定位及使用舒适性问题，建议车位尺寸采用如表8-9所示的3种尺寸。经济档和高档的车位示意图如图8-25所示。

表8-9　车位尺寸建议

产品线分级	车位尺寸(mm)
经济档	5300(长)×2400(宽)
中档	5500(长)×2500(宽)
高档	5700(长)×2600(宽)

(a)5300(长)×2400(宽)

(b)5700(长)×2600(宽)

图8-25　车位尺寸示意图

(3)净高设计。根据《车库建筑设计规范(JGJ 100—2015)》中的相关规定,汽车库内室最小净高如表8-10所示[5]。

表8-10 汽车库内室内最小净高

车型	最小净高(m)
微型车、小型车	2.20
轻型车	2.95
中、大型、铰接客车	3.70
中、大型、铰接货货车	4.20

(4)净距设计。停车库内车辆间、车辆与墙、柱、护栏之间的最小净距应符合《车库建筑设计规范(JGJ 100—2015)》中相关规定[5],如表8-11所示。

表8-11 停车库最小净距

项目 \ 车辆类型		微型汽车/小型汽车(m)	轻型汽车(m)	大、中、铰接型汽车(m)
平行式停车时机动车间纵向净距		1.2	1.2	2.4
垂直、斜列式停车时车间纵向净距		0.5	0.7	0.8
机动车间横向净距		0.6	0.8	1
机动车与柱间净距		0.3	0.3	0.4
机动车与墙、护栏及其他构筑物间净距	纵向	0.5	0.5	0.5
机动车与墙、护栏及其他构筑物间净距	横向	0.6	0.8	1

(5)地下车库柱网设计。地下汽车库平面柱网布置以小型车停车位来考虑,双排停车采用7800mm×7800mm的柱网是最经济的,如图8-26所示。常用尺寸还有8100mm×8100mm,如图8-27所示。考虑到适当放大行车道宽度更为舒适,建议标准模块的柱网尺寸按表8-12取值。

表8-12 柱网尺寸建议

产品线分级	柱网尺寸(mm)
经济档	7800×7800
中档	8100×8100
高档	8400×8700

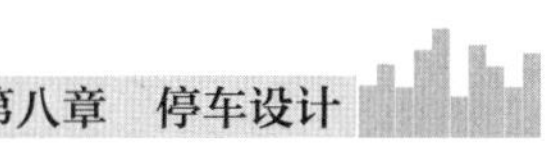

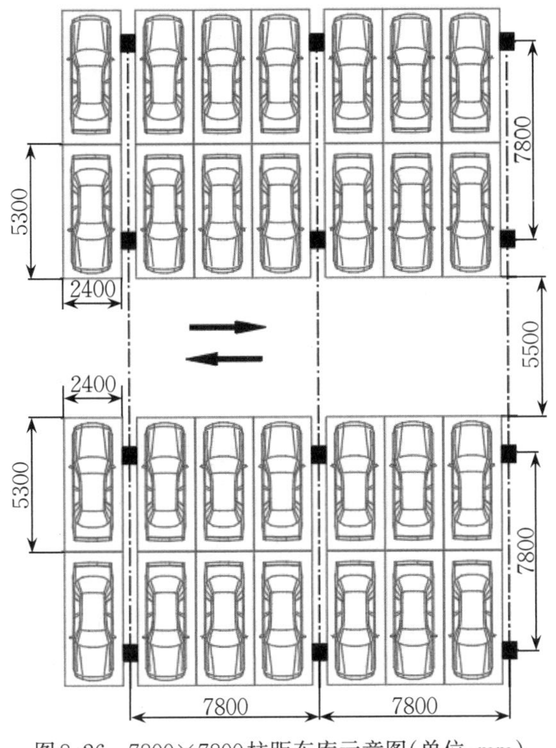

图8-26　7800×7800柱距车库示意图(单位:mm)

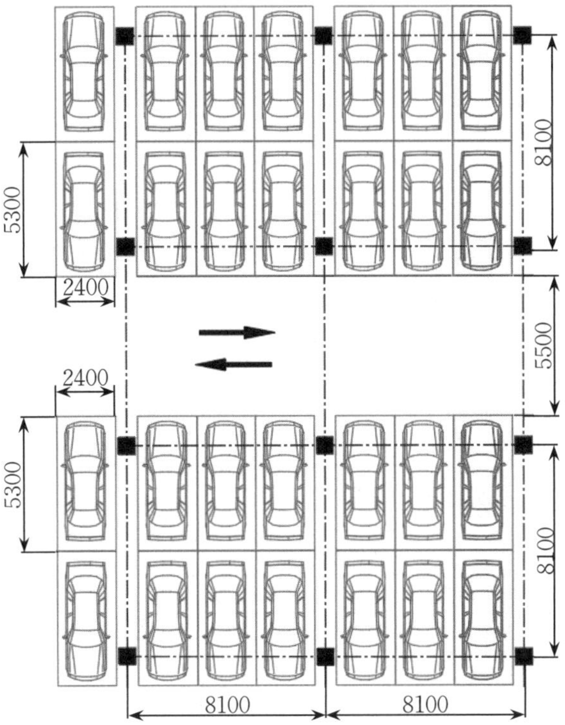

图8-27　8100×8100柱距车库(单位:mm)

(6)行车通道设计

①坡道宽度。停车库内坡道宽度应符合《车库建筑设计规范(JGJ 100—2015)》中相关规定[5],如表8-13所示。坡道式停车楼(库)坡道宽度的要求与一般平面内的通道宽度存在差异,坡道驾驶难度较大,因此在平面通道的基础上适当加宽。

表8-13　坡道最小宽度

坡道形式	计算宽度(m)	最小宽度(m)	
		微型、小型车	中、大型、铰接车
直线单行	单车宽+0.8	3.0	3.5
直线双行	双车宽+2.0	5.5	7.0
曲线单行	单车宽+1.0	3.8	5.0
曲线双行	双车宽+2.2	7.0	10.0

②坡度设计。坡道式停车库内通道最大纵向坡度应符合《车库建筑设计规范(JGJ 100—2015)》中相关规定[5],如表8-14所示。

表8-14　通道最大纵向坡度

通道形式／车型	直线坡道		曲线坡道	
	百分比(%)	比值(高:长)	百分比(%)	比值(高:长)
微型车、小型车	15	1:6.67	12	1:8.3
轻型车	13.3	1:7.5	10	1:10
中型车	12	1:8.3		
大型客、货车	10	1:10	8	1:12.5

停车库内当行车道纵向坡度大于10%时,坡道上、下端均应设缓坡。其直线缓坡段的水平长度不应小于3.6m,缓坡坡度应为坡道坡度的1/2。曲线缓坡段的水平长度不应小于2.4m,曲线的半径不应小于20m。

4.闸机设计

(1)闸机需求数量测算方法

①根据高峰期项目产生和吸引量法测算出高峰进出综合体交通量。

②停车库通行能力与收费管理模式直接相关。不同收费模式下出入口通行能力如表8-15所示。

表8-15　不同收费模式下停车库通行能力[8]

收费系统	通闸管理模式	入口车辆平均服务时间(s)	出口车辆平均服务时间(s)	入口通行能力(pcu/h)	出口通行能力(pcu/h)
人工收费	放闸管理	15	25	240	144
无人收费	抬闸管理	9	12	400	300

③建议新建的商业综合体尽量以无人收费为主,以提高停车库使用效率,节约人工成本和节约收费岗亭占地面积。

④在前面的基础上测算出车库进出闸机需求数量。

(2)闸机位置设计指引

建议有条件情况下,闸机尽量设置于车库内部平地上且避免设置于转弯处,如图8-28所示。尽量避免设置于车库内部坡道上,以提高安全性及使用舒适性。尽量避免设置于市政道路出入口,避免高峰时期排队影响市政道路交通运行情况。

建议闸机设置于车库内部平地上

图8-28　车库闸机位置设计指引图

(3)闸机的尺寸设计指引

闸机的设计尺寸主要包括车行道宽度和设备位置宽度。车行道宽度建议为2.5~3.5m,设备位置一般取值0.5m。

若闸机车行道数量大于1时,可考虑设置不同宽度的车行道,小型车专用通道可取值为2.5~2.8m,较大车型进出通道可取值为2.8~3.5m[8],且建议大车型通道设置于外侧车道。闸机设计尺寸建议示意图如图8-29所示。

图8-29　闸机设计尺寸建议[8]

5.收费系统设计

收费系统主要分为自助收费和人工收费2种。人工收费又包含闸机收费和中央式收费2种。

收费方式的设计应根据实际需求来确定。一般来说，新建停车场建议以自助收费为主，以人工收费为辅。人工收费中由于闸机收费对停车库使用效率影响较大，因此，建议停车数量较多的停车场，例如商业综合体，采用中央式停车收费模式。

(1)人工收费系统设计指引

①收费岗亭尺寸设计建议。岗亭尺寸设计应结合停车场所服务建筑物的属性及用地面积进行确定。停车需求较大、场地较富余的停车场可以设置为长4.5m×宽3m×高2m；停车需求和场地富余情况中等的，可以采用长3m×宽2m×高2m；如果停车需求较小且场地有限时，可采用长1.5m×宽1.5m×高2m。收费岗亭示意图如图8-30所示。

图8-30　收费岗亭示意图

②收费岗亭位置设计建议。建议尽可能设置于地下，以利于收费设备稳定与维护。同时收费岗亭应尽量避免设置在转弯处附近。

在车库内部，收费岗亭应与排队通道处于一条直线上，避免车辆转弯进入收费站，车辆直行进入收费站效率最高，且安全性好，如图8-31(b)所示。如需转弯进入收费站，通行效率降低同时由于视线受阻，安全性会受到影响，如图8-31(a)所示。

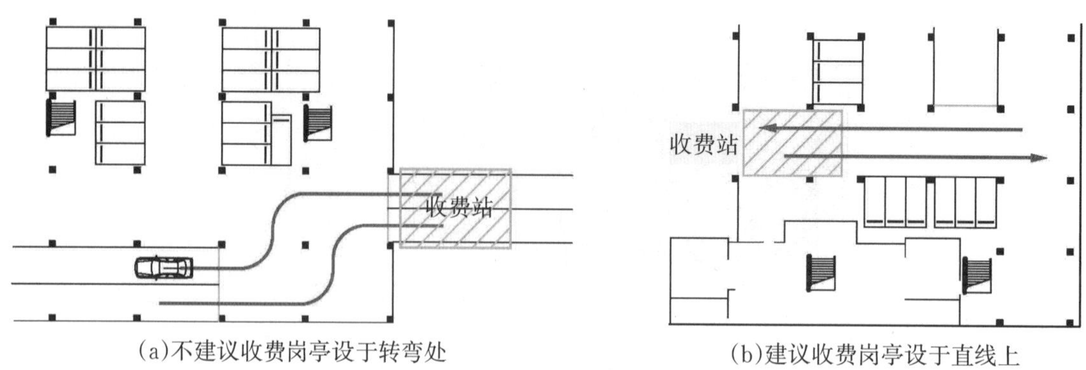

(a)不建议收费岗亭设于转弯处　　(b)建议收费岗亭设于直线上

图8-31　收费岗亭位置设计[8]

对于中央式收费模式,有些使用者由于不清楚缴费过程或者是忘记缴费,车辆行驶至车库出口时,应在出口处增设1条未缴费通道道,引导未缴费车辆临时停车或行至缴费亭,减少未缴费车辆折返回车库内部所需的绕行成本。未缴费通道示意图如图8-32所示。

图8-32　在出库出口增设1条未缴费通道案例图[6]

(2)自助收费系统设计指引。自助收费机占地面积小,设置灵活,且可以大大减少用工成本,如图8-33所示。建议地下车库以自助收费为主,以人工收费为辅。自助收费机建议结合电梯口或者楼梯口布设,由于几乎不占用空间,可不单独预留用地。

图8-33　自助收费机

第四节 自行车停车设施交通设计

一、设计流程

自行车停车设施交通设计的主要设计流程如图8-34所示。

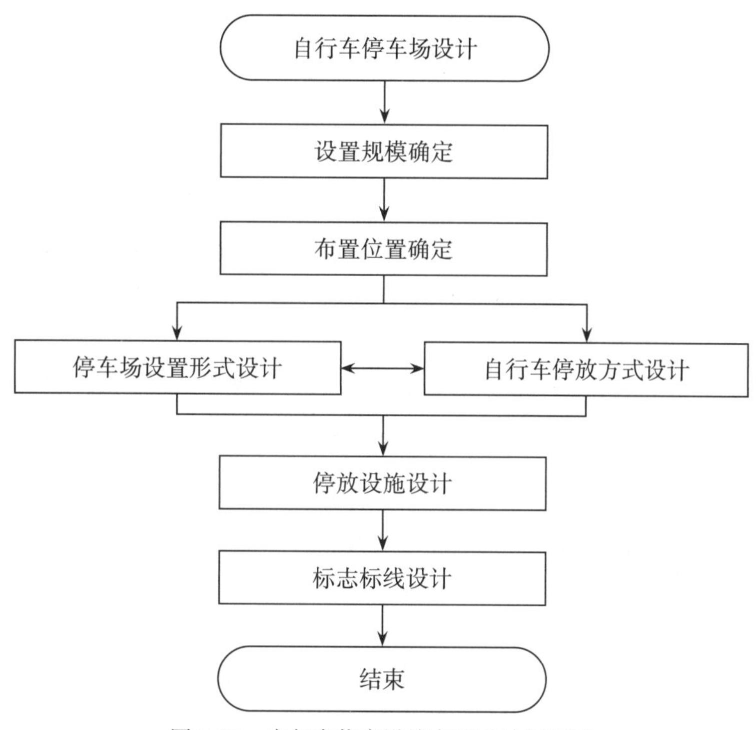

图8-34 自行车停车设施交通设计流程图

二、自行车停车设施布局原则

(1)自行车停车场应当尽可能分散布置,且靠近目的地,充分利用人流稀少的支路、街巷空地设置。

(2)应当避免停放点的出入口直接对接交通干道。

(3)自行车停车设施包括建筑物配建自行车停车场、路侧自行车停车场和路外自行车停车场。建筑物配建自行车停车场是自行车停车设施的主体。

(4)非机动车停车场布局应考虑停车需求、出行距离因素,结合道路、广场和公共建筑布置,其服务半径宜小于100m,不应大于200m,并应满足使用方便、停放安全的要求[9]。

(5)非机动车停车设施宜结合道路两侧分隔带、设施带及沿街绿化空间布设,且不应影响其他交通方式的正常通行空间。

(6)住宅小区、大型公共建筑、交通枢纽等自行车需求较大的区域,应按照配建指标配建自行车停车设施,并设置相应的标志标线。

(7)地铁出入口周边、公交站点周边、学校、医院门前等对行人疏散要求较高的区域，应在不影响人流集散的前提下设置自行车停车设施，且接驳距离不宜大于50m[9]。

(8)城市道路交叉口、地块机动车出入口等对机动车驾驶人视距有较高要求的地点，应施划非机动车禁停区域，结合考虑城市美观因素设置相应的标志标线。

(9)非机动车停车场的设置应考虑骑行方向，优先布置在来向车流的路口上游，减少对交叉口的交通影响，并尽量分散设置。

三、自行车停车设施设计

1.设置规模

(1)对于新建居住区和公共建筑的自行车停车场，其规模须严格遵照本地规划技术管理规定等相关配建指标设定。

(2)单层自行车停车场的用地面积为自行车停放面积加上必要的通行空间。单位自行车的停车用地面积(含通行空间)，宜取1.5-2.2m²/车。

(3)轨道车站、重要交通枢纽、城市大型综合体等设施周边的换乘自行车场地，平面设置时，其用地指标应考虑设施的预测高峰时段客流人次、客流使用自行车的目标分担率和自行车的单位停车用地面积进行综合测算。立体停车场的用地面积可相应折减。

(4)对于建成区自行车公共停车场，其规模应根据所服务的建筑或区域的日平均高峰吸引车次、平均停放时间及不均衡系数确定。

2.布设位置

(1)自行车停放设施的布设位置宜遵循安全、便捷的原则。为鼓励自行车使用者到指定的自行车停放处规范停车，避免出现乱停车的现象，对于短时间停放(3小时内)的自行车停车设施，一般宜布设在目的地出入口30m范围内；长时间停放(3小时以上)的自行车停放设施，距离目的地入口不宜超过70m。

(2)自行车停放设施可因地制宜，充分利用机非隔离带、行道树之间的空间、路侧绿地、轨道站出入口等位置进行设置，在设计中考虑到绿化带宽度的限制，常采用斜向式停放方式，如图8-35和图8-36所示，该方式优点是停车方便，可有效利用非通行空间。

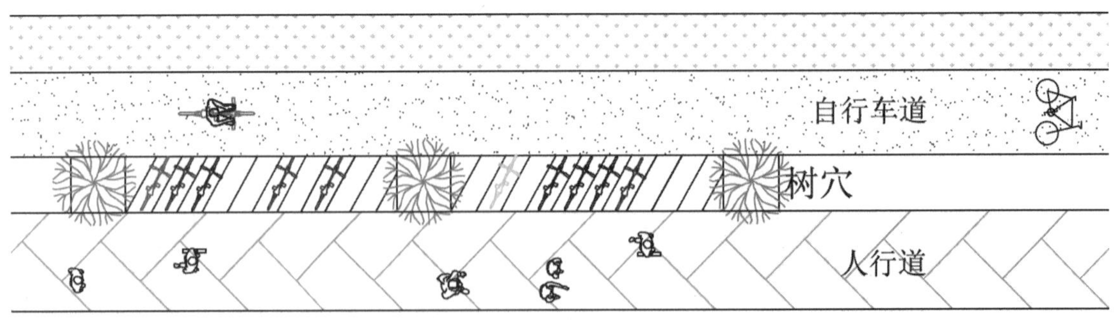

图8-35　人行道上自行车停车设施

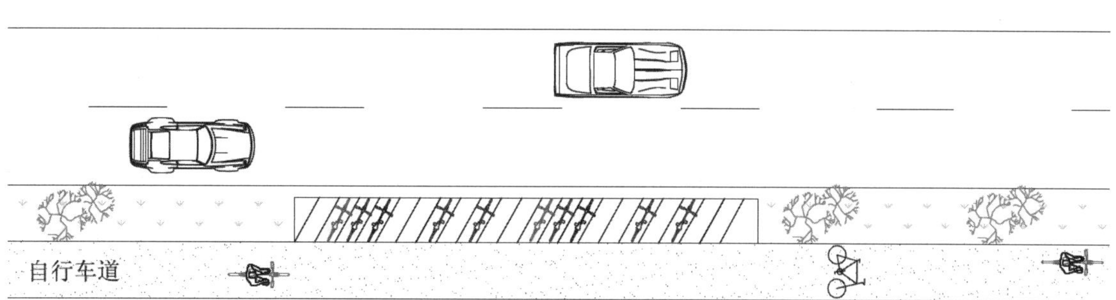

图8-36 机非分隔带上自行车停车位布置

(3)自行车停车设施的选址应设置在便捷醒目的地点,并尽可能接近目的地。

(4)建筑物配建停车场应在建筑物的人行出入口就近设置。

(5)轨道车站、交通枢纽等应在各出入口应分别设置路外自行车停车场,距离一般大于30m。

3.设置形式

(1)自行车停放场的设置形式有平面、多层和地下三种类型,可根据自行车停放的规模、用地条件、景观要求等选择设置形式。

(2)平面停车场的自行车停放方式有垂直式和斜列式两种,平面布置可按场地条件采用单排或双排排列,如图8-37所示。不同停放方式对应的自行车单位停车面积及停车场的主要设计参数详见表8-16所示。

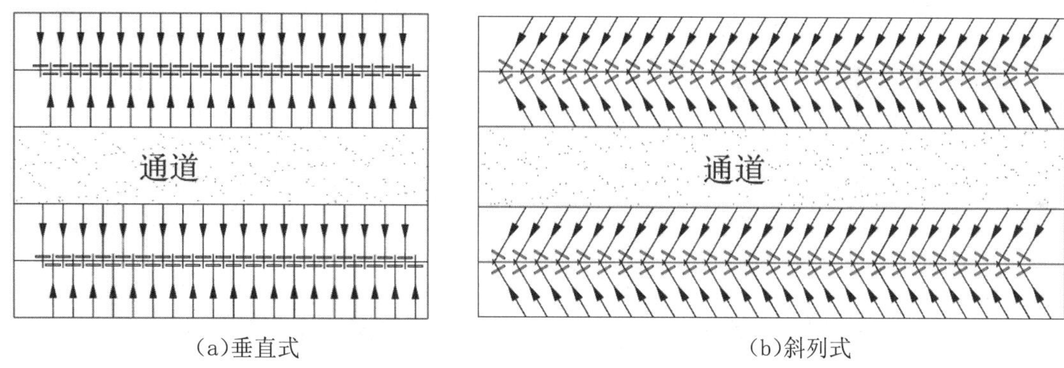

(a)垂直式　　(b)斜列式

图8-37 平面停车场的自行车停放方式

表8-16 自行车停车场设计参数[10]

停放方式	停车带宽度(m)		车辆横向间距(m)	过道宽度(m)	
	单排	双排		单排	双排
斜列式	1.0	1.6	0.5	1.2	2.0
	1.4	2.26	0.5	1.2	2.0
	1.7	2.77	0.5	1.5	2.6
垂直式	2.0	3.2	0.5	1.5	2.6

(3)为提高自行车停放的安全性,应根据自行车停放场的规模、场地大小等,因地制宜地选取适合的安保设施(电子锁、摄像头监控等),并采取一定的安全管理措施(专人值守、进出权限管理等)。

(4)自行车停车场宜采取地面形式。因场地限制、自行车停放需求较大,确需设置立体停车设施时,停放场地不足时可采用多层自行车停车场的形式,设施不宜超过两层;停放场地有限,且对景观有一定要

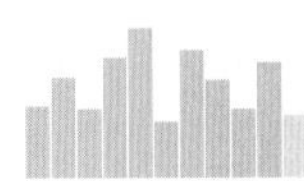

求的地方,可采用自动地下自行车停车场的形式。

(5)自行车停车场应有清晰、明确的停车场标识,引导骑车者正确停放,减少乱停乱放对行人和机动车的影响。

(6)自行车停车场设置应遵循安全、方便和节地的原则,提供舒适的停车环境,突出人性化服务,其设计应符合以下规定:

①自行车停车场出入口不宜少于2个,出入口宽度宜为2.5～3.5m[1],场内停车区应按组安排,每组场地长度宜为15～20m。

②非机动车停车场坡度宜为0.3%～4.0%[1]。停车场应有充分的照明条件,有条件的应设置雨棚。

③人行道自行车停放亭(点)应当与行人通道、车辆出入口及相邻设施保持必要的安全距离。

④应选用节约空间、坚固美观、不易导致车辆损坏的自行车存车支架。

⑤鼓励在附近增设车辆维修点等便民设施。

(7)自行车停放设施的建设宜根据周边环境或者区域特色进行协调性设计,满足停车需求的同时,赋予景观功能。自行车停放设施示例如图8-38所示。

(a)特色艺术停车设施

(b)U型锁桩停车设施

(c)自行车停车地面标志标线

(d)自行车停车地面标志标线

图8-38　与环境协调的自行车停放设施

本章参考文献

[1]中华人民共和国公安部.城市道路路内停车泊位设置规范:GA/T 850—2009[S].北京:中国标准出版社,2009.

[2]中华人民共和国国家质量监督检验检疫总局,中国国家标准化管理委员会.道路交通标志和标线:GB 5768—2009[S].北京:中国标准出版社,2009.

[3]中华人民共和国住房和城乡建设部,中华人民共和国国家发展和改革委员会.城市公共停车场工程项目建设标准:建标128-2010[S].北京:人民出版社,2010.

[4]上海市城乡建设和管理委员会.上海建筑工程交通设计及停车库(场)设置标准:DGTJ 08—7—2014[S].上海:同济大学出版社,2014.

[5]中华人民共和国住房和城乡建设部.车库建筑设计规范:JGJ 100—2015[S].北京:中国建筑工业出版社,2015.

[6]中国人民共和国住房和城乡建设部,国家市场监督管理总局.民用建筑设计统一标准:GB 50352—2019[S].北京:中国建筑工业出版社,2019.

[7]凌美宁,邵利明.商业综合体地下车库出入口数量设计研究[J].工程技术(引文版),2018(5):259-260.

[8]城市综合体交通微观设计技术指引研究

[9]中国人民共和国住房和城乡建设部,中华人民共和国国家发展和改革委员会.城市停车规范规划:GB/T 51149—2016[S].北京:中国建筑工业出版社,2016.

[10]杨晓光,等.交通设计[M].北京:人民交通出版社,2010.

[11]中华人民共和国住房和城乡建设部.城市道路工程设计规范(2016年版):CJJ 37—2012[S].北京:中国建筑工业出版社,2016.

第九章 交叉口交通设计评价分析

第一节 概 述

为了考量交通设计方案对设计目标的实现程度及效果，需要对交通设计方案进行评价分析，包括对交通现状及备选交通设计方案下的道路交通运行状况进行评价与分析，交通设计方案评价分析是方案优选的依据。本章以交叉口交通设计方案评价为主，对交叉口交通运行状况进行评价。

第二节 设计流程

交叉口交通设计评价分析主要流程如图9-1所示：

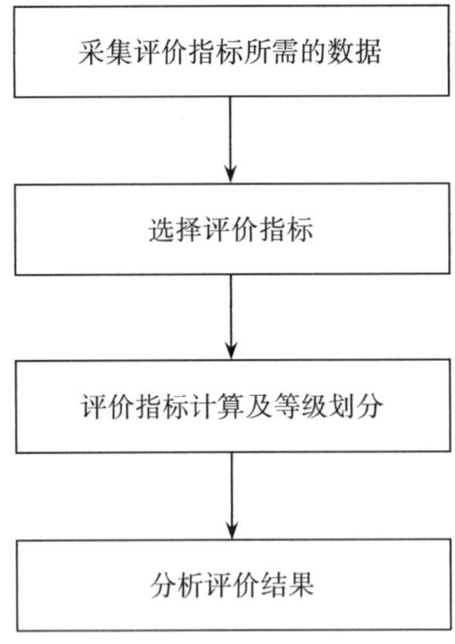

图9-1 交叉口交通设计评价流程图

第三节　评价指标选择与计算

一、基础数据采集

城市道路交叉口基础数据包含交叉口道路等级，断面形式、路幅宽度、车道数、车道宽度、车道功能划分、人行道宽度、人行横道长度等。交通条件包括交通流量、交通流构成、交通安全条件、交通通行规则与管理条件等。

二、评价指标选择

交通效益最大化是交通设计的基本目标之一，对其评价可根据实际研究对象，从节点交叉口和连线交叉口的角度展开。评价指标的选择，通常应基于实际用户需求，客观地反映用户需求和各个指标的相对重要程度。在选取评价指标后，依据评价流程完成对评价对象的实际评价。目前相对成熟的平面交叉口交通效益评价指标包括通行能力、饱和度、延误、停车次数等。

表9-1给出交叉口交通效益评价的建议指标。

表9-1　交叉口交通效益评价指标

描述	指标	备注
延误	车均延误； 公共汽车延误； 行人延误； 非机动车延误	应分别考虑机动车、公共汽车、行人及自行车的延误
停车次数	停车率	—
排队	排队长度	—
通行能力	各流向通行能力	—
饱和度	各流向饱和度	—

常用的一些连线交叉口交通效益评价指标如表9-2所示。

表9-2　连线交叉口交通效益评价指标

描述	指标	备注
运行车速	路段行程车速	也可选取各特征路段的车速
路段通行能力	路段通行能力	可选取各特征路段的通行能力
路段平均饱和度	路段饱和度	可选取各特征路段的饱和度

三、评价指标计算

平面交叉口评价指标的计算方法可参考《城市道路平面交叉口规划与设计规程(上海市工程建设规范DGJ 08—96—2013)》[1]以及《城市道路交通设计指南》[2]。这里,主要介绍交叉口通行能力、饱和度和延误三类评价指标的计算方法。

1.通行能力及饱和度

交叉口的通行能力是对每一车道、车道组或进口道规定的。它是指在现有的道路、交通和信号设计条件下,某一指定进口道所能通过交叉口停车线的折算为标准小汽车的最大流量。

信号交叉口的通行能力是以饱和流量的概念为基础的,饱和流量是指在一次连续的绿灯信号时间内,进口道上一列连续车队能通过进口道停车线的最大流量,单位是pcu/绿灯小时。

饱和流量随交叉口几何因素、渠化方式、信号配时及各流向交通冲突等情况而异,比较复杂。饱和流量可通过实测及估算法获得。实际应用中应尽量采用实测数据,实在无法取得实测数据时,可用以下方法估算,其思路为通过对基本饱和流量进行道路条件、交通条件的校正得到各车道组的饱和流量,计算公式如式9-1:

$$S_i = N \times S_{bi} \times f\left(F_i\right) \tag{9-1}$$

式中:S_i—第i类车道组饱和流量(pcu/h);

N—第i类车道组的车道数;

S_{bi}—第i类车道组每车道基本饱和流量(pcu/h);

$f\left(F_i\right)$—第i类车道组各类校正系数。

信号交叉口通行能力分别按交叉口各进口道估算,一般以小汽车作为标准车型;信号交叉口一条进口道的通行能力是此进口道上各车道组通行能力之和;一个进口车道组的通行能力是该车道组饱和流量及其所属信号相位绿信比的乘积,即进口道通行能力,计算公式如式9-2:

$$CAP = \sum_i CAP_i = \sum_i S_i \lambda_i = \sum_i S_i \left(\frac{g_e}{C}\right)_i \tag{9-2}$$

式中:CAP_i—第i类车道组通行能力(pcu / h);

S_i—第i类车道组饱和流量(pcu / h);

λ_i—第i类车道组所属信号相位的绿信比;

g_e—该信号相位的有效绿灯时间(s);

C—信号周期时长(s)。

在交叉口分析中,饱和度为交通量与通行能力之比。在交通量一定的情况下,饱和度与通行能力成反比,二者对于信号控制交叉口的评价具有相同的效应。由交通量v和通行能力,分别计算各车道组饱和度,计算公式如式9-3:

$$X_i = {}^{v_i}\!/_{CAP_i} \tag{9-3}$$

式中:v_i—第i类车道组校正交通量(pcu/h);

CAP_i—第i类车道组通行能力(pcu/h)。

交叉口整体饱和度计算公式如式9-4:

$$X_c = \sum_i (v/S)_{ci} \times \left[C/(C-L)\right] \tag{9-4}$$

式中：C—周期时长(s)；

$(v/S)_{ci}$—第i相位关键流向的流量比；

L—总损失时间(s)。

X_c反映了交叉口整体的饱和程度，若该比率超过1.00，则说明有一个或多个车道组过饱和，这时，交叉口渠化设计、配时设计不适合现状及规划要求。若比率小于1.00，某些方向上的流量也可能超过通行能力，因此该比率仅作为交叉口设计的辅助评价指标。评价主要以各车道组的饱和度为准。

1.延误及服务水平

延误是反映车辆在信号交叉口上受阻程度、行驶时间损失多少等的评价指标。

延误的影响因素众多，与所讨论的车道组成、周期时长、绿信比和饱和度等指标密切相关，是一个能够综合反映交叉口的几何设计、渠化设计及信号配时优劣的评价指标。考虑到实际观测的易操作性，本教材推荐使用的延误是15min分析期间每车的平均停车延误。延误可以通过现场测定或理论估算的方法确定。

延误须对交叉口各进口道分别估算各车道的每车平均停车延误；进口道每车平均延误是进口道中各车道延误之加权平均值；整个交叉口的每车平均延误是各进口道延误之加权平均值。

(1)各车道延误计算。各车道延误可用式9-5估算：

$$d=d_1+d_2+d_3 \tag{9-5}$$

式中：d—各车道每车平均信控延误(s/veh)；

d_1—均匀延误，即车辆均匀到达所产生的延误(s/veh)；

d_2—随机附加延误，即车辆随机到达并引起超饱和周期所产生的附加延误(s/veh)；

d_3—初始排队附加延误，即在延误分析初期停有上一时段积余车辆而使后续车辆产生的附加延误(s/veh)。

①设计交叉口。对于设计交叉口，因必须达到设计服务水平的要求，不该出现初始排队附加延误，故设计交叉口时，各车道延误用式9-6、式9-7和式9-8估算：

$$d=d_1+d_2 \tag{9-6}$$

$$d_1=0.5C\frac{(1-\lambda)^2}{1-\min[1,x]\lambda} \tag{9-7}$$

$$d_2=900T\left[(x-1)+\sqrt{(x-1)^2+\frac{8ex}{CAP\cdot T}}\right] \tag{9-8}$$

式中：C—周期时长(s)；

λ—所计算车道的绿信比；

x—所计算车道的饱和度，即交通流量与通行能力之比；

CAP—所计算车道的通行能力(pcu / h)；

T—分析时段的持续时长(h)，取0.25h；

e—单个交叉口信号控制类型校正系数，定时信号取e=0.5；感应信号e随饱和度与绿灯延长时间变化。

②原有交叉口。对原有交叉口作延误评估时，应考虑初始排队的延误，即式9-9：

$$d=d_1+d_2+d_3 \tag{9-9}$$

d_1按式9-10计算：

$$d_1=d_s\frac{t_u}{T}+f_a d_u\frac{T-t_u}{T} \tag{9-10}$$

式中：d_s—饱和延误，按式9-11计算：

$$d_s = 0.5C(1-\lambda) \tag{9-11}$$

d_u—非饱和延误，按式9-12计算：

$$d_u = 0.5C\frac{(1-\lambda)^2}{1-\min[1,x]\lambda} \tag{9-12}$$

t_u—在T中积余车辆的持续时间(h)，按式9-13计算：

$$t_u = \min\left[T, \frac{Q_b}{CAP[1-\min[1,X]]}\right] \tag{9-13}$$

Q_b—分析期初始积余车辆(辆)，须实测；

f_a—绿灯期车流到达率校正系数，按式9-14计算：

$$f_a = \frac{1-P}{1-\lambda} \tag{9-14}$$

P—绿灯期到达车辆占整周期到达量之比，可实地观测；

d_2：用式9-8计算；

d_3：随式9-13算得的在T中积余车辆的持续时间t_u而定，

$$d_3 = \begin{cases} 3600\dfrac{Q_b}{CAP} - 1800T[1-\min[1,x]] & 若t_u = T \\ 1800\dfrac{Q_b t_u}{T\cdot CAP} & 若t_u < T \end{cases} \tag{9-15}$$

(2)各进口道的平均信控延误。按该进口道中各车道延误的加权平均数估算，见式9-16：

$$d_A = \sum_i d_i q_i / \sum_i q_i \tag{9-16}$$

式中：d_A—进口道A的平均信控延误；

d_i—进口道A中第i车道的平均信控延误；

q_i—进口道A中第i车道的小时交通量换算为其中高峰15min的交通流率。

(3)整个交叉口的平均信号控制延误

按该交叉口中各进口道延误的加权数估算见式9-17：

$$d_I = \sum_A d_A q_A / \sum_A q_A \tag{9-17}$$

式中：d_I—交叉口每车的平均信控延误；

q_A—进口道A的高峰15min交通流率。

3.信号交叉口服务水平

根据《城市道路平面交叉口规划与设计规程(上海市工程建设规范DGJ 08—96—2013)》[1]，平面交叉口设计阶段宜采用延误作为信号交叉口服务水平的评价指标，该延误是高峰15min分析期间的交叉口平均每车信号控制延误。

表9-3　信号交叉口服务水平[1]

服务水平	平均每车信号控制延误(s/辆)
A	≤10
B	11～20
C	21～35
D	36～55
E	56～80
F	>80

若无法计算获取交叉口信号控制延误，可采用饱和度作为信号交叉口服务水平的评价指标，服务水平分级列于表9-4。

表9-4　信号交叉口服务水平[1]

服务水平	饱和度
A	≤0.6
B	0.6～0.7
C	0.7～0.8
D	0.8～0.9
E	0.9～1
F	＞1

第四节　基于仿真的评价方法

一、运用仿真软件评价的优点

交通效益评价指标也可以通过仿真手段获取。交通仿真分析已被证明是交通系统评价的有效手段。与现场试验相比，用仿真模型进行影响评价要便宜和灵活得多，可以在方案研究阶段进行比较与优选。具体来说，运用仿真软件进行系统评价具有以下优点：

(1)可以不断重复某种道路、交通条件下交通流的随机状态。

(2)利用实验采集的数据标定模型参数后，通过仿真试验可生成大量接近实际情况的仿真数据，从而对实测数据进行合理拓展。

(3)可以对真实世界中尚未得到实施的方案进行细致分析，对已实施的技术提出优化建议，在不对现有交通系统产生任何干扰下进行多种方案的检验。

(4)利用仿真模型，可直接与实际系统相连，还可很好地控制交通条件、道路条件，反映个别因素对交通流的影响。

(5)通过动画仿真或虚拟现实，可以直观感受到道路、交通条件变化对交通流的影响，还可对系统操作者及使用者提供类似现实的训练，展现不同交通设计方案下交通流运行状态的变化过程。

(6)仿真模型可分为宏观、中观和微观三种。微观仿真模型能非常细致地描述交通设施及交通条件影响下车辆之间的相互作用，它对交通流的描述是以单个车辆(或行人)为基本单元的，车辆在道路上超车、跟车及车道变换行为都能得到较真实的反映，更加适用于交通设计方案的评价分析。

常用交通仿真系统有VISSIM、PARAMICS、AIMSUN/2、CORSIM等。

二、交通仿真要点

交通仿真是重复再现交通现象的工具，由于每一次仿真的运行都具有一定的随机性，且不同设计方案的具体道路交通参数不同，因此保证仿真与交通实际运行情况最大程度的相符至为重要。为此，进行交通仿真时必须留意以下方面：

(1)仿真运行的次数。由于仿真的随机性，所以应该对每一交通设计方案改变仿真随机种子重复运行，选取各运行方案的平均值作为最终仿真结果。

(2)道路交通相关参数的设定与标定。仿真软件中都设置了默认的仿真参数，如车速、跟车模型等，应结合实际的道路交通情况，通过现场观测等手段，校正仿真软件中的各项参数，以保证评价结果的真实性。

(3)确定评价指标(主要包括延误、停车次数、运行车速、排队长度、通行能力)，根据实际需求确定交通仿真检测间隔(如周期时长、间隔时间5min等)，评价指标的检测间隔不宜过大。

(4)在对比改善方案与现状方案的交叉口交通效益时，改善方案仿真结果不应与现状调查的效益指标进行对比。建议同时建立现状方案的仿真模型，并将改善后和现状的仿真结果对比评价。

本章参考文献

[1]上海市城乡建设和交通委员会.城市道路平面交叉口规划与设计规程:DGJ 08—96—2013[S],2013.

[2]杨晓光，等.城市道路交通设计指南[M].北京:人民交通出版社，2003.

第十章 综合交通设计实例

实例一:大型正交十字交叉口

1.交叉口概况

该示例交叉口位于城市新规划区域,区域路网规划为纵横交错的方格网。目标交叉口交叉道路规划道路等级均为主干道,道路横断面为四幅路,路段为双向6车道。交叉口位于的规划片区未来将是城市重点发展片区,因此设计需要考虑满足较大车流量需求。

2.设计需求

(1)交叉口渠化设计需要满足未来发展可能存在的大流量需求;

(2)交叉口面积较大,需要通过合理交叉口渠化实现交叉口内部利用率最大化;

(3)重视慢行交通设计的连续性和慢行交通与机动车道的协调设计。

3.设计要点

(1)交叉口道路拓宽为进口道6条车道(1条右转车道,3条直行车道,1条左转车道,1条掉头车道),出口道4条车道,拓宽车道用以满足大流量需求。

(2)道路横断面设计为四幅路,道路中部设计采用宽绿化带作为中央分隔带,机动车道和自行车道采用绿化带作为分隔。中部绿化带在靠近交叉口处开口供到达车辆掉头,如图10-1(a)所示。

(3)交叉口内部渠化设计左弯待转区以提高交叉口内部空间利用率,如图10-2所示。

(4)在交叉口各个方向设置行人、非机动车过街横道,道路中间设置行人过街安全岛,增加过街的安全性。

(5)在人行横道两端进行无障碍设计设置缓坡,自行车左转二次过街。在人行横道和自行车横道上加矮墩,以防止机动车利用该空间穿行或掉头,如图10-1(b)所示。

(6)大型正交交叉口交通设计示例如图10-3所示。

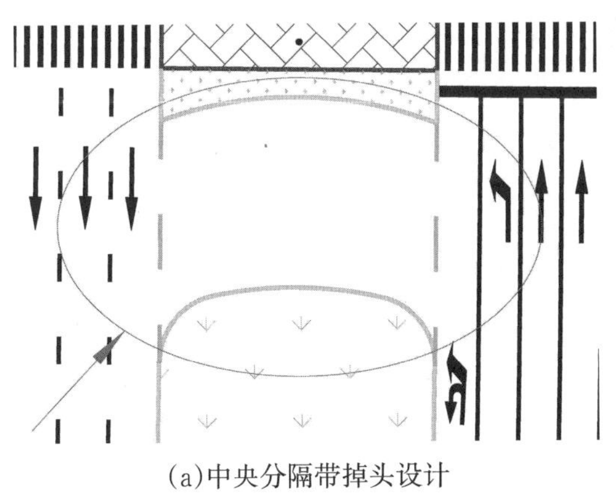

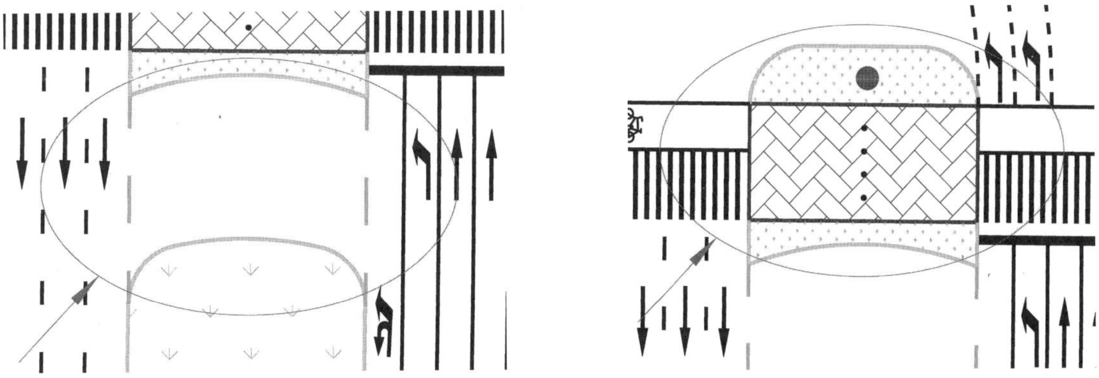

(a)中央分隔带掉头设计

(b)行人过街安全岛及矮墩设计

图10-1　交叉口设计图

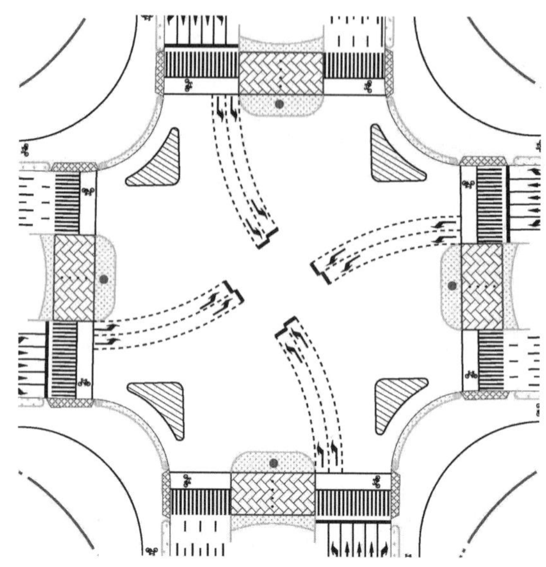

图10-2　交叉口内部渠化左弯待转区设计图

扫码观看详图

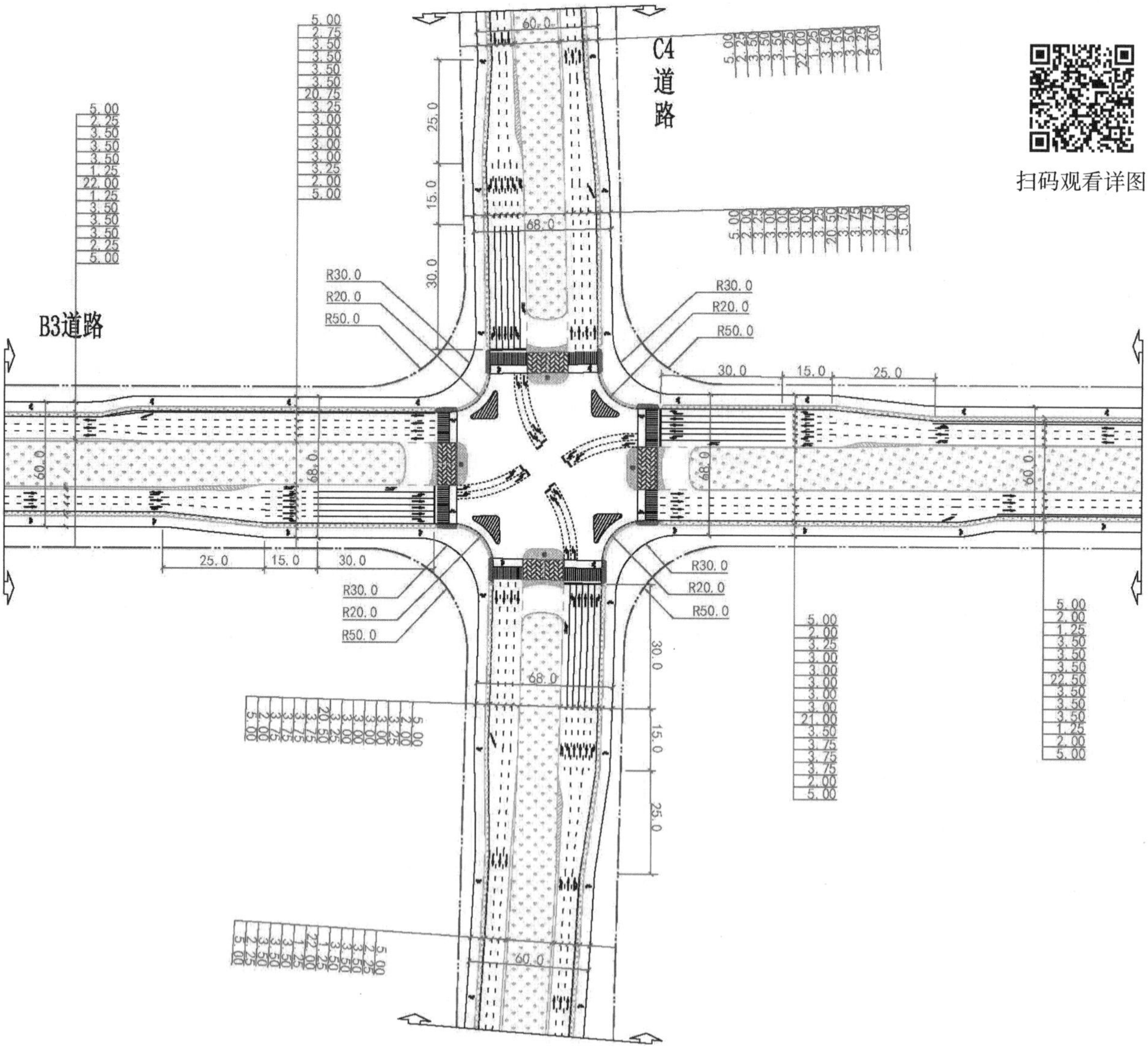

图10-3　大型正交交叉口交通设计示例图

实例二:小型正交十字交叉口

1.交叉口概况

该示例交叉口为规模较小的正交十字交叉口。相交的东西向道路为双向4车道,道路横断面为四块板;南北向道路为双向6车道,道路横断面为四幅路。该交叉口现状各个方向通行的车流量都较大,慢行交通与机动车混行,存在安全隐患,交叉口红线范围内有拓宽条件。

2.设计需求

(1)交叉口渠化设计与交叉口信号配时相协调,提高交叉口内部空间利用率的同时为南北对向错位车流引导。

(2)交叉口北出口处有一个临近出入口,需考虑车辆出入需求。

(3)交叉口现状车流量较大,相交道路宽度有限,交叉口进口道需要横向拓宽。

(4)重视慢行交通设计的连续性和慢行交通一体化设计,实现机非分离。

3.设计要点

(1)交叉口各方向进口均横向拓宽两个车道,拓宽车道以满足大流量需求,如图10-4所示。

(2)道路横断面设计为四幅路,受到路幅限制采用栏杆作为中央分隔带,机动车道和自行车道采用绿化带和栏杆相互配合作为分隔。

(3)交叉口内部渠化配合信号配时,设计左弯待转区以提高交叉口内部空间利用率,如图10-5所示。南北向有导向线引导车流直行方向。

(4)为了避免右转车流与直行车流分流和合流时出现冲突,北出口单独设置右转专用道,西出口右转(外侧)出口道与其他出口道之间用标线过渡收窄,以达到车辆转弯减速的目的,东进口设置右转专用道,并用标线隔开,如图10-6所示。

(5)东进口配合右转专用道在标线处设置了两处连续的灯柱和标志牌,以提醒右转车辆,如图10-7所示。

(6)交叉口内部非机动车道利用缓坡抬高与人行道共板,实现慢行交通一体化设计和机非分离,如图10-8所示。

(7)小型正交交叉口交通设计示例如图10-9所示。

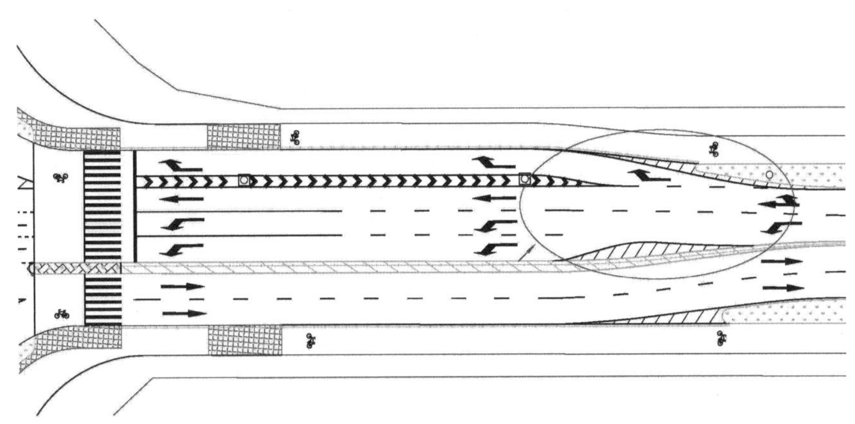

图10-4　交叉口进口道横向拓宽,四块板道路横断面(以东进口为例)

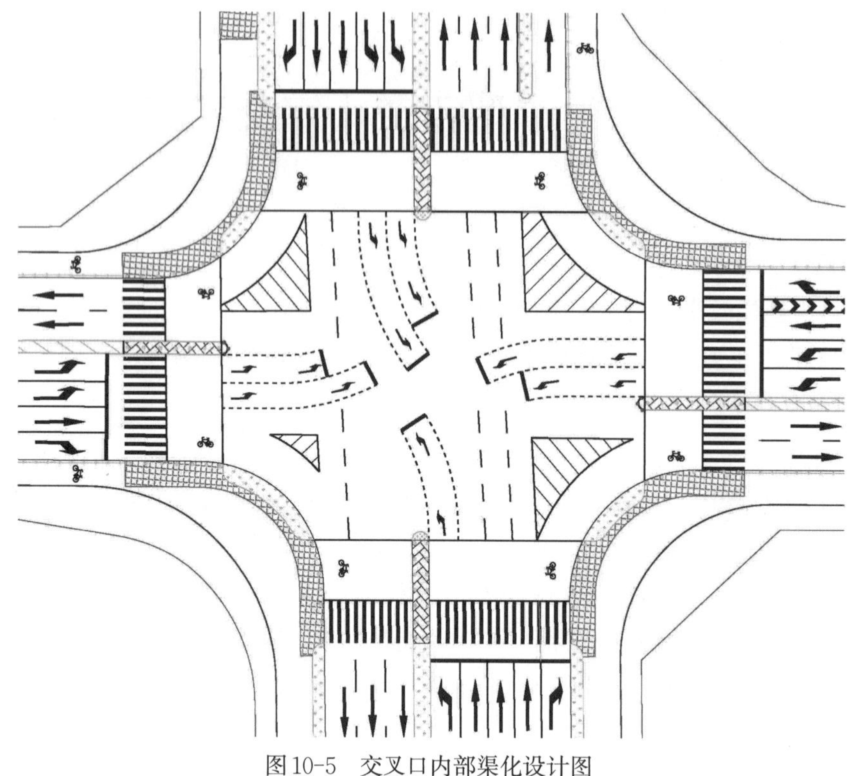

图10-5　交叉口内部渠化设计图

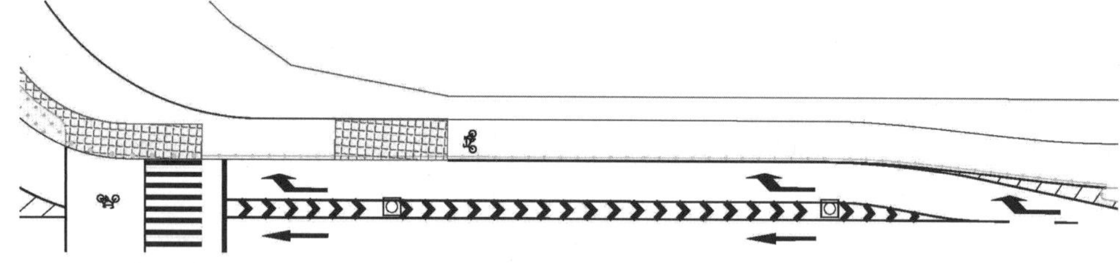

(a)东进口右转专用道

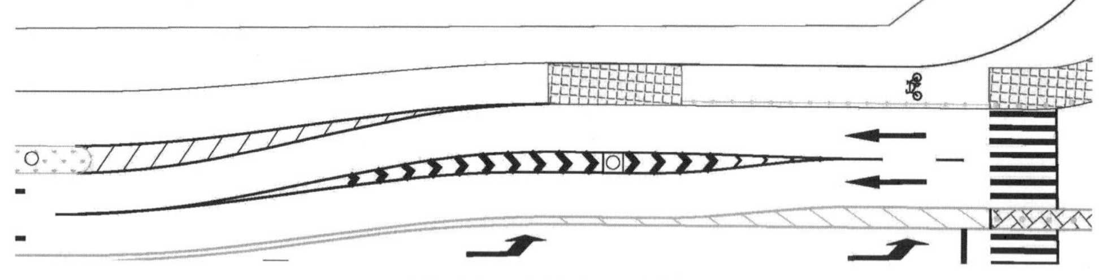

(b)西出口右转出口道合流

图10-6 交叉口进出口右转保护设计

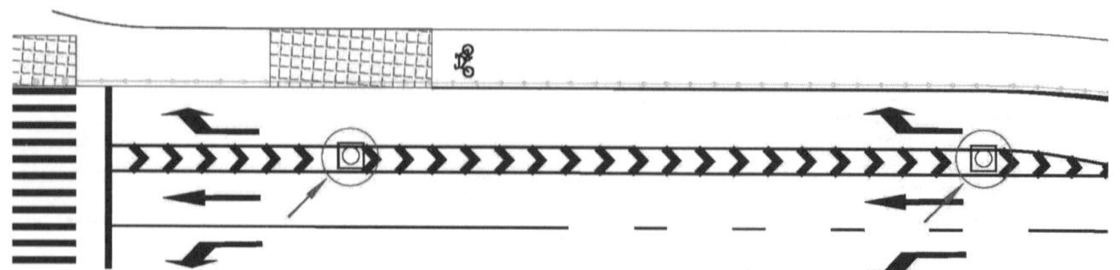

图10-7　进口道处灯柱标志牌设计

缓坡下降
缓坡上升

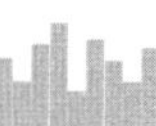

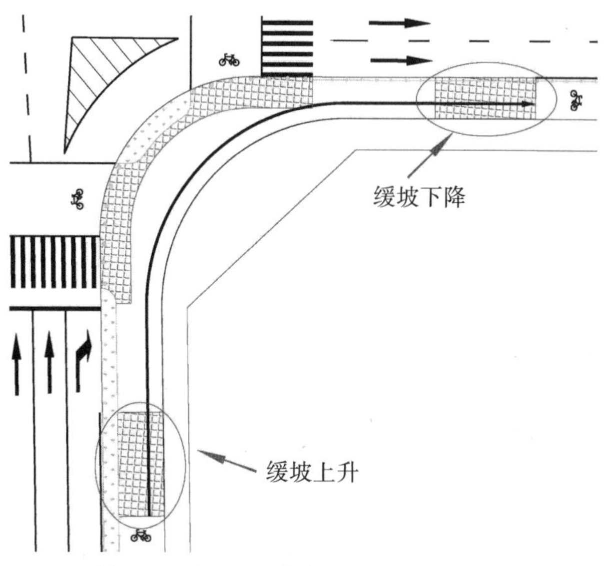

图10-8 交叉口内部慢行交通一体化设计

济某路
安某路
安某路
济某路

图10-9 小型正交交叉口交通设计示例图

扫码观看详图

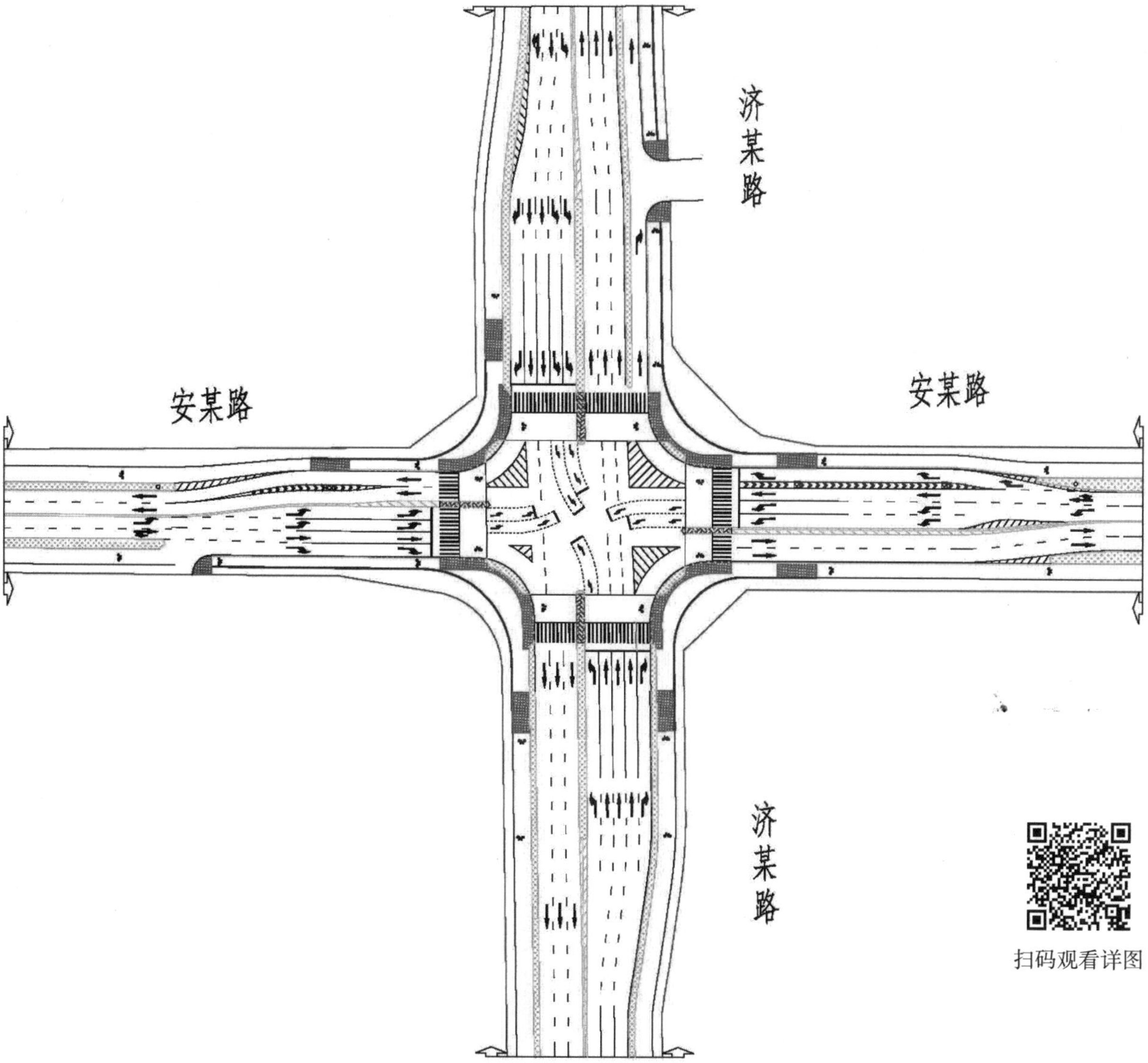

实例三:斜交十字交叉口

1.交叉口概况

该交叉口为东西向倾斜的斜交十字交叉口,由南北向泰某路和东西向金某路相交形成。南北向泰某路和东西向金某路道路横断面均为三幅路,双向4车道。

2.设计需求

(1)目标交叉口现状慢行交通较多,车流运行混乱。

(2)交叉口斜交,交叉口内部渠化需要导流线引导车流方向。

(3)相交道路在交叉口进口道处有横向拓宽的需求,但交叉口红线范围有限,需要在现状基础上压缩分隔带。

3.设计要点

(1)本设计图范围到非机动车道边线为止,不包括人行道。

(2)交叉口内部通过标线进行渠化和导流,引导车流有序行驶。

(3)根据流量情况对车道功能进行了重新划分,交叉口内部渠化设计如图10-10所示。

(4)对各路口进口道进行拓宽设计,在泰某路南进口东侧局部拆除机非分隔带,在泰某路北进口对道路两侧分别拓宽0.5m,压缩并偏移中央分隔带,如图10-12所示。

(5)泰某路与金某路交叉口区域内采用慢行交通一体化处理,见图10-11,即行人、非机动车在同一道路平面上行驶,其中非机动车道采用柔性路面铺装(可带彩色铺装),非机动车道与人行道之间无硬性隔离,可每隔一定距离(如5m或10m)种植树木间隔,两者道路资源可共用,非机动车道路沿石边缘设置隔离栏杆(高约1m)。

(6)在接近交叉口处将非机动车道抬高至人行道高度,设置无障碍缓坡,使非机动车顺车道上坡。在交叉口处进行相关协调设计,非机动车左转实行二次过街模式。行人过街横道宽度为5m,非机动车过街横道宽度为4m。

(7)在泰某路北进口及金某路进口道路中央设置行人过街驻足区,过街横道两端设置缓坡,驻足区缓坡处设置保护桩,以防止机动车穿行。

(8)详细设计尺寸见标注,斜交交叉口交通设计示例如图10-13所示。

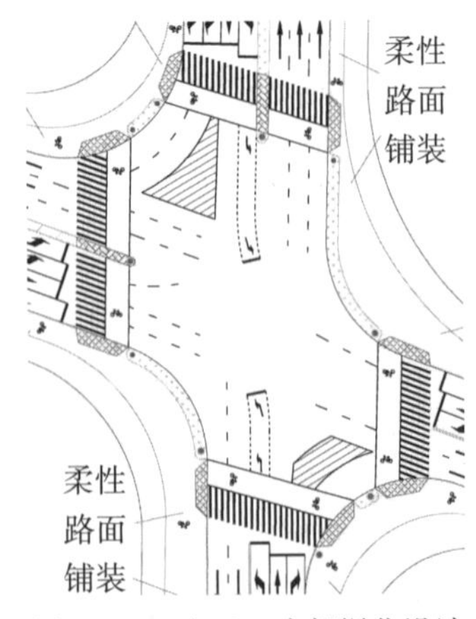

图10-10　交叉口内部渠化设计

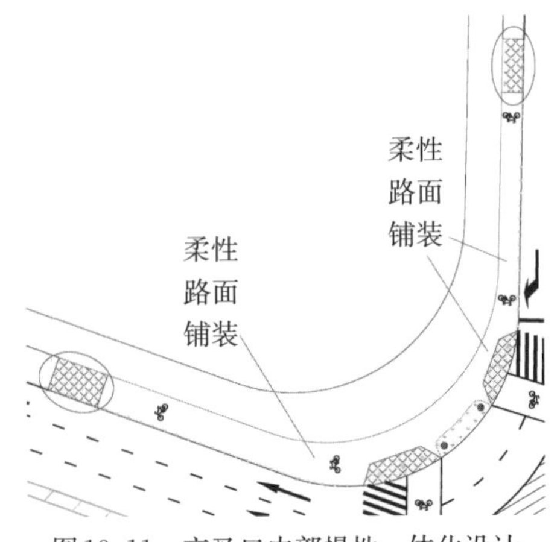

图10-11　交叉口内部慢性一体化设计

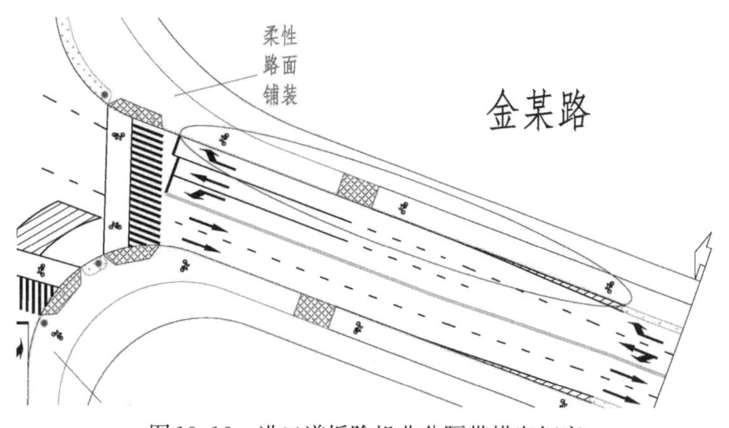

图10-12　进口道拆除机非分隔带横向拓宽

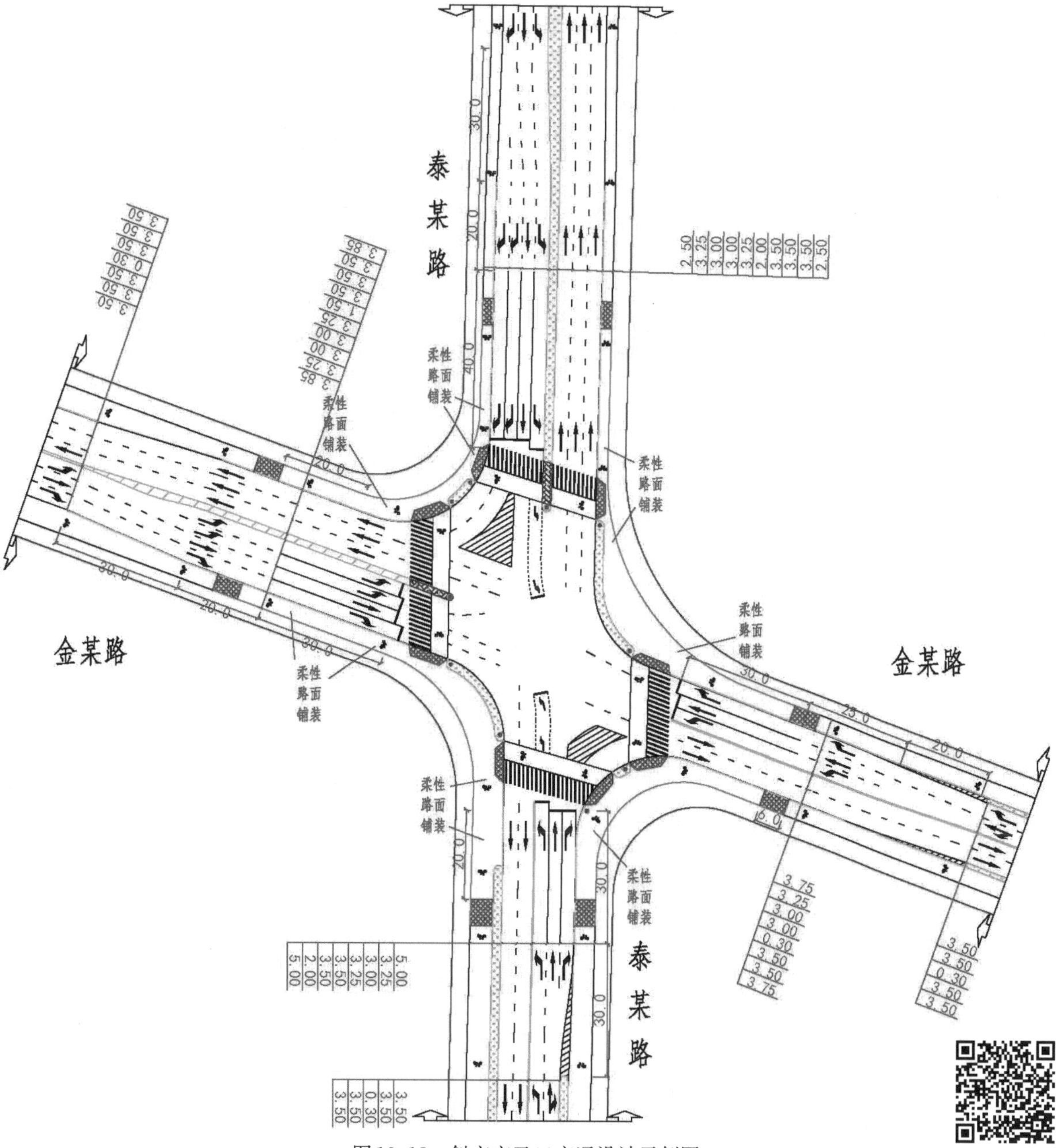

图10-13　斜交交叉口交通设计示例图

扫码观看详图

实例四:Y形交叉口(内部渠化)交通设计

1.交叉口概况

东某大道-延某路交叉口为东某大道、大某中路、延某路相交而成的Y形交叉口,相交道路均为单幅路,东某大道及大某中路路段为双向6车道,延某路路段为双向4车道。东某大道为该片区重要的南北通道。该路口为东某大道的南端点,周围分布有酒店、汽车站等交通吸引点。东某大道-延某路交叉口现状如图10-14所示。东某大道-延某路各进口道高峰小时交通量统计如图10-15所示。

图10-14　东某大道-延某路交叉口现状

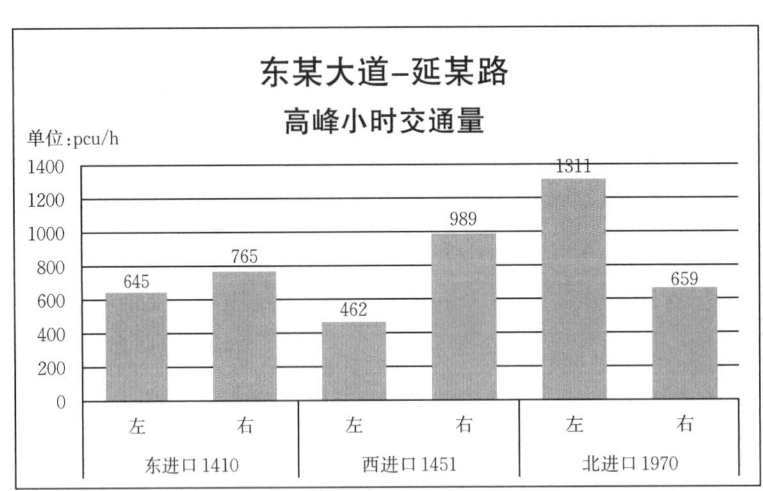

图10-15　东某大道-延某路交叉口高峰小时交通量(单位:pcu/h)

2.存在问题

(1)早晚高峰时段,东某大道以及大某中路路段交通流量较大,且有潮汐现象

(2)交叉口范围较大,行人过街距离较长

(3)缺乏无障碍过街设施,行人过街不便

(4)交叉口范围内违法停车现象严重,影响交通秩序和安全。

3.改善要点

(1)交叉口内部合理渠化,规范车辆行驶轨迹,缩小交叉口范围,提高运行秩序。

(2)改善行人过街设施,缩短行人绕行距离。

(3)加强行人过街指引,引导行人安全过街。

(4)Y形交叉口(内部渠化)交通设计示例如图10-16所示。

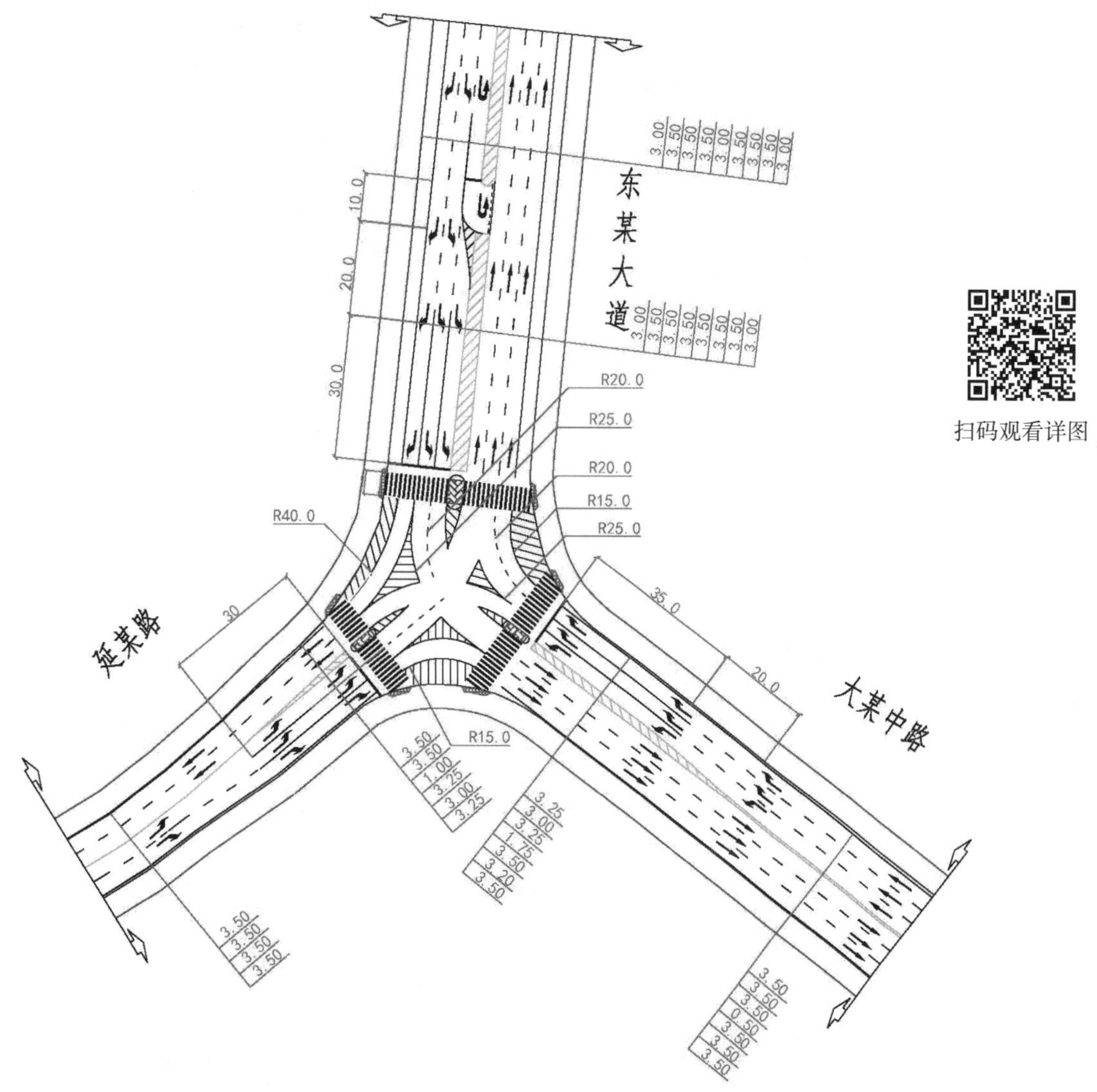

扫码观看详图

图10-16　Y形交叉口(内部渠化)交通设计示例图

实例五:Y形交叉口(中央安全岛)交通设计

1.交叉口概况

梵某山大道-铜某东路交叉口为梵某山大道、铜某东路交叉而成的Y形路口,现状相交道路均为单幅路，梵某山大道路段为双向4车道，铜某东路路段为双向2车道。周围分布有中学、医院等交通吸引点。梵某山大道-铜某东路交叉口现状及各进口道高峰小时交通量统计如图10-17和图10-18所示。

图10-17　梵某山大道-铜某东路交叉口现状

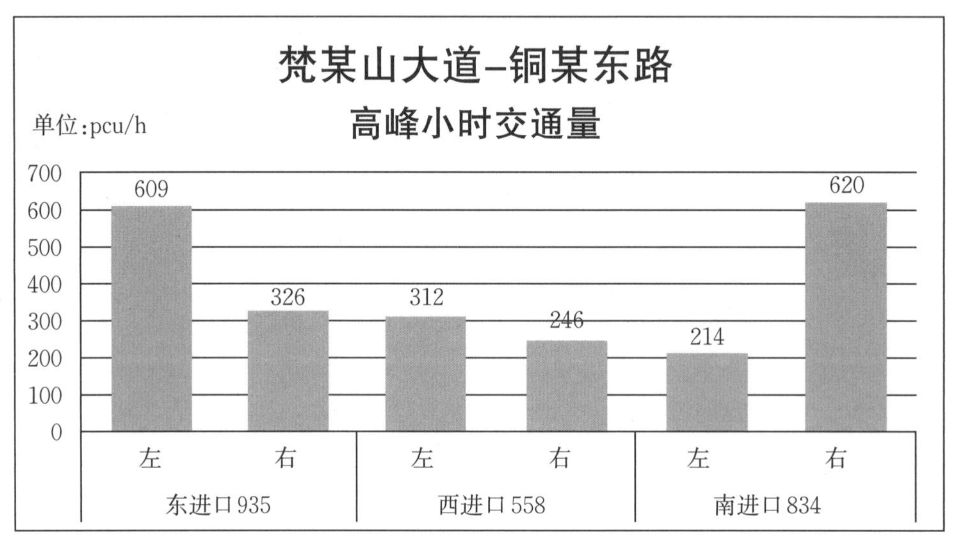

图10-18　梵某山大道-铜某东路交叉口高峰小时交通量(单位:pcu/h)

2. 存在问题

梵某山大道在铜某东路和铜某西路之间的路段为双向4车道，其余路段为双向6车道，该路段为整个南北通道的瓶颈。铜某东路在该路段处路边随意停车现象较多，进一步降低了交叉口通行能力，行人过街设施不够完善，有待改进。

3. 改善要点

(1)交叉口内部合理渠化，规范转向交通流秩序。

(2)交叉口中央设置渠化岛，提供中央驻足区。

(3)适当减小右转弯半径，降低右转车辆速度，提高交叉口安全性。

(4)规范设计路边停车泊位，减少路边停车对道路交通的影响。

(5)增设慢行交通无障碍设施，增强交叉口人性化。

(6)Y形交叉口(中央安全岛)交通设计示例如图10-19所示。

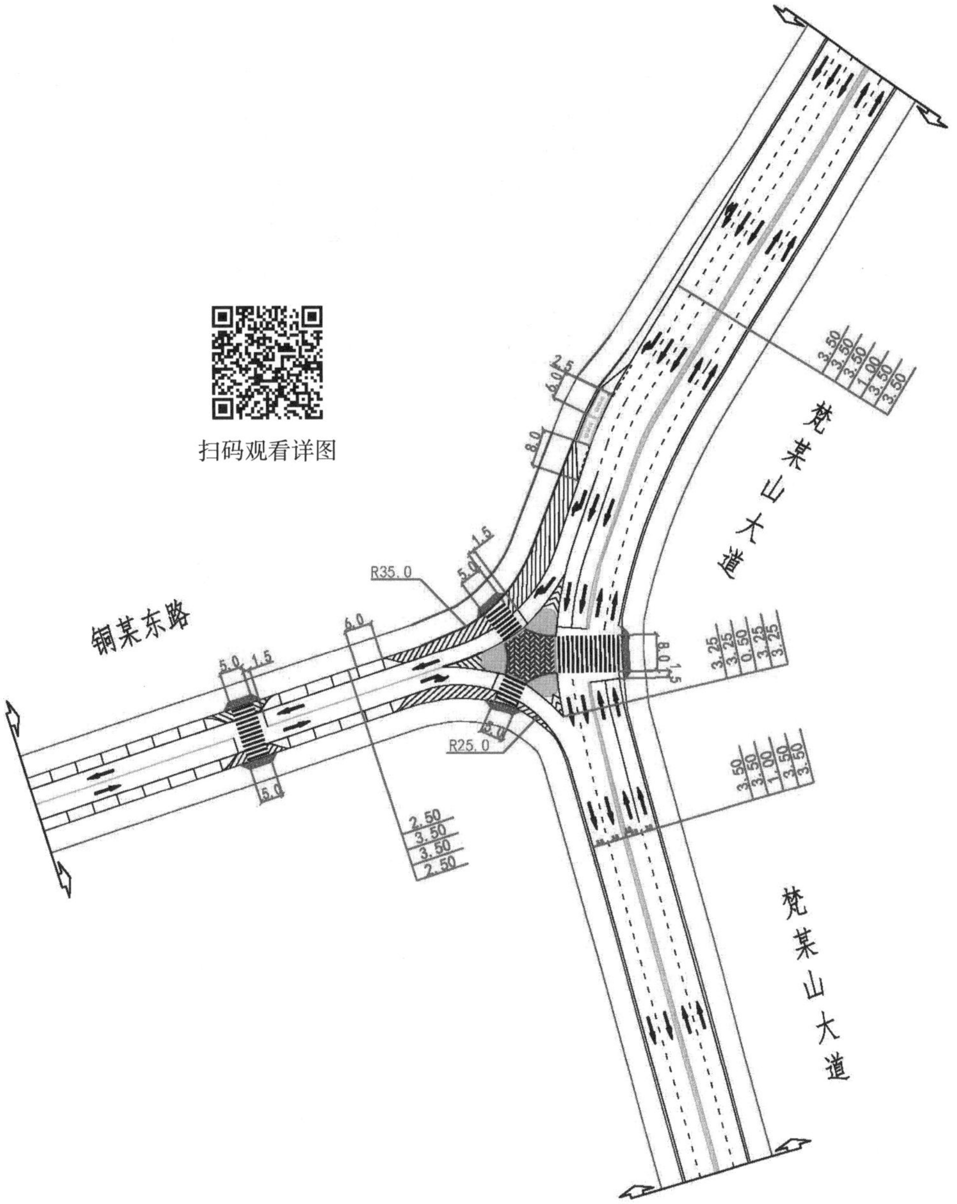

扫码观看详图

图10-19　Y形交叉口(中央安全岛)交通设计示例图

实例六:T形交叉口交通设计

1.交叉口概况

长某路-沙某西路为T形交叉口,相交道路均为城市主干道。该交叉口临近步行街,由于步行街商业的吸引,横穿长某路的行人流量非常大。长某路-沙某西路交叉口现状如图10-20所示。其相交道路条件如表10-1所示。

图10-20　长某路-沙某西路交叉口现状

表10-1　长某路-沙某西路交叉口相交道路条件

进口方向	道路名称	道路等级	断面形式	路幅(m)	路段上机动车道数	进口道车道功能划分
西	沙某西路	主干道	三幅路	26	双向2车道	1左+1右
南	长某路	主干道	三幅路	20	双向2车道	1直左混行
北	长某路	主干道	三幅路	20	双向2车道	1直右混行
注:(1)路幅不包括人行道宽度;(2)各出口道没有增减车道。						

2.信号控制

该交叉口实行二相位控制。现状控制方案见表10-2。

表10-2　长某路—沙某西路现状控制方案

相位	时长
南北直行,南左转,北右转	40s
西左转右转,北右转	26s
周期	66s

3.交通需求

沙某路交通流量以南北向直行和西进口左转为主。长某路-沙某西路交叉口各进口高峰小时流量见表10-3。

表10-3　长某路-沙某西路交叉口高峰小时流量

进口	西			南			北		
流向	左	直	右	左	直	右	左	直	右
流量(pcu/h)	209	0	303	233	438	0	0	503	184
合计	1870								

4.存在问题

长某路作为交通主干道,也承担了商业街的功能。沿线分布了大量的商店、银行、酒店等商业和生活场所。同时大量的集散点、进出交通和过街慢行交通流,对长某路主线交通有很大的影响。双重的道路功能,相互影响,相互制约,降低了长某路的通行效率。受长某路横断面机动车道宽度的限制,交叉口进口道车道数不满足现状交通需求,交叉口的车道功能简单地划分为直左右,与各个方向的机动车流量不匹配。运行的结果导致部分流向排队较长,其他流向基本上没有排队,这种情况造成交叉口的时空资源的巨大浪费,严重降低了交叉口的通行效率。现状交叉口实行二相位信号控制,行人、自行车、机动车之

间相互干扰，导致交叉口秩序混乱。

5.改善要点

针对前述问题，主要从如下几方面进行改善：

(1)重新划分车道功能以充分利用交叉口现有的道路资源。

(2)对信号控制方案进行调整，以充分利用交叉口时空资源。

(3)对车道衔接和交叉口内部区域的渠化进行优化，使行车轨迹更为明确，提高行车秩序。

(4)T形交叉口交通设计示例如图10-22所示。

6.渠化设计

(1)机动车道功能设计。根据交通需求，西进口增加1条车道，南进口和北进口分别增加2条车道。各进口车道功能设计见表10-4。

表10-4 车道功能布局表

进口方向	现状车道功能设计	改善车道功能设计
西进口	2进(1左+1右)1出	3进(2左+1右)2出
南进口	1进(直左)1出	3进(1左+2直)3出
北进口	1进(直右)1出	3进(2直+1右)2出

(2)交叉口内部道渠化设计。对车道衔接和交叉口内部区域的渠化进行优化，使行车轨迹更为明确，提高行车秩序及通行能力。详细设计见图10-22。

(3)步行和自行车过街空间设计。对步行和自行车的通行空间和过街方式进行调整。设置栏杆禁止非机动车进入交叉口内部区域，使其在外围通行；另外，设置左转自行车待行区，实行自行车左转二次过街。

根据机动车左右转半径要求调整机动车边线位置，在此基础上布设行人过街横道。在过街人行横道的两端设置无障碍缓坡，这同时也为自行车提供了更大的待行和绕行空间。

7.信号控制设计

针对晚高峰交通需求，考虑各进口机动车交通需求的差异，分别设计信号控制方案。晚高峰方案可应用于16:30～18:30，其他平峰时段可参照晚高峰方案，适当减小信号周期。

晚高峰期间，采用三相位信号控制，周期112s，相位相序和各流向配时图如图10-21所示。

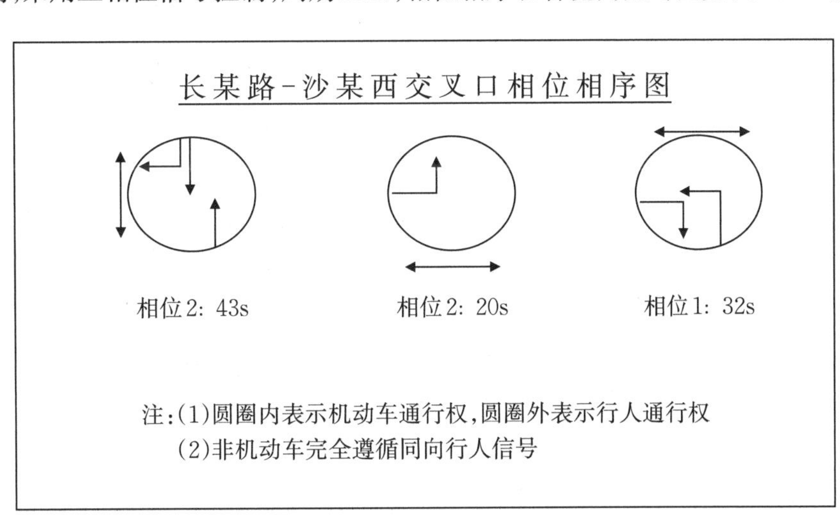

图10-21 晚高峰信号相位相序图

行人相位安排与机动车相位安排基本一致。需注意的是,行人绿灯结束前应采用绿闪,以警示行人和自行车。

信号控制方案中,左转自行车无法一次过街而需采用二次过街,并且自行车过街遵循行人过街信号灯指示:本进口行人绿灯亮时左转自行车尾随直行自行车行至对面左转候车区内,待下一进口的行人绿灯亮时再前行,即变左转为两次直行。

8.管理措施

(1)自行车二次过街管理。起初实行自行车二次过街时,应由交通协管员监督。自行车的通行空间被压缩后,地面上加相应的引导标识。通过空间上的分离措施使直行自行车快速通过交叉口,尽量避免左转自行车二次待行时妨碍直行自行车通行。自行车过街应遵循行人信号灯,可设立警示标志牌。

(2)指路标志。为方便驾驶员选择合适的车道,特别是对于外地驾驶员,应在各进口道上游设置指路标志,指明每一流向所能到达的标志性建筑物。

9.方案评价

对早高峰的改善方案做评价,改善后各效益评价指标的计算结果如表10-5和表10-6所示。

表10-5 长某路—沙某西路交叉口改善方案评价(晚高峰)

进口方向		通行能力(pcu/h)	流量(pcu/h)	饱和度	停车延误(s)	停车次数	平均排队长度(m)	最大排队车辆数(veh)	服务水平
西	左	674	209	0.31	24.16	0.08	31.67	3	B
	右	539	303	0.56	20.61	0.27	25.77	6	C
南	左	539	233	0.43	18.94	0.16	24.45	5	B
	直	1539	438	0.28	12.44	0.03	16.34	4	D
北	直	769	503	0.65	16.77	0.28	20.21	9	C
	右	747	184	0.25	12.21	0.05	16.02	3	B
路口总计/平均		4807	1870	0.39	17.03	—	—	—	C

注:停车次数为车均停车次数,单位:次/车。

表10-6 各项指标改善前后对比

评价指标	通行能力(pcu/h)	饱和度	停车延误	服务水平
现状	3200	0.58	6.43	B
改善后	4807	0.39	17.03	C
变化幅度	上升50.2%	降低33%	增加62.2%	—

路口服务水平提高:交叉口通过合理的交通设计与信号控制,通行能力有极大的提高,提高了约50.2%,并且交叉口的饱和度有较大的下降,下降了33%,但是交叉口延误有所增加,增加了62.2%。虽然交叉口的延误增加了,但是各种冲突与干扰基本消除,交叉口的安全程度有了极大的提高。交叉口总体服务水平仍然保持在B级。通过协调控制设计,行车速度有所提高。

实行左转自行车二次过街,自行车通行稍有不便,但其安全性大为提高,对机动车的运行也非常有利,这是机动车控制方案的前提之一。

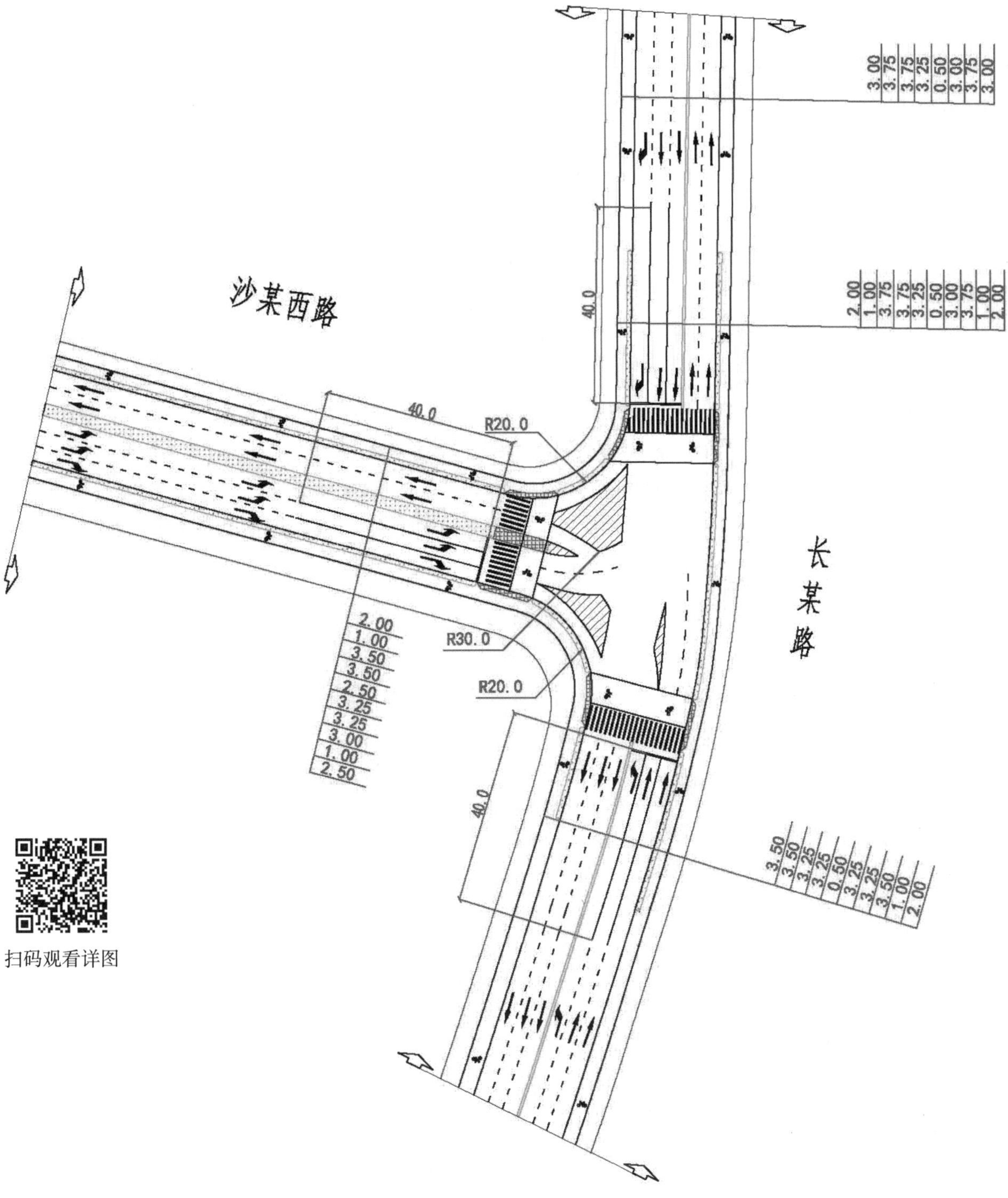

沙某西路

长某路

40.0

R20.0

R30.0

R20.0

40.0

40.0

3.00 3.75 3.75 3.25 0.50 3.00 3.75 3.00

2.00 1.00 3.75 3.75 3.25 0.50 3.00 3.75 1.00 2.00

2.00 1.00 3.50 3.50 2.50 3.25 3.25 3.00 1.00 2.50

3.50 3.50 3.25 3.25 0.50 3.25 3.25 3.50 1.00 2.00

扫码观看详图

图10-22 T形交叉口交通设计示例图

实例七:大型环形交叉口交通设计

1.交叉口概况

该示例交叉口由东西向道路北某路和南北向道路济某路交叉形成。东西向北某路路段红线宽度为60米,为城市东西向主干道,承担城市道路较大运量;南北向济某路是南北向最主要的通道之一,红线宽度为70米,双向8车道,规划主干道,承担着非常重要的交通功能,也是现状比较拥挤的道路之一。交叉口周边有商场、长途汽车总站等大型集散吸引点。

2.设计需求

交叉口相交道路均为城市主要通道,承担非常重要的交通功能,现状流量大、通行条件差导致通行效率低。且交叉口所处区位有许多大型集散吸引点,道路红线外现有建筑紧密,拓宽道路红线面临的拆迁工作量大。因此该交叉口改造重点设计需求是在有限的空间内尽可能多地增加道路通行能力。

3.环形交叉口与十字交叉口对比分析

交叉口有两个设计方案,其一是设计为环形交叉口(简称环岛),其二是设计为十字交叉口。对两个设计方案进行仿真,对比在同等进口道数量下总通行能力的大小,对比分析结果如下。

(1)同等进口道数量下,总通行能力环形交叉口比十字交叉口方案高出20%~30%,甚至更多,环岛与十字交叉口通行能力对比见表10-7。

表10-7 环岛与十字交叉口通行能力对比表

周期:90秒

十字交叉口:损失时间:16秒

环形交叉口:损失时间:24秒 环岛半径:25米

直行绿信比0.367 左转绿信比0.367 左转容量:750(25辆/周期)

左转绿灯时间:直行绿灯时间	环岛总通行能力	十字总交叉口通行能力	通行能力差值	通行能力增加比例	环岛左转总通行能力	十字左转总通行能力	通行能力差值
3:1	23950	16167	7783	0.32	2950	3250	-300
2:1	23950	16852	7098	0.3	2950	2740	210
1:1	23950	18222	5728	0.24	2950	2055	895
1:2	23950	19593	4357	0.18	2950	1370	1580

(2)随着左转绿信比的降低,环岛左转通行能力也迅速大于十字交叉口的左转通行能力,如图10-23所示。

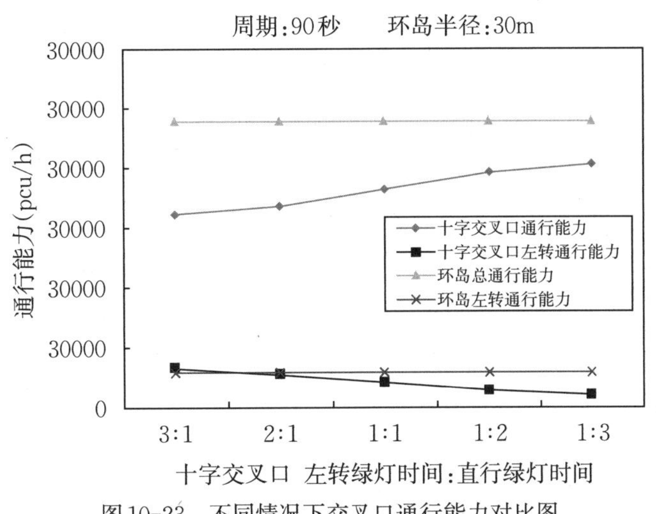

图10-23　不同情况下交叉口通行能力对比图

(3)环岛左转通行能力随半径变化规律如图10-24所示。当半径为30米时:一个周期环岛左转最多存车约25辆,左转及交叉口总通行能力与路段通行能力近似匹配。

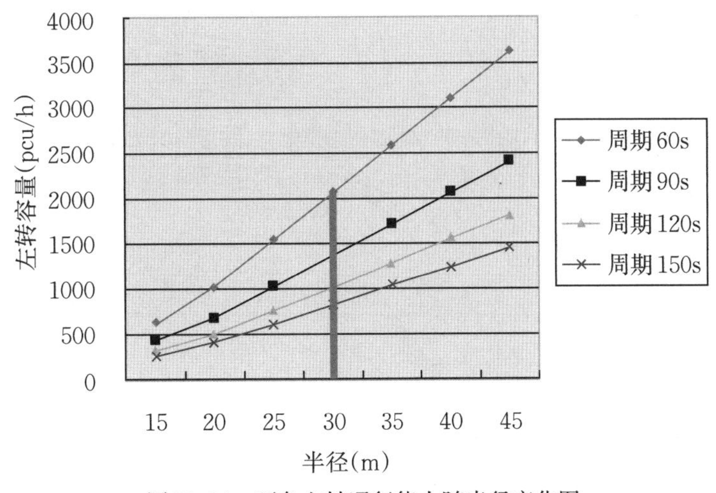

图10-24　环岛左转通行能力随半径变化图

综合对比分析后,得到关于同一交叉口环岛设计和十字设计方案通行能力分析初步结论如下:

(1)相同进口道和车道功能划分条件下,环形交叉口的通行能力大于十字交叉口的通行能力。

(2)60m直径的环岛基本上能够满足交叉口和路段通行的能力匹配。

(3)环岛/环形交叉口用地略大于十字交叉口,但可以增加绿化面积,用地面积远小于立交。

4.设计要点

(1)交叉口设计成环岛,相较十字交叉口增加了交叉口整体通行能力,使其满足道路拥挤流量需求。

(2)环岛内部通过信号配时形成左转车流二次放行,左转车流可以提前进入环岛内部等待,一个周期环岛左转最多存车约25辆,使左转通行能力满足需求,如图10-25所示。

(3)右转半径设计为70~80m以满足需求,如图10-26所示。

(4)交叉口改建为环岛后,为了安全起见,行人驻足区安全岛后移0.25米,如图10-27所示。

(5)大型环形交叉口交通设计示例如图10-28所示。

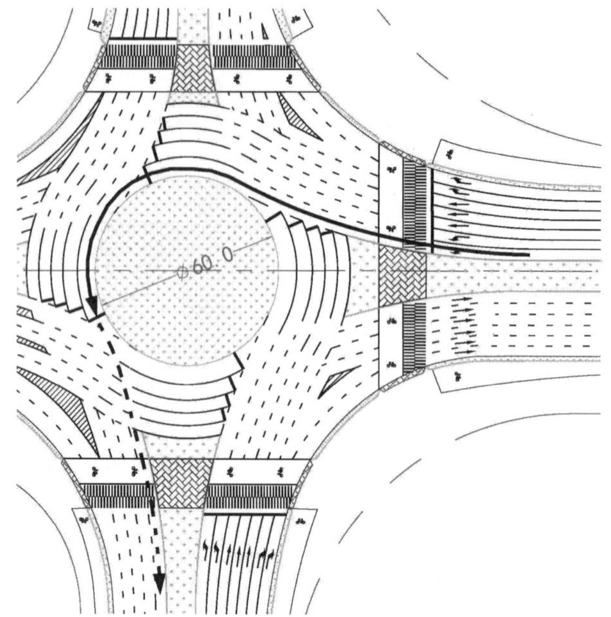

图10-25　环岛左转二次通行

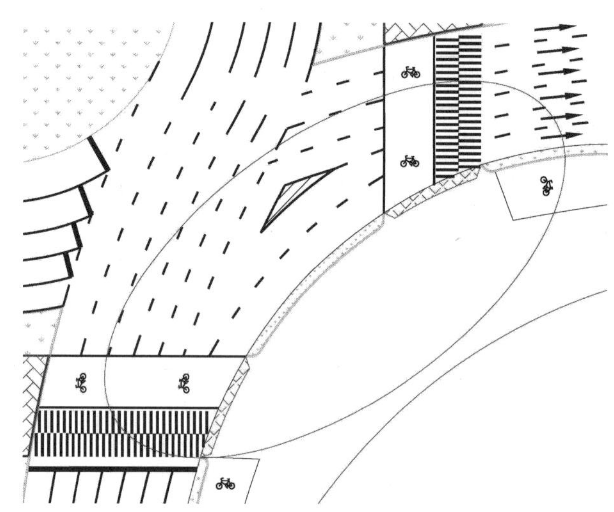

图10-26　右转半径70米(南进口)

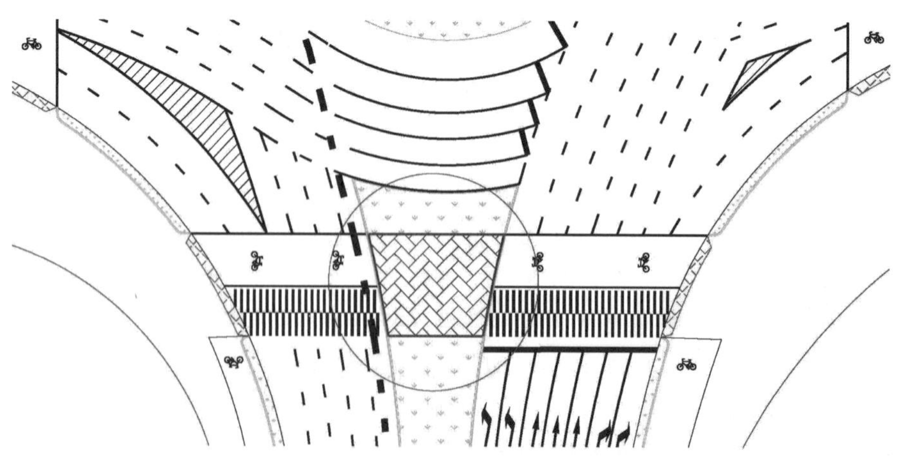

图10-27　人行驻足区安全岛后移

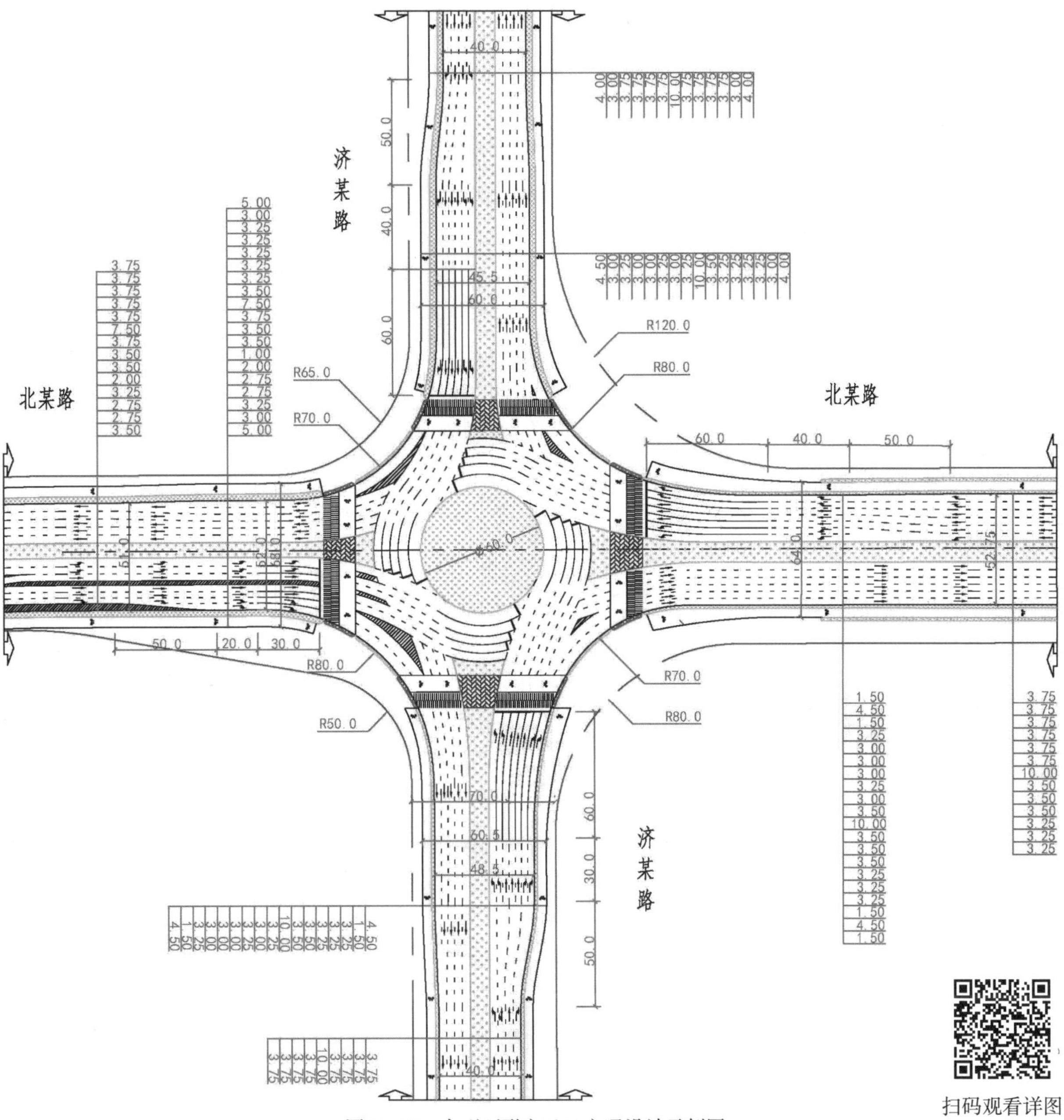

扫码观看详图

图10-28　大型环形交叉口交通设计示例图

实例八:小型环形交叉口交通设计

1.交叉口概况及问题

该示例交叉口由两条次干路相交形成,交叉口面积较小。改造前交叉口采用环岛设计,环岛中部有市标造型,改造需要考虑在保留市标建筑的基础上进行交通改造方案设计。改造前环岛无信号控制,总通行能力在约1000-2000veh/h,由于该环岛面积较小,且非机动车运行混乱,因此通行能力偏低,容易造成“锁死现象”,为改造需要重点解决的问题。

2.改善要点

(1)交叉口范围内,非机动车过街方式与行人相同,利用人行横道,左转自行车通过两次直行完成左转,如图10-29所示。

(2)进行信号配时设计,交叉口实施“单口放行控制”方式。

(3)原环岛市标外围需拆除,市标建筑物保留,如图10-29所示。

(4)左转车辆绕环岛行驶。

改善后环形交叉口总体通行能力提高为5656veh/h,各进口平均饱和度低于0.5,运行效率可靠,不容易出现“锁死现象”。小型环形交叉口改建示例如图10-29所示。

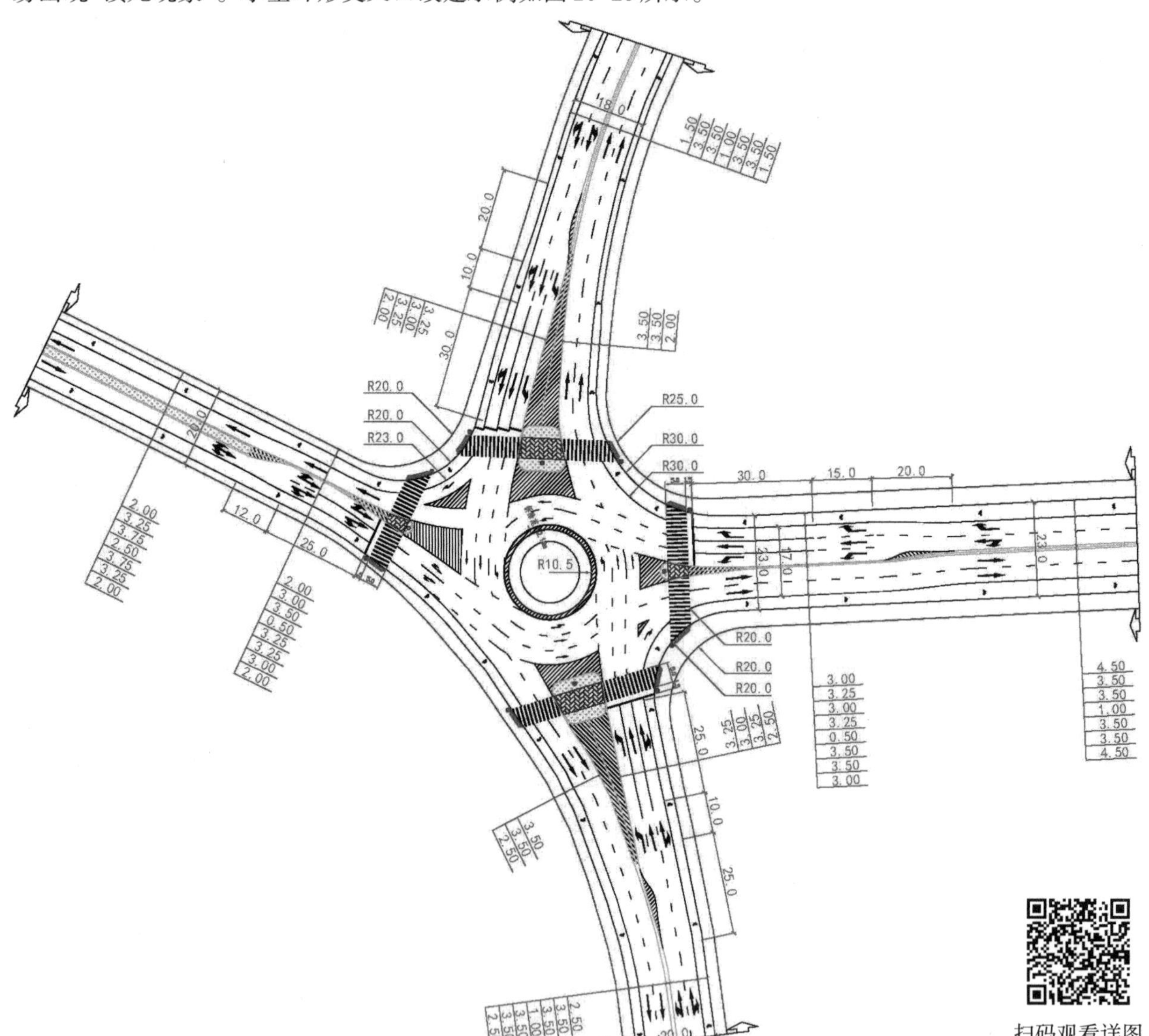

扫码观看详图

图10-29　小型环形交叉口改建交通设计示例图

第二部分

交通设计课程设计常用标准和规范

第十一章 交通设计相关规范及标准

第一节 概 述

交通设计上承交通规划，下接交通设施工程设计与交通管理。进行交通设计，必须以国家、城市现行的政策、法规和规范为依据，与城市的社会经济发展战略相适应；与城市总体规划、城市交通规划、城市用地规划相协调。在进行交通设计时，要尽可能借鉴城市总体规划、城市交通规划及建设的基础资料和成果，与城市交通规划及建设的现行标准和准则接轨。因此，本章根据交通设计的内容归纳了一些城市交通规划及建设常用的国家现行标准及准则，以供交通设计者参考。主要分为：城市道路交通规划设计相关规范标准、交通组织设计相关规范标准、交通设施设计相关规范标准、交通标志标线相关规范标准、交通信号控制设置相关规范标准、交通运行评价相关规范标准、停车场(库)设计相关规范标准。

第二节 城市道路交通规划设计相关规范标准

《城市综合交通体系规划标准》GB/T 51328—2018[1]

本标准自2019年3月1日起实施，适用于城市总体规划和城市综合交通体系规划。主要技术内容包括：总则、术语、基本规定、城市空间布局与综合交通、城市交通体系协调、规划实施评估、城市对外交通、城市内部客运枢纽、城市公共交通、行人与非机动车交通、城市货运交通、城市道路、停车场、交通调查与需求分析、交通信息化。城市总体规划和城市综合交通体系规划除应符合本标准外，尚应符合国家现行有关标准的规定。相关内容如图11-1所示。

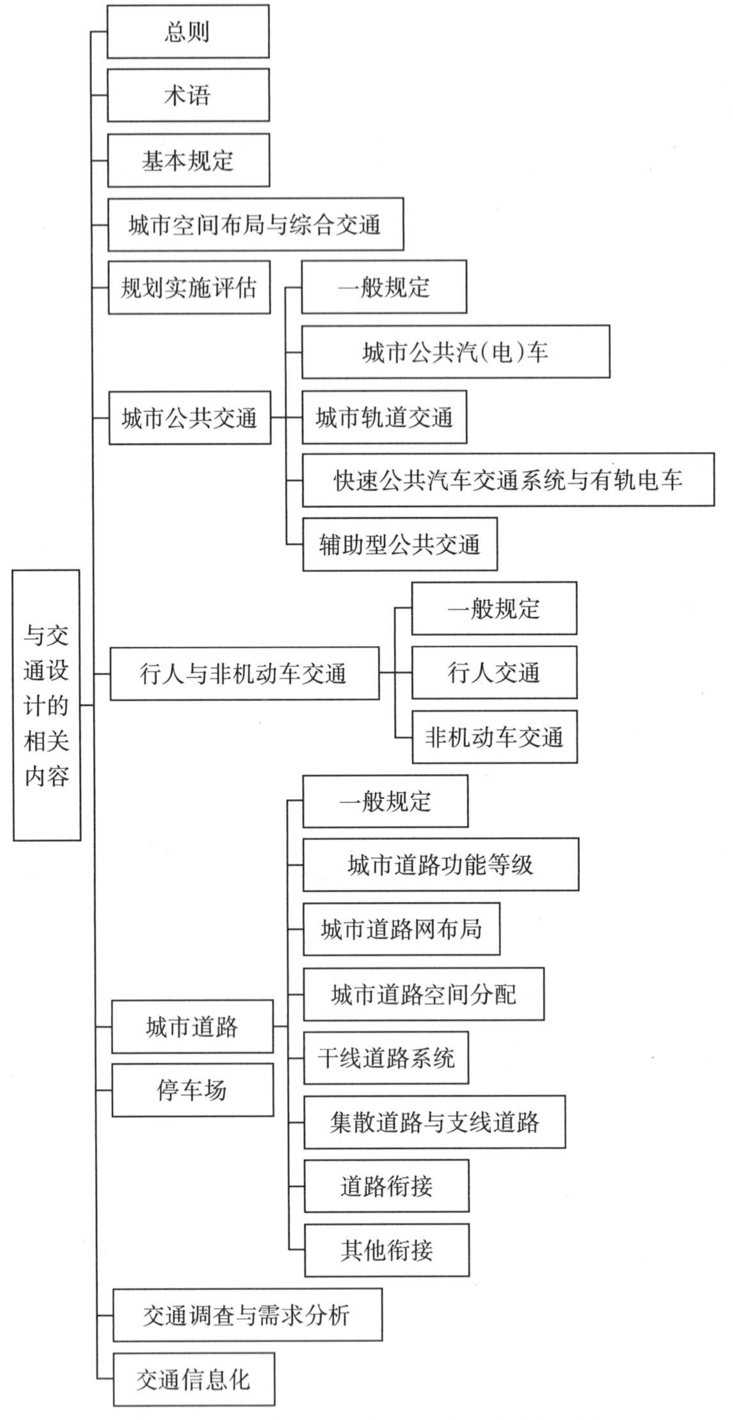

图11-1 《城市综合交通体系规划标准》相关内容

《城市道路交叉口规划规范》GB 50647—2011[2]

本规范自2012年1月1日施行,适用于城市规划各阶段相应的道路交叉口规划,以及城市道路平面交叉口或立体交叉的新建、改建与交通治理专项规划。主要内容包括:总则、术语和符号、基本规定、平面交叉口规划、立体交叉规划、道路与铁路交叉规划、行人与非机动车过街设施规划、公共交通设施规划、交叉口辅助设施等。本规范中以黑体字标志的条文为强制性条文,必须严格执行。城市道路交叉口除应符合本规范外,尚应符合国家现行有关标准的规定。相关内容如图11-2所示。

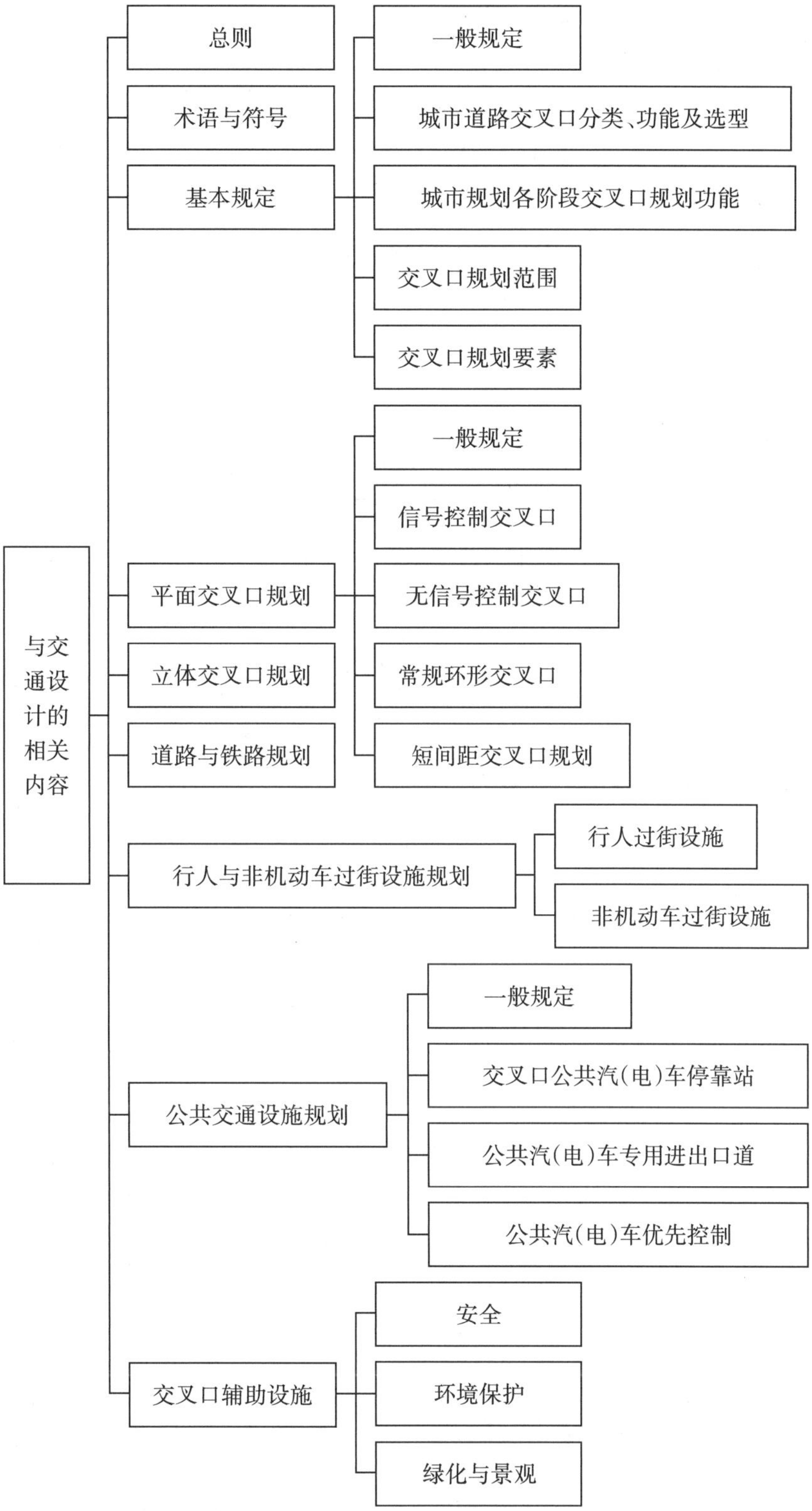

- 与交通设计的相关内容
  - 总则
  - 术语与符号
  - 基本规定
    - 一般规定
    - 城市道路交叉口分类、功能及选型
    - 城市规划各阶段交叉口规划功能
    - 交叉口规划范围
    - 交叉口规划要素
  - 平面交叉口规划
    - 一般规定
    - 信号控制交叉口
    - 无信号控制交叉口
    - 常规环形交叉口
    - 短间距交叉口规划
  - 立体交叉口规划
  - 道路与铁路规划
  - 行人与非机动车过街设施规划
    - 行人过街设施
    - 非机动车过街设施
  - 公共交通设施规划
    - 一般规定
    - 交叉口公共汽(电)车停靠站
    - 公共汽(电)车专用进出口道
    - 公共汽(电)车优先控制
  - 交叉口辅助设施
    - 安全
    - 环境保护
    - 绿化与景观

图11-2　《城市道路交叉口规划规范》相关内容

《公交专用车道设置》GA/T 507—2004[3]

本标准自2004年10月1日实施,适用于城市道路上公交专用车道的设置。本标准规定了公交专用车道的设置条件和设置方法,以及公交站台的设置方法。相关内容如图11-3所示。

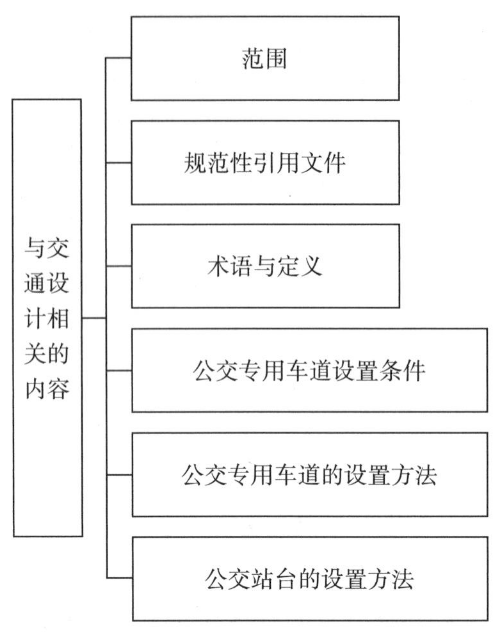

图11-3 《公交专用车道设置》相关内容

《城市道路路内停车泊位设置规范》GA/T 850—2009[4]

本标准自2010年1月1日起实施，适用于城市道路路内汽车停车泊位的设置。本标准规定了城市道路路内汽车停车泊位设置的选址和设计。相关内容如图11-4所示。

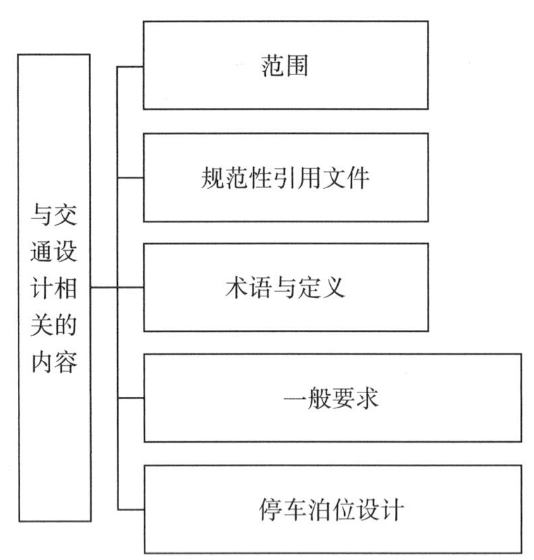

图11-4 《城市道路路内停车泊位设置规范》相关内容

《城市道路工程设计规范》(2016版)CJJ 37—2012[5]

本规范自2012年5月1日起施行，适用于城市范围内新建和改建的各级城市道路设计。本规范包含公共停车场和城市广场设计的相关规定与原则。本规范的主要技术内容是：总则，术语与符号，基本规定，通行能力和服务水平，横断面、平面和纵断面，道路与道路交叉，道路与轨道交通线路交叉，行人和非机动车交通，公共交通设施，公共停车场和城市广场，路基和路面，桥梁和隧道，交通安全和管理设施，管线、排水和照明，绿化和景观。本规范中以黑体字标志的条文为强制性条文，必须严格执行，城市道路工程设计除应符合本规范外，尚应符合国家现行有关标准。相关内容如图11-5所示。

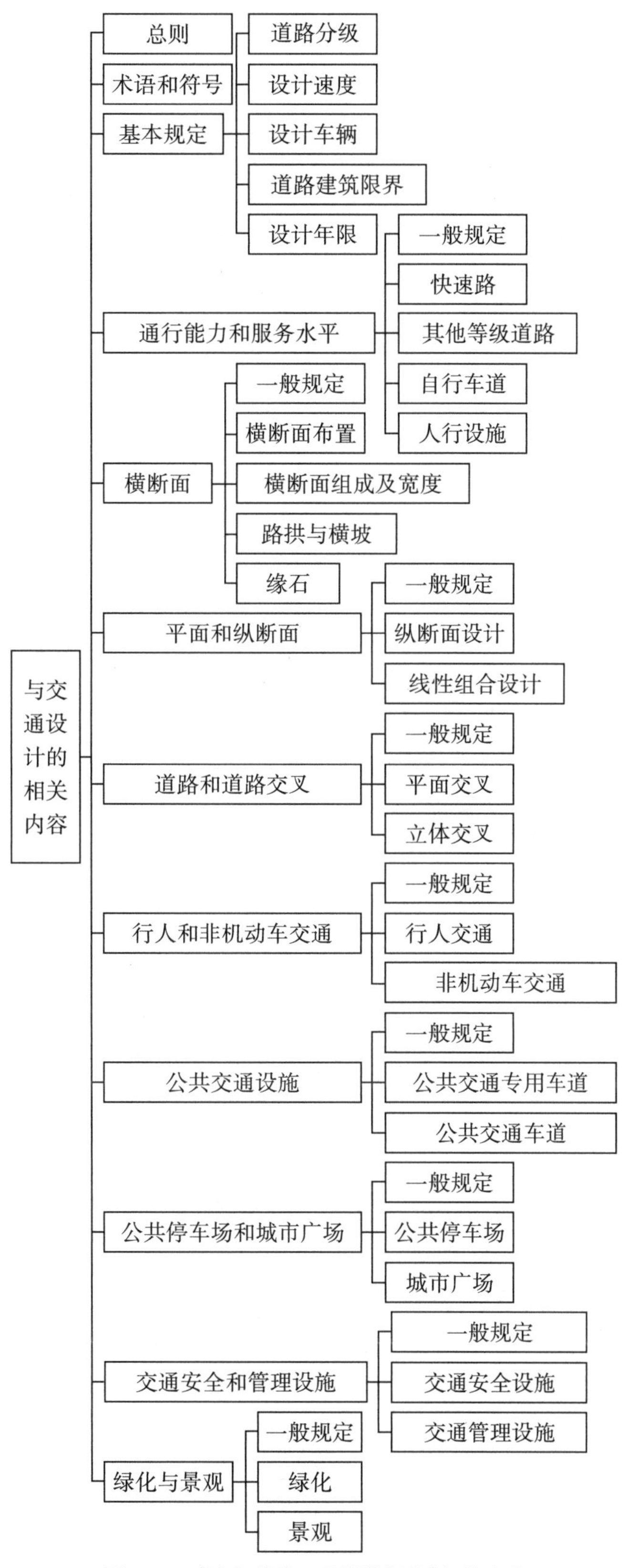

图11-5　《城市道路工程设计规范》相关内容

《城市道路公共交通站、场、厂工程设计规范》CJJ/T 15—2011[6]

本规范自2012年6月1日施行，适用于新建、扩建和改建城市道路公共交通的站、场、厂的工程设计。

主要技术内容包括:总则,车站,停车场,保养场,修理厂,调度中心。城市道路公共交通的站、场、厂的设计除应符合本规范外,尚应符合国家现行相关标准的规定。相关内容如图11-6所示。

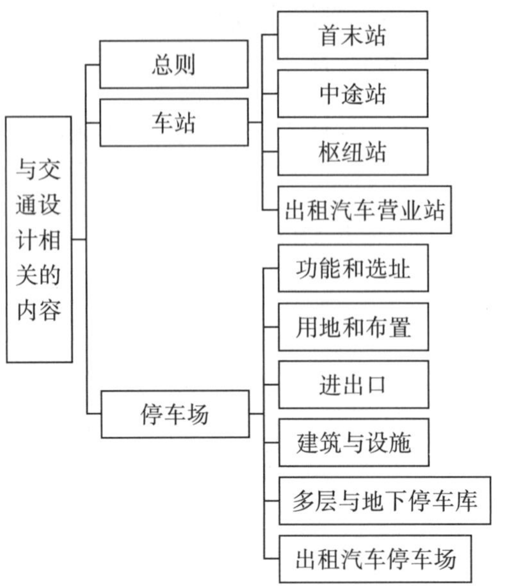

图11-6 《城市道路公共交通站、场、厂工程设计规范》相关内容

《城市步行和自行车交通系统规划标准》GB/T 51439—2021[7]

本标准自2021年10月1日起实施,适用于城市步行和自行车交通系统的规划及相关工作。主要内容包括:总则,术语,基本规定,交通网络,通行空间,过街设施,停驻空间,交通环境,交通信号,交通标志标线。城市步行和自行车交通规划设计除应符合本标准外,还应符合现行的国家相关标准和规范。

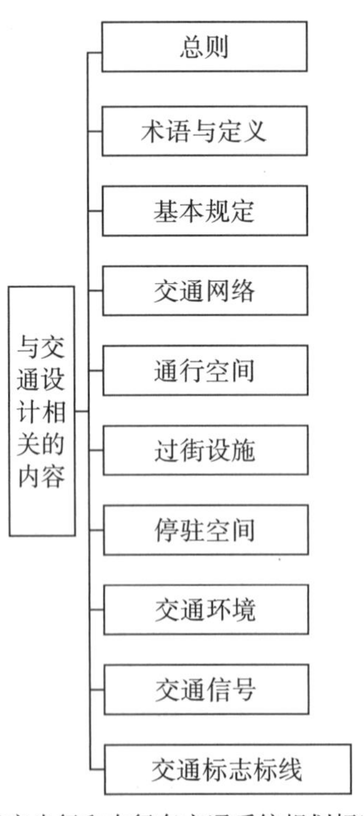

图11-7 《城市步行和自行车交通系统规划标准》相关内容

第三节　交通组织设计相关规范标准

《城市道路交通组织设计规范》GB/T 36670—2018[8]

本标准自2019年5月1日起实施，适用于城市规划道路、现有道路以及改扩建道路的交通组织设计，其他道路的交通组织设计可参照执行。本标准规定了城市道路交通组织设计的原则、内容、流程、主要方法和实施要求。主要内容有：范围，规范性引用文件，术语与定义，一般规定，交叉口交通组织设计，路段交通组织设计，区域交通组织设计，交通组织专项设计，交通组织方案的评价。相关内容如图11-8所示。

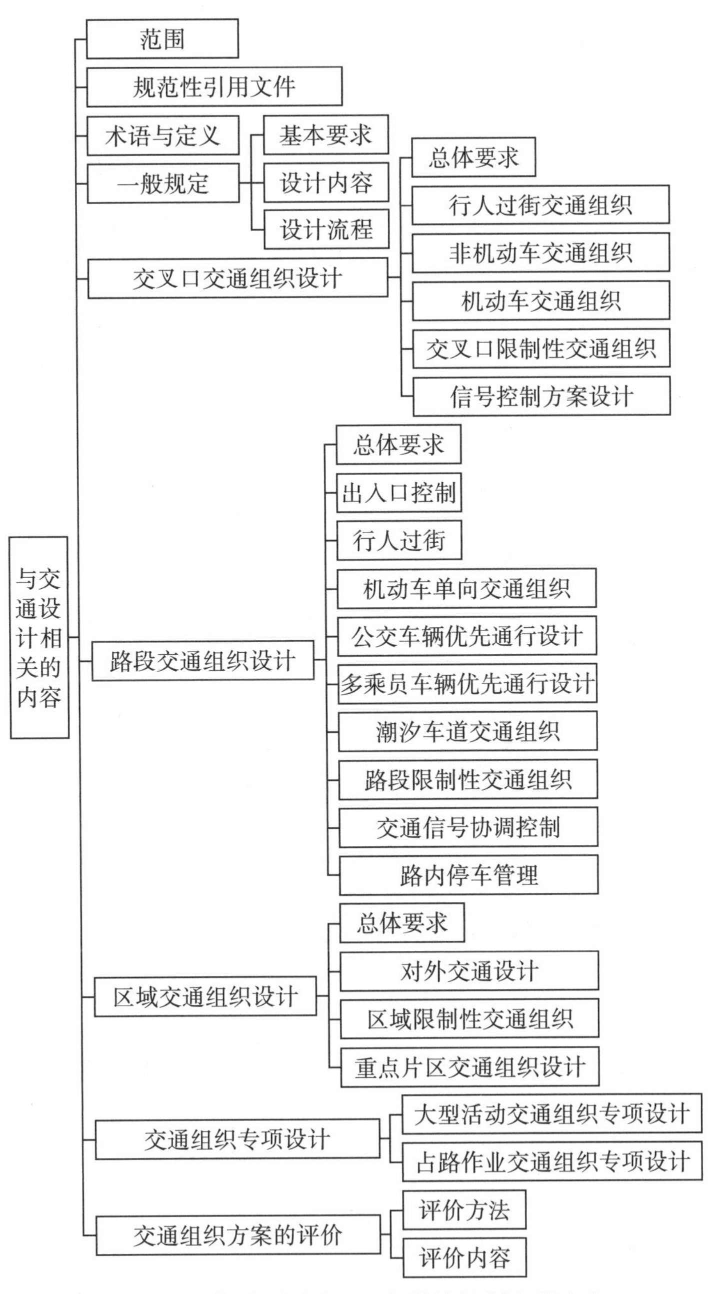

图11-8　《城市道路交通组织设计规范》相关内容

《城市道路单向交通组织原则》GA/T 486—2015[9]

本标准自2016年1月1日起实施，适用于城市道路机动车单向交通组织。本标准规定了城市道路单向交通的实施条件、实施要求和实施流程。相关内容如图11-9所示。

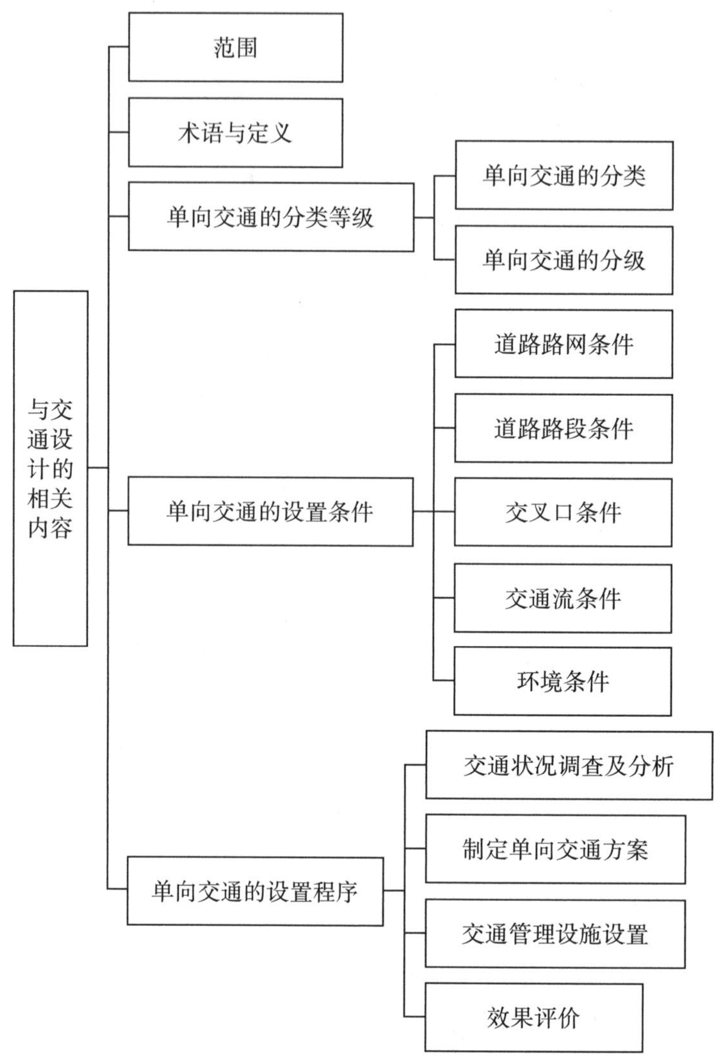

图11-9 《城市道路单向交通组织原则》相关内容

第四节　交通设施设计相关规范标准

《城市道路交通设施设计规范》(2019年版)GB 50688—2011[10]

本规范自2019年9月1日起实施，适用于城市新建、改建、扩建道路的交通设施设计。主要技术内容包括：总则、术语与符号、交通调查、总体设计、交通标志、交通标线、防护设施、交通信号灯、交通监控系统、服务设施、道路照明及变配电、管理处所及设备。本规范中部分条文为强制性条文，城市道路交通设施设计除应符合本规范外，尚应符合国家现行有关标准的规定。相关内容如图11-10所示。

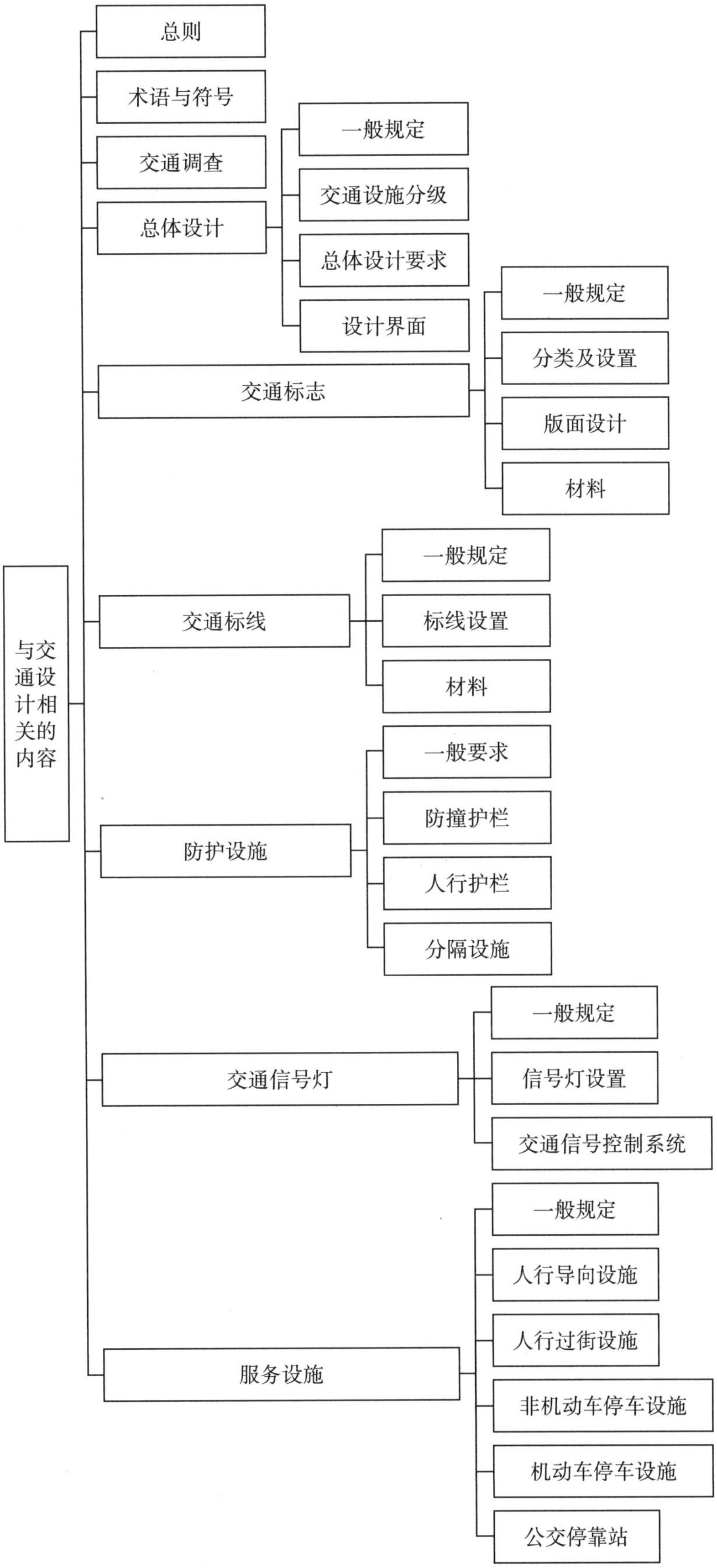

- 与交通设计相关的内容
  - 总则
  - 术语与符号
  - 交通调查
  - 总体设计
    - 一般规定
    - 交通设施分级
    - 总体设计要求
    - 设计界面
  - 交通标志
    - 一般规定
    - 分类及设置
    - 版面设计
    - 材料
  - 交通标线
    - 一般规定
    - 标线设置
    - 材料
  - 防护设施
    - 一般要求
    - 防撞护栏
    - 人行护栏
    - 分隔设施
  - 交通信号灯
    - 一般规定
    - 信号灯设置
    - 交通信号控制系统
  - 服务设施
    - 一般规定
    - 人行导向设施
    - 人行过街设施
    - 非机动车停车设施
    - 机动车停车设施
    - 公交停靠站

图11-10　《城市道路交通设施设计规范》相关内容

《道路交通信号灯设置与安装规范》GB 14886—2016[11]

见交通信号控制设置相关规范标准。

第五节 交通标志标线设计相关规范标准

《道路交通标志和标线》GB 5768—2009[12]

本标准自2009年7月1日起实施,全部内容分为八部分:总则,道路交通标志,道路交通标线,作业区,速度管理,铁路平交口,自行车和行人控制,学校区域。相关内容如图11-11所示。每部分的使用范围略有不同,本书主要涉及前三部分内容,其余部分在2017年后有所更新。

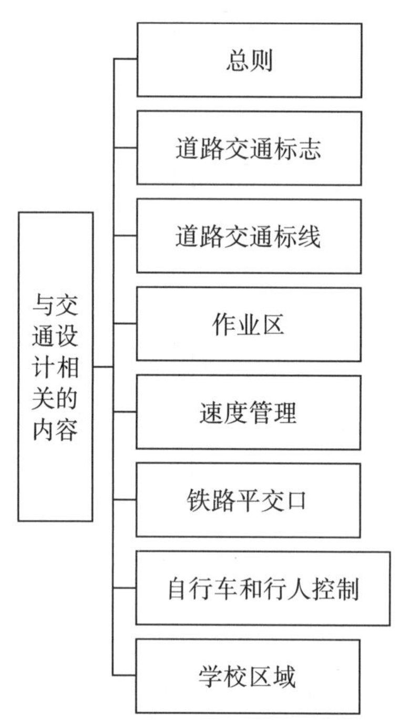

图11-11 《道路交通标志和标线》相关内容

《城市道路交通标志和标线设置规范》GB 51038—2015[13]

本规范自2015年12月1日起实施,适用于城市范围内新建和改建的各级城市道路的交通标志和标线的设置。主要技术内容包括:总则、术语和符号、基本规定、交通标志的基本要求、指示标志、禁令标志、警告标志、干路和支路指路标志、快速路指路标志、其他标志、交通标线的基本要求、指示标线、禁止标线、警告标线、其他标线、交通标志和标线协调设置、交通标志和标线施工及验收。本规范中部分条文为强制性条文,城市道路交通标志和标线的设置除应符合本规范外,尚应符合国家现行有关标准的规定。相关内容如图11-12所示。

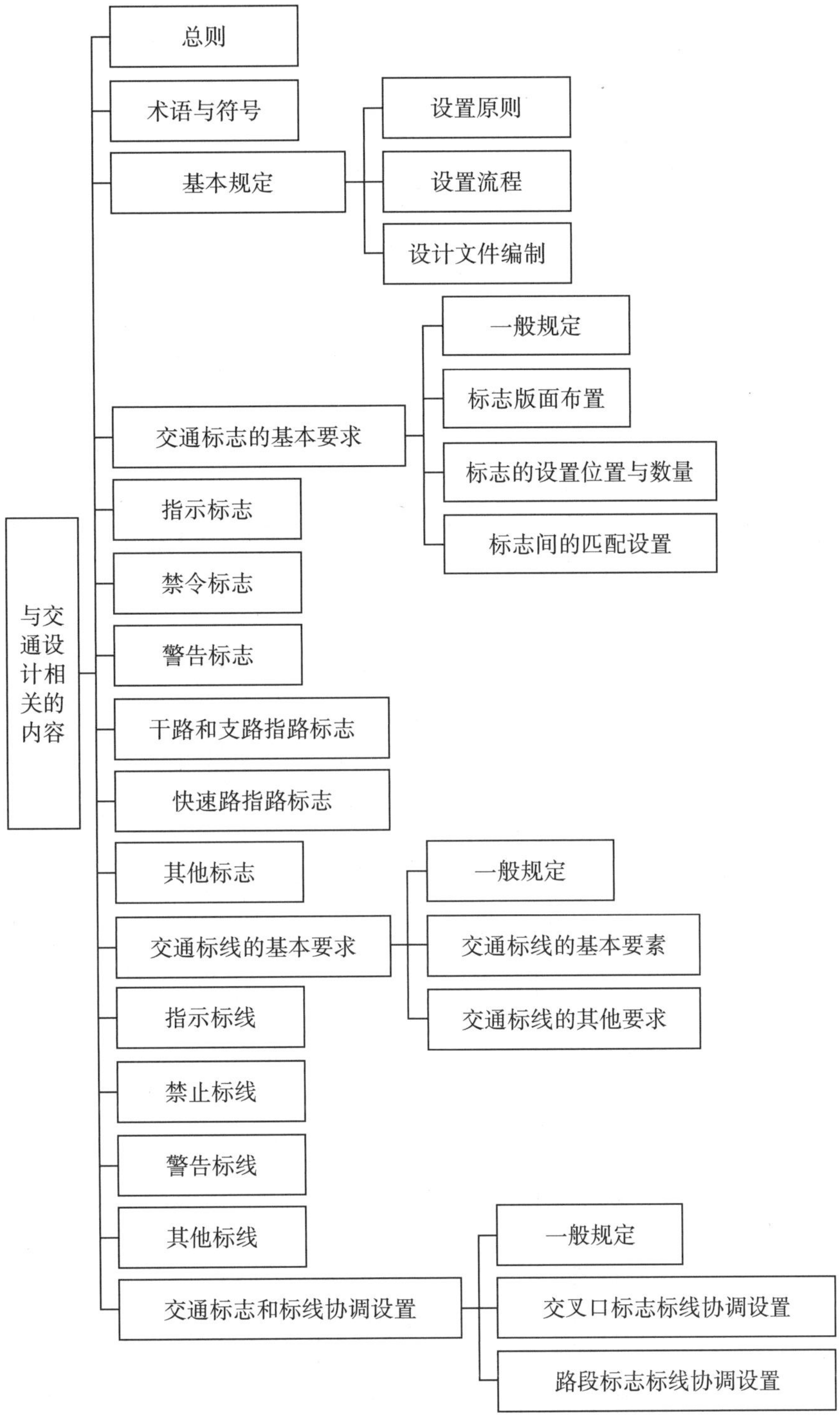

- 与交通设计相关的内容
  - 总则
  - 术语与符号
  - 基本规定
    - 设置原则
    - 设置流程
    - 设计文件编制
  - 交通标志的基本要求
    - 一般规定
    - 标志版面布置
    - 标志的设置位置与数量
    - 标志间的匹配设置
  - 指示标志
  - 禁令标志
  - 警告标志
  - 干路和支路指路标志
  - 快速路指路标志
  - 其他标志
  - 交通标线的基本要求
    - 一般规定
    - 交通标线的基本要素
    - 交通标线的其他要求
  - 指示标线
  - 禁止标线
  - 警告标线
  - 其他标线
  - 交通标志和标线协调设置
    - 一般规定
    - 交叉口标志标线协调设置
    - 路段标志标线协调设置

图11-12　《城市道路交通标志和标线设置规范》相关内容

《城市公共交通标志》GB/T 5845—2008[14]

本标准自2009年6月1日实施，适用于城市公共交通企业办公地点、建筑物；车辆、进出站口；站牌、路牌、后方机构（如修理车间、停车场等）、公共交通服务行业的帽徽、纽扣胸卡、臂章、办公用品（如公文纸、信封等）、票据、纪念品等使用标志。本标准共分为4部分：总标志和分类标志，一般图形符号和安全标志，公共汽电车站牌和路牌，运营工具、站（码头）和线路图形符号。该标准给出了与公交系统设计有关的图形符号、符号含义和说明。相关内容如图11-13所示。

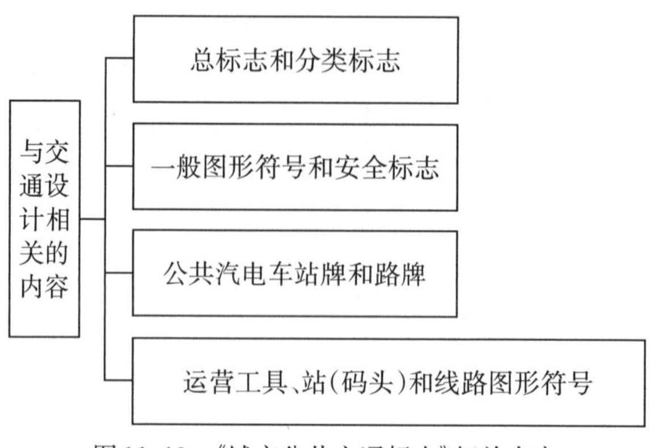

图11-13 《城市公共交通标志》相关内容

第六节 交通信号控制设置相关规范标准

《道路交通信号灯设置与安装规范》GB 14886—2016[11]

本标准自2017年7月1日实施,适用于道路交通信号灯的设置和安装,其他场所交通信号灯的设置和安装可参照执行。本标准规定了道路交通信号灯的设置条件、信号灯组合形式、信号灯安装、设计和施工资质等方面的要求。主要内容有:范围,规范性引用文件,术语和定义、缩略语,一般规定、信号灯设置条件,信号灯安装方式,信号灯排列顺序,信号灯安装数量和位置,信号灯安装方位,信号灯杆件,电缆线敷设,设计和施工资质。本标准中部分条文为强制性条文。相关内容如图11-14所示。

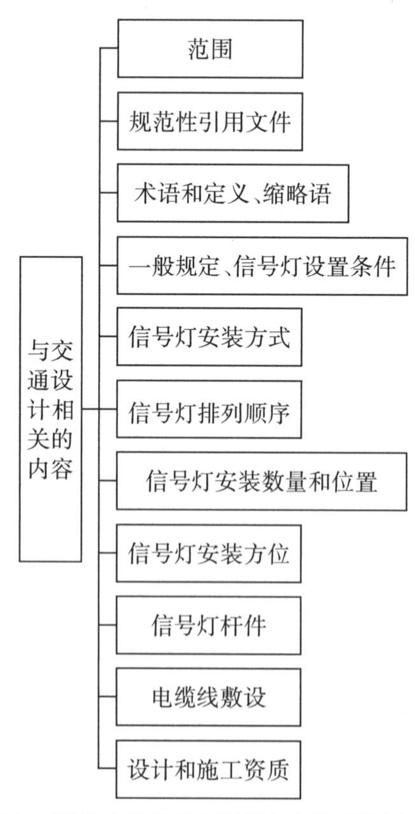

图11-14 《道路交通信号灯设置与安装规范》相关内容

第七节　交通运行评价相关规范标准

《道路交通信号控制方式第2部分:通行状态与控制效益评估指标及方法》GA/T 527.2—2016[15]

本标准自2016年7月6日实施,本部分适用于道路交通信号控制系统的设计、建设及运行效果评估。本部分规定了各类道路交通信号控制方式下通行状态和控制效益的评估指标及其计算方法。相关内容如图11-15所示。

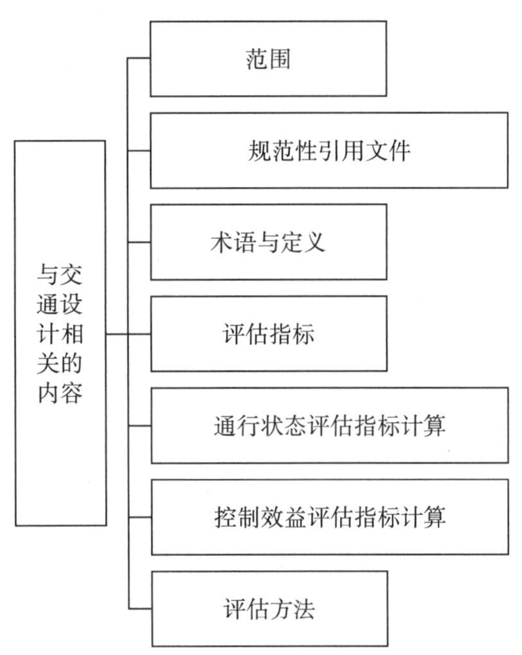

图11-15　《道路交通信号控制方式第2部分:通行状态与控制效益评估指标及方法》相关内容

《城市交通运行状况评价规范》GB/T 33171—2016[16]

本标准自2017年4月1日实施,适用于城市道路网、城市分区域道路网、道路、路段等交通运行状况的动态监测和评价。本标准规定了城市道路交通运行状况评价的内容和流程、对象和范围划分、数据采集、指标与计算、运行状况等级划分、评价结果的要求。相关内容如图11-16所示。

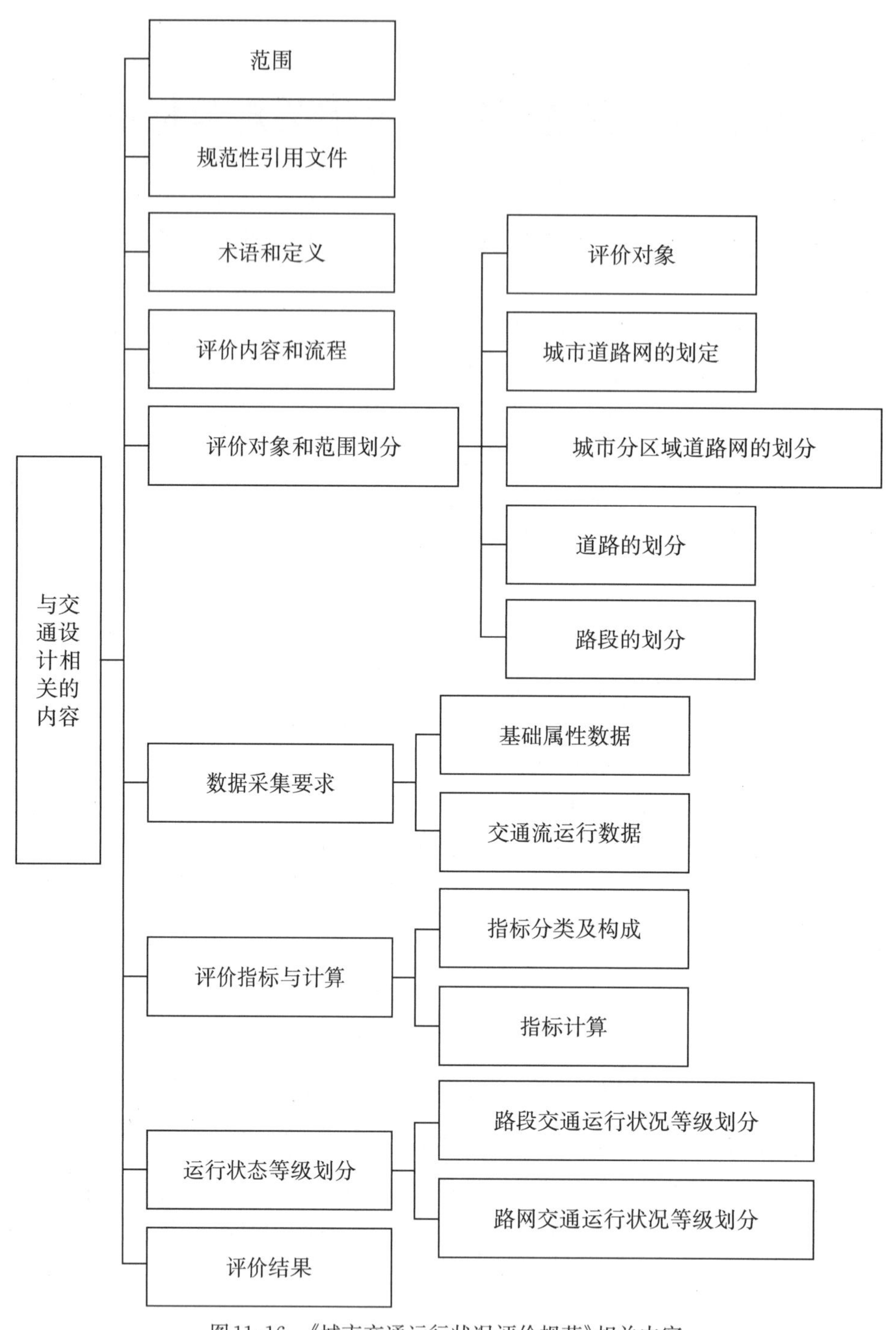

图11-16 《城市交通运行状况评价规范》相关内容

《建设项目交通影响评价技术标准》CJJ/T 141—2010[17]

本标准自2010年9月1日实施,适用于城市和规划城镇人口在10万人以上的镇的建设项目交通影响评价。建设项目交通影响评价应符合标准外,尚应符合国家现行有关标准的规定。主要内容包括:总则,术语,基本规定,建设项目分类,交通影响评价启动阈值,交通影响评价范围、年限、时段与评价日,交通需求分析,交通影响程度评价,交通改善措施与评价。相关内容如图11-17所示。

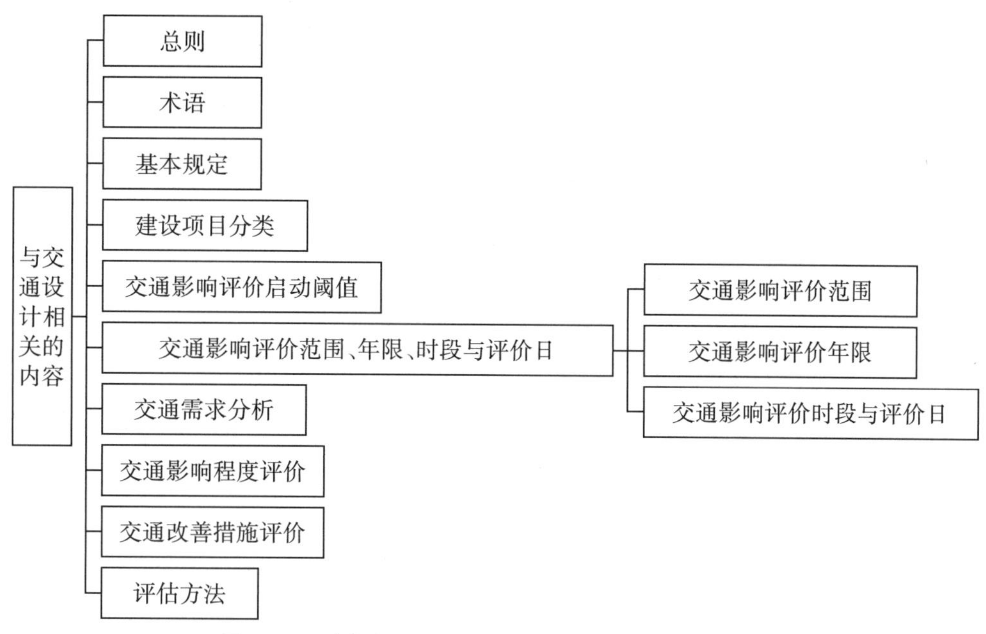

图11-17　《建设项目交通影响评价技术标准》相关内容

第八节　停车场(库)设计相关规范标准

《城市停车规划规范》GB/T 51149—2016[18]

本规范自2017年2月1日起实施,适用于城市总体规划、详细规划以及相关专项规划所涵盖的停车规划。本规范的主要技术内容是:总则,术语,基本规定,停车需求预测与停车位供给,停车场规划,建筑物配建停车位。城市停车规划除应符合本规范外,尚应符合国家现行有关标准的规定。相关内容如图11-18所示。

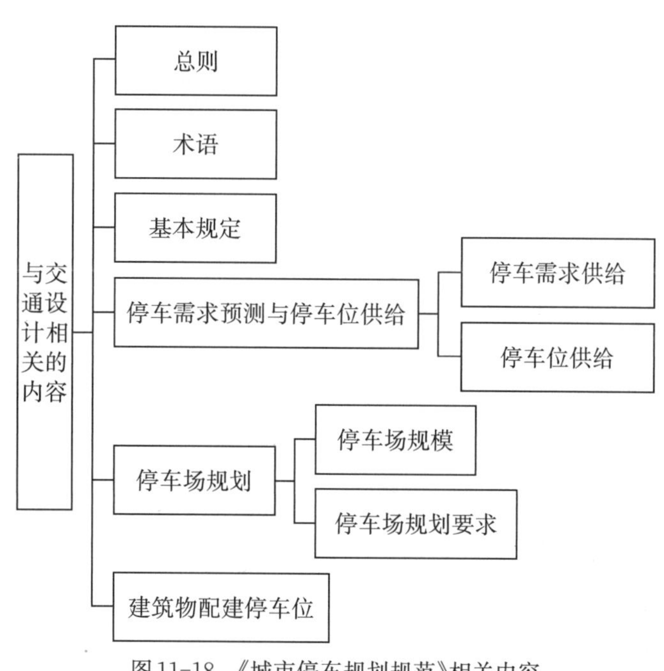

图11-18　《城市停车规划规范》相关内容

《汽车库、修车库、停车场设计防火规范》GB 50067—2014[19]

本规范自2015年8月1日施行，主要内容有：总则，术语，分类和耐火等级，总平面布局和平面布置，防火分隔和建筑构造，安全疏散和救援设施，消防给水和灭火设施，供暖、通风和排烟、电气。此规范中以黑体字标志的条文为强制性条文，必须严格执行。相关内容如图11-19所示。

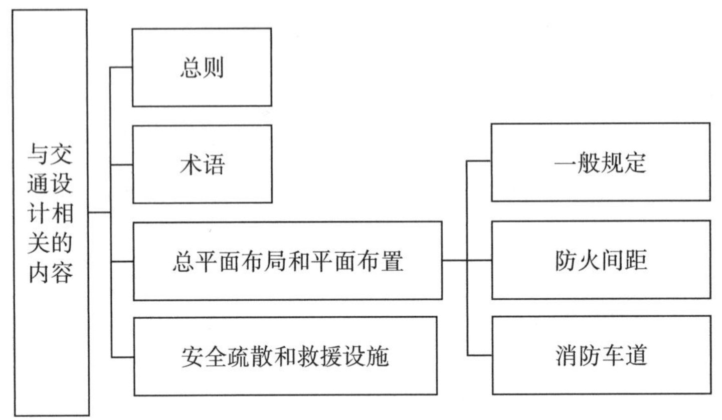

图11-19 《汽车库、修车库、停车场设计防火规范》相关内容

《城市道路公共交通站、场、厂工程设计规范》CJJ/T 15—2011[20]

本规范自2012年6月1日施行，适用于新建、扩建和改建城市道路公共交通的站、场、厂的工程设计。城市道路公共交通的站、场、厂的设计除应符合本规范外，尚应符合国家现行相关标准的规定。相关内容如图11-20所示。

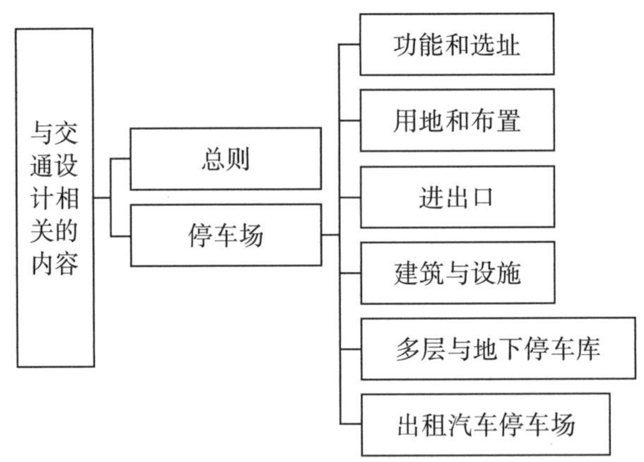

图11-20 《城市道路公共交通站、场、厂工程设计规范》相关内容

《城市公共停车场工程项目建设标准》建标128—2010[21]

本建设标准自2010年7月1日起执行，适用于城市公共停车场工程，为社会车辆提供停车服务的其他停车场工程参照执行。主要内容包括：总则，建设项目规模与构成，规划布局与选址，建筑标准与面积指标，建筑设备，安全防护与环境保护、主要技术经济指标。城市公共停车场工程项目建设除应执行本建设标准外，尚应符合国家现行有关标准的规定。相关内容如图11-21所示。

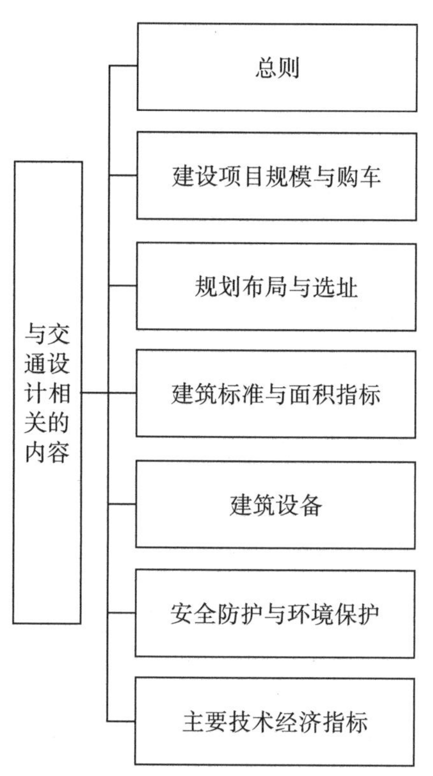

图11-21　《城市公共停车场工程项目建设标准》相关内容

《停车场规划设计规则》(试行)[22]

本规则自1989年1月1日起实施，适用于大、中城市和重点旅游区停车场的规划设计，小城市可参照执行。本规则给出了机动车停车场设计及自行车停车场设计的主要设计指标及参数。

本章参考文献

[1]中华人民共和国住房和城乡建设部.城市综合交通体系规划标准:GB/T 51328—2018[S].北京:中国建筑工业出版社,2018.

[2]中华人民共和国住房和城乡建设部.城市道路交叉口规划规范:GB 50647—2011[S].北京:中国计划出版社,2011.

[3]中华人民共和国公安部.公交专用车道设置:GA/T 507—2004[S].北京:中国标准出版社,2004.

[4]中华人民共和国公安部.城市道路路内停车泊位设置规范:GA/T 850—2009[S].北京:中国标准出版社,2009.

[5]中华人民共和国住房和城乡建设部.城市道路工程设计规范(2016年版):CJJ 37—2012[S].北京:中国建筑工业出版社,2016.

[6]中华人民共和国住房和城乡建设部.城市道路公共交通站、场、厂工程设计规范:CJJ/T 15—2011[S].北京:中国建筑工业出版社,2011.

[7]中华人民共和国住房和城乡建设部,国家市场监督管理总局.城市步行和自行车交通系统规划标准:GB/T 51439—2021[S].北京:中国建筑工业出版社,2021.

[8]国家市场监督管理总局,中国国家标准化管理委员会.城市道路交通组织设计规范:GB/T 36670—2018[S].北京:中国计划出版社,2018.

[9]中华人民共和国公安部.城市道路单向交通组织原则:GA/T 486—2015[S].北京:中国标准出版社,2015.

[10]中华人民共和国住房和城乡建设部,中华人民共和国国家质量监督检验检疫总局.城市道路交通设施设计规范(2019年版):GB 50688—2011[S].北京:中国计划出版社,2019.

[11]中华人民共和国国家质量监督检验检疫总局,中国国家标准化管理委员会.道路交通信号灯设置与安装规范:GB 14886—2016[S].北京:中国标准出版社,2016.

[12]中华人民共和国国家质量监督检验检疫总局,中国国家标准化管理委员会.道路交通标志和标线:GB 5768—2009[S].北京:中国标准出版社,2009.

[13]中华人民共和国住房和城乡建设部,中华人民共和国国家质量监督检验检疫总局.城市道路交通标志和标线设置规范:GB 51038—2015[S].北京:中国计划出版社,2015.

[14]中华人民共和国国家质量监督检验检疫总局,中国国家标准化管理委员会.城市公共交通标志:GB/T 5845—2008[S].北京:中国标准出版社,2008.

[15]中华人民共和国公安部.道路交通信号控制方式第2部分:通行状态与控制效益评估指标及方法:GA/T 527.2—201[S].北京:中国标准出版社,2016.

[16]中华人民共和国国家质量监督检验检疫总局,中国国家标准化管理委员会.城市交通运行状况评价规范:GB/T 33171—2016[S].北京:中国标准出版社,2016.

[17]中华人民共和国住房和城乡建设部.建设项目交通影响评价技术标准:CJJ/T 141—2010[S].北京:中国建筑工业出版社,2010.

[18]中华人民共和国住房和城乡建设部,中华人民共和国国家质量监督检验检疫总局.城市停车规划规范:GB/T 51149—2016[S].北京:中国建筑工业出版社,2016.

[19]中华人民共和国住房和城乡建设部,中华人民共和国国家质量监督检验检疫总局.汽车库、修车库、停车场设计防火规范:GB 50067—2014[S].北京:中国计划出版社,2014.

[20]中华人民共和国住房和城乡建设部.城市道路公共交通站、场、厂工程设计规范:CJJ/T 15—2011[S].北京:中国建筑工业出版社,2011.

[21]中华人民共和国住房和城乡建设部,中华人民共和国国家发展和改革委员会.城市公共停车场工程项目建设标准:建标128-2010[S].北京:人民出版社,2010.

[22]公安部,建设部.停车场规划设计规则(试行)[S],1988.

附录

附录A　交通设计课程设计参考图例

扫码观看详图

第一节　交叉口设计图

1.四路交叉口交通设计参考图

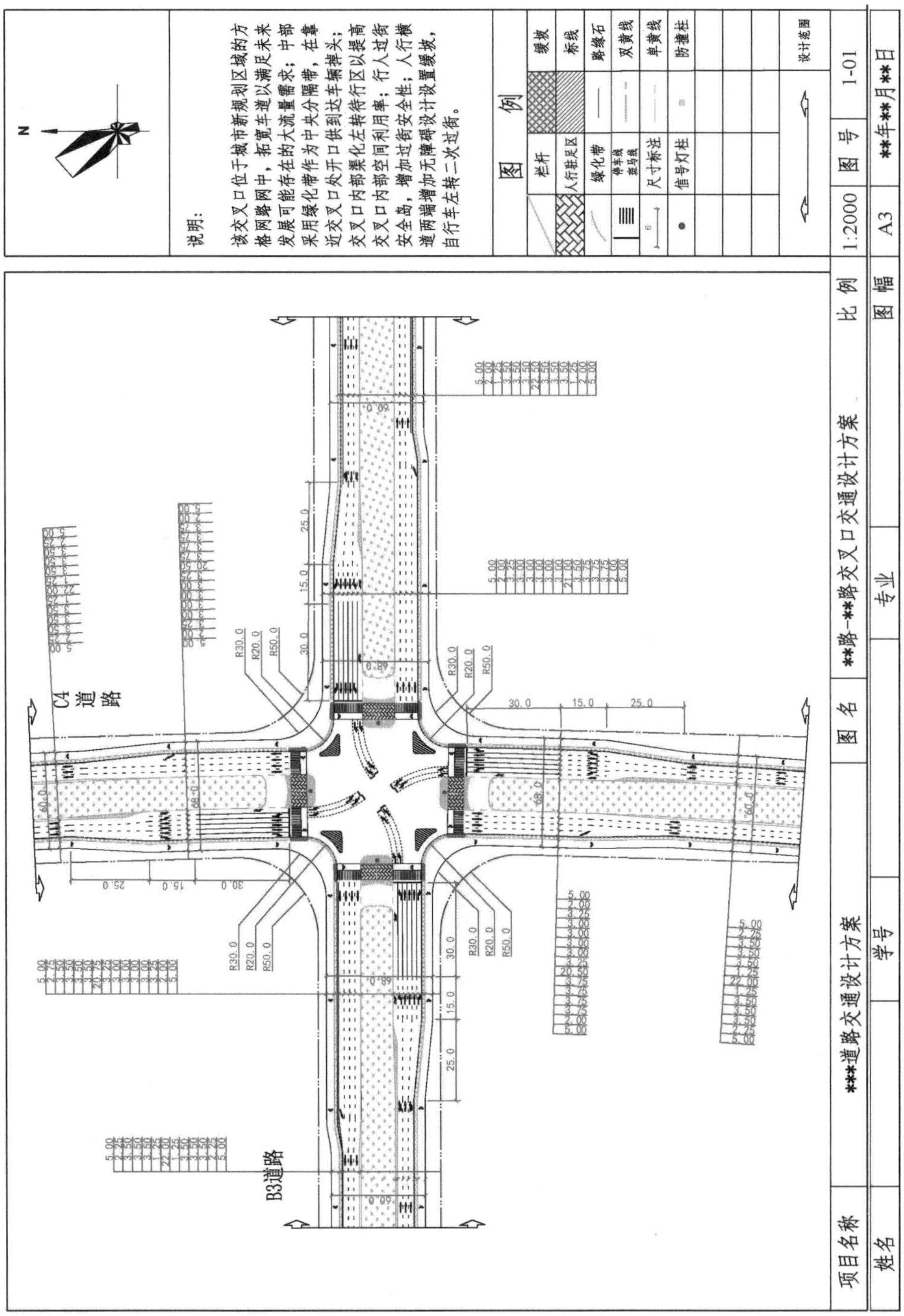

说明：

该交叉口位于城市新规划区域的方格网路网中，拓宽车道以满足未来发展可能存在的大流量需求；中部采用绿化带作为中央分隔带，在靠近交叉口处开口供到达车辆掉头；交叉口内部渠化左转待行区以提高交叉口内部空间利用率；行人过街安全岛，增加过街安全性；人行横道两端增加无障碍设计设置缓坡，自行车左转二次过街。

图例：栏杆　人行驻足区　绿化带　停车线/斑马线　尺寸标注　信号灯柱　缓坡　标线　路缘石　双黄线　单黄线　防撞柱　设计范围

C4道路

B3道路

项目名称	***道路交通设计方案	图名	**路-**路交叉口交通设计方案	比例	1:2000	图号	1-01
姓名	学号		专业	图幅	A3	**年**月**日	

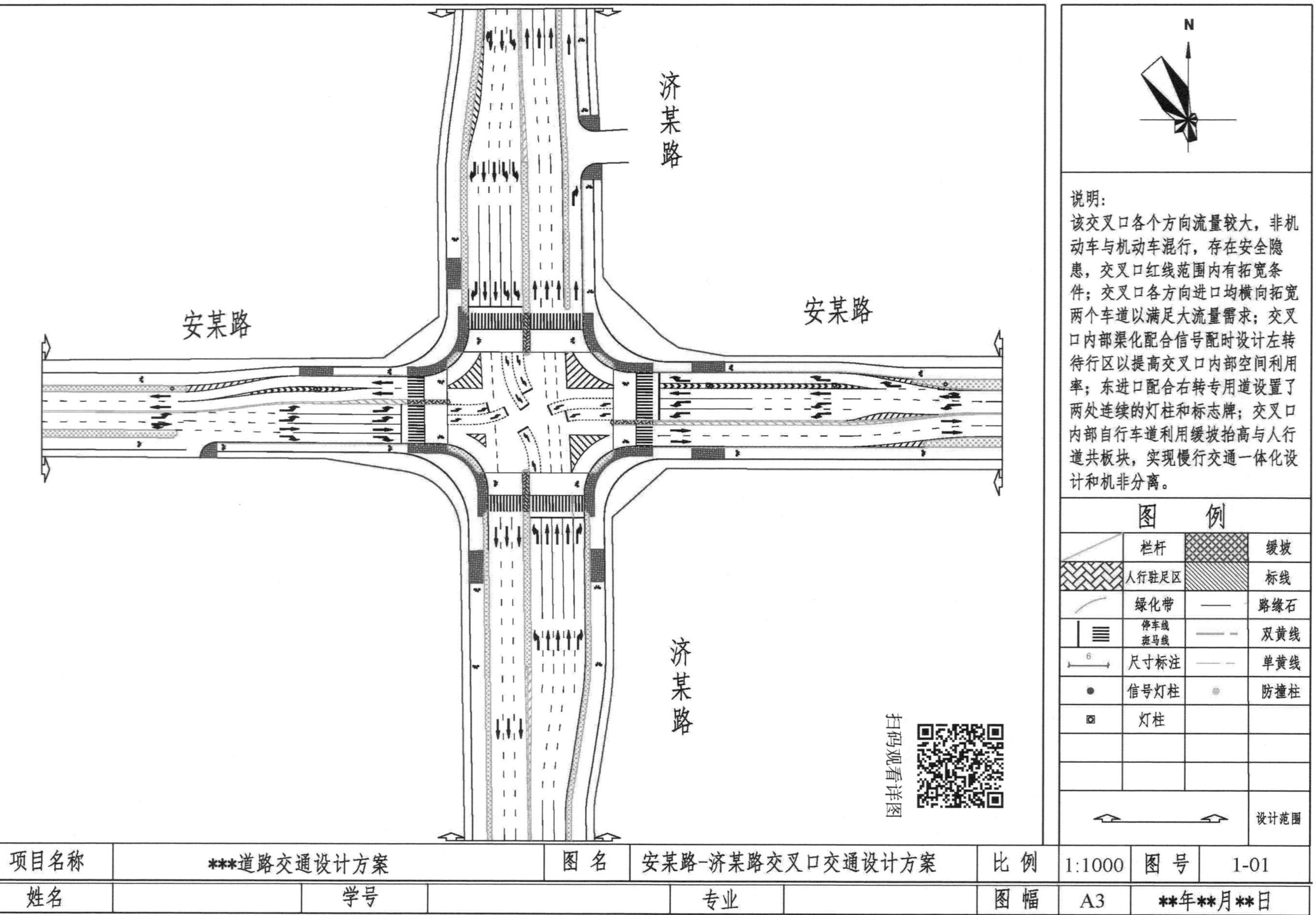
济某路
安某路
安某路
济某路
扫码观看详图
说明：
该交叉口各个方向流量较大，非机动车与机动车混行，存在安全隐患，交叉口红线范围内有拓宽条件；交叉口各方向进口均横向拓宽两个车道以满足大流量需求；交叉口内部渠化配合信号配时设计左转待行区以提高交叉口内部空间利用率；东进口配合右转专用道设置了两处连续的灯柱和标志牌；交叉口内部自行车道利用缓坡抬高与人行道共板块，实现慢行交通一体化设计和机非分离。
图例
栏杆
缓坡
人行驻足区
标线
绿化带
路缘石
停车线
斑马线
双黄线
6
尺寸标注
单黄线
信号灯柱
防撞柱
灯柱
设计范围
项目名称
***道路交通设计方案
图名
安某路-济某路交叉口交通设计方案
比例
1:1000
图号
1-01
姓名
学号
专业
图幅
A3
年月**日

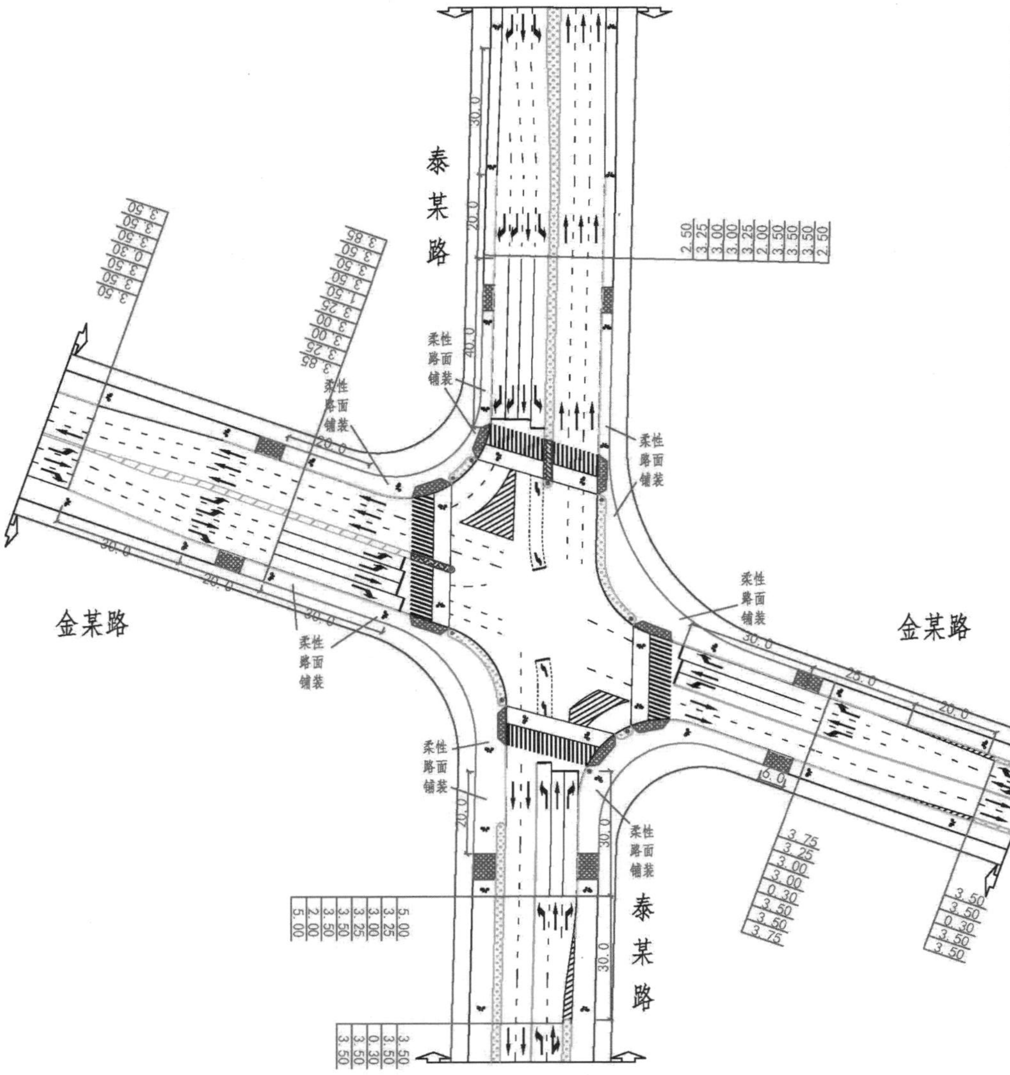

扫码观看详图

泰某路

金某路

金某路

泰某路

柔性路面铺装

说明：

该交叉口机非混行问题严重，交叉口区域内采用慢行交通一体化设计，非机动车道采用柔性路面铺装；交叉口斜交，交叉口内部通过标线进行渠化和导流；对个进口进行拓宽设计，在泰某路南进口东侧局部拆除机非分隔带，在泰某路北进口对道路两侧分别拓宽0.5米，压缩并偏移中央分隔带；过街横道两端设置缓坡，驻足区及缓坡处设置保护桩，防止机动车穿行。

图　例

图例	名称	图例	名称
	栏杆		缓坡
	人行驻足区		标线
	绿化带		路缘石
	停车线 斑马线		双黄线
	尺寸标注		单黄线
	信号灯柱		防撞柱
	灯柱		
			设计范围

项目名称	***道路交通设计方案			图名	金某路-泰某路交叉口交通设计方案	比例	1:1000	图号	1-01
姓名		学号		专业		图幅	A3	**年**月**日	

2.三路交叉口交通设计参考图

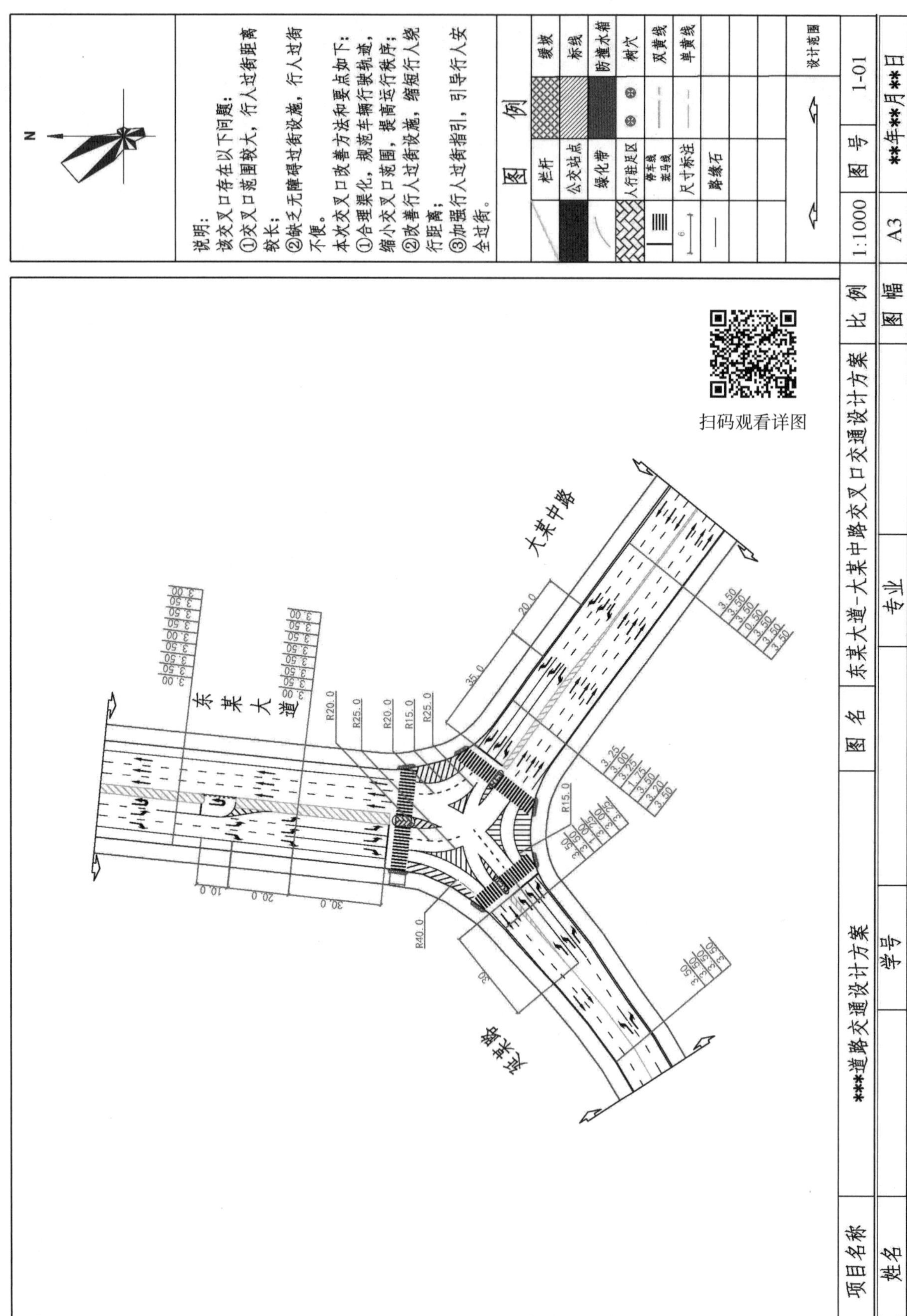

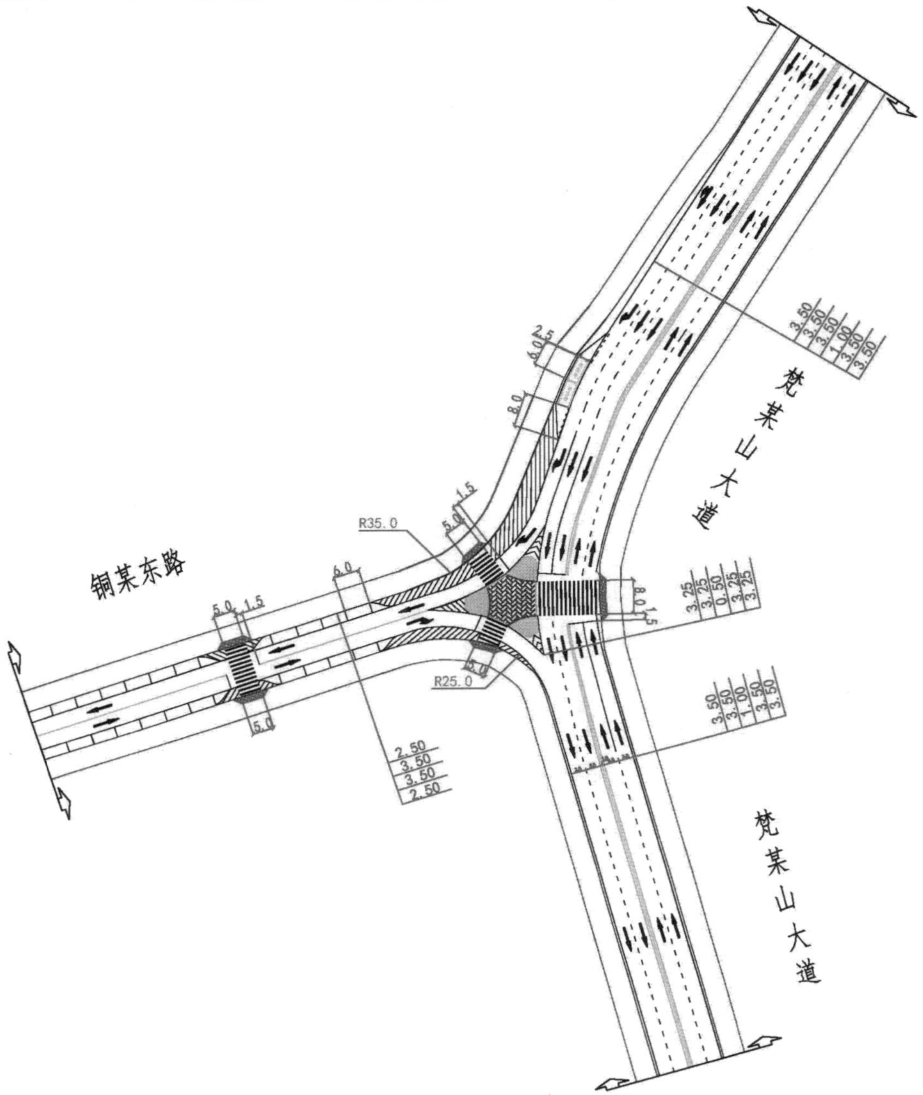

扫码观看详图

铜某东路

梵某山大道

梵某山大道

R35.0　R25.0

说明：

该交叉口存在以下问题：
①铜某东路在该路段处路边随意停车现象较多；
②行人过街设施不够完善，有待改进。
本次交叉口改善方法和要点如下：
①合理渠化，规范转向交通流秩序；
②路口中央设置渠化岛，提供中央驻足区；
③规范设计路边停车泊位，减少路边停车对道路交通的影响。

图　例

图例	名称	图例	名称
	栏杆		缓坡
	公交站点		标线
	绿化带		防撞水箱
	人行驻足区		树穴
	停车线 斑马线		双黄线
	尺寸标注		单黄线
	路缘石		
			设计范围

项目名称	***道路交通设计方案			图 名	铜某东路-梵某山大道交叉口交通设计方案	比 例	1:1000	图 号	1-01
姓名		学号		专业		图 幅	A3	**年**月**日	

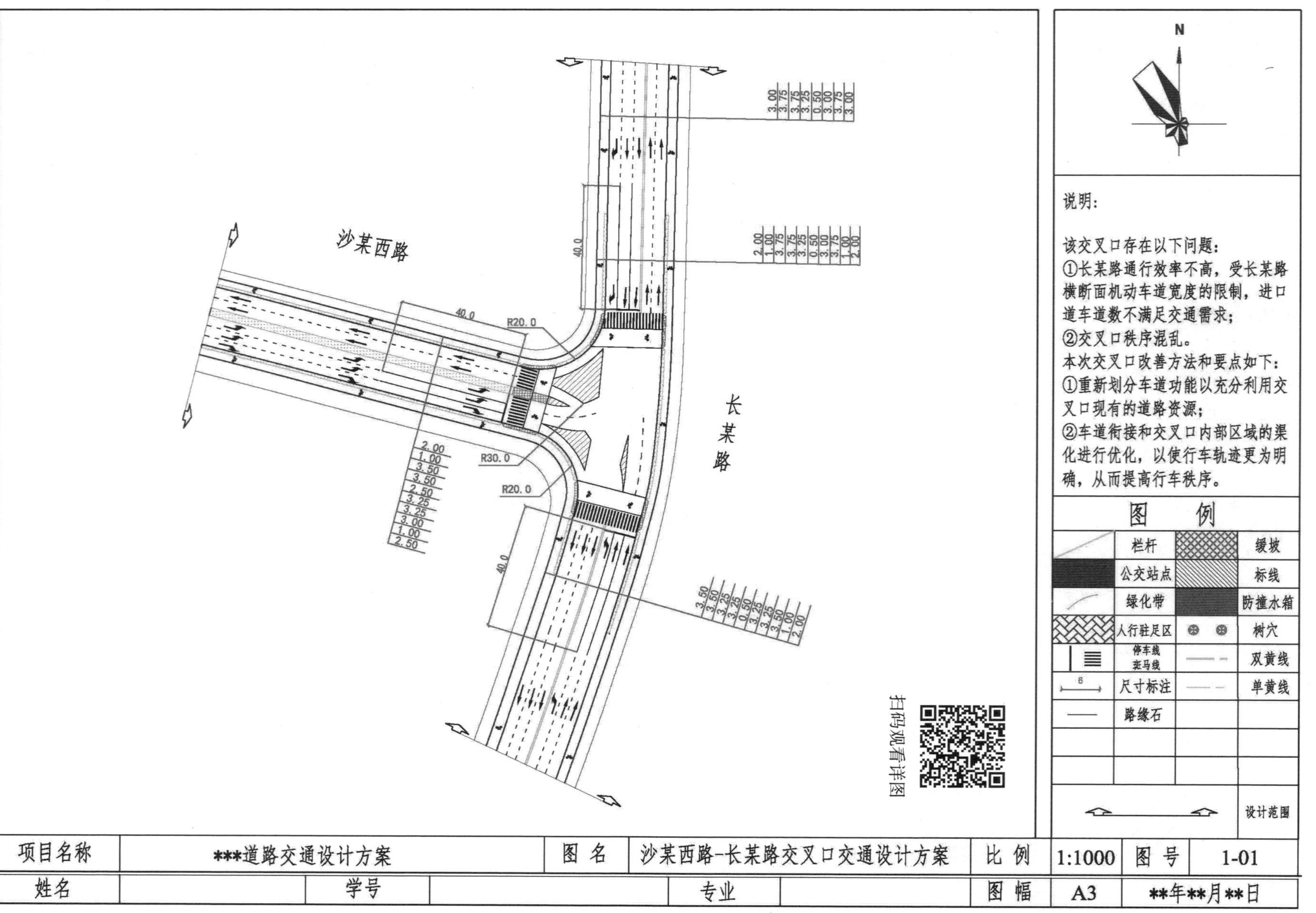
沙某西路
长某路
40.0
R20.0
R30.0
R20.0
N
说明：
该交叉口存在以下问题：
①长某路通行效率不高，受长某路横断面机动车道宽度的限制，进口道车道数不满足交通需求；
②交叉口秩序混乱。
本次交叉口改善方法和要点如下：
①重新划分车道功能以充分利用交叉口现有的道路资源；
②车道衔接和交叉口内部区域的渠化进行优化，以使行车轨迹更为明确，从而提高行车秩序。
图例
栏杆
缓坡
公交站点
标线
绿化带
防撞水箱
人行驻足区
树穴
停车线
斑马线
双黄线
尺寸标注
单黄线
路缘石
设计范围
扫码观看详图
项目名称
***道路交通设计方案
图名
沙某西路-长某路交叉口交通设计方案
比例
1:1000
图号
1-01
姓名
学号
专业
图幅
A3
年月**日

3.环形交叉口交通设计参考图

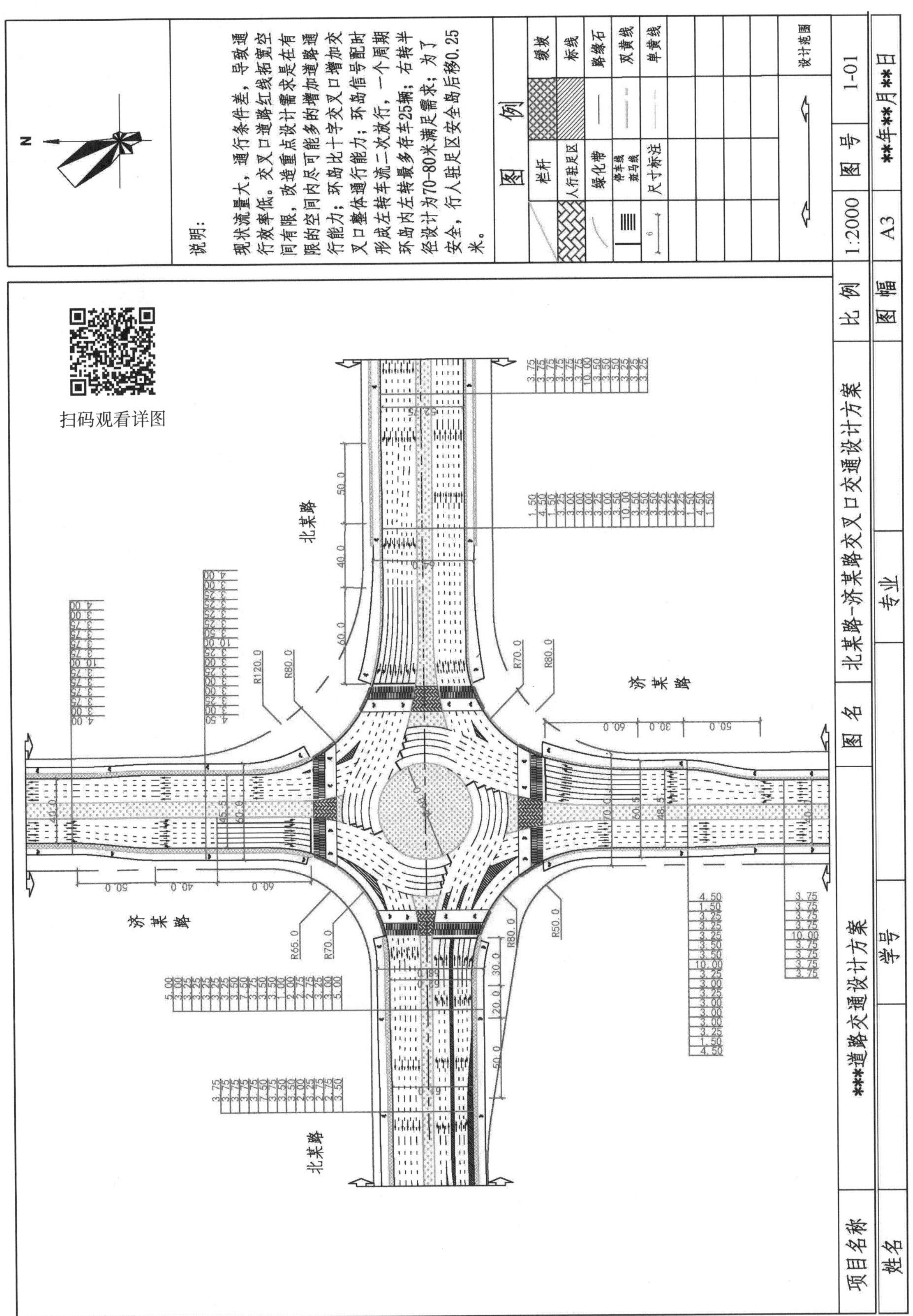

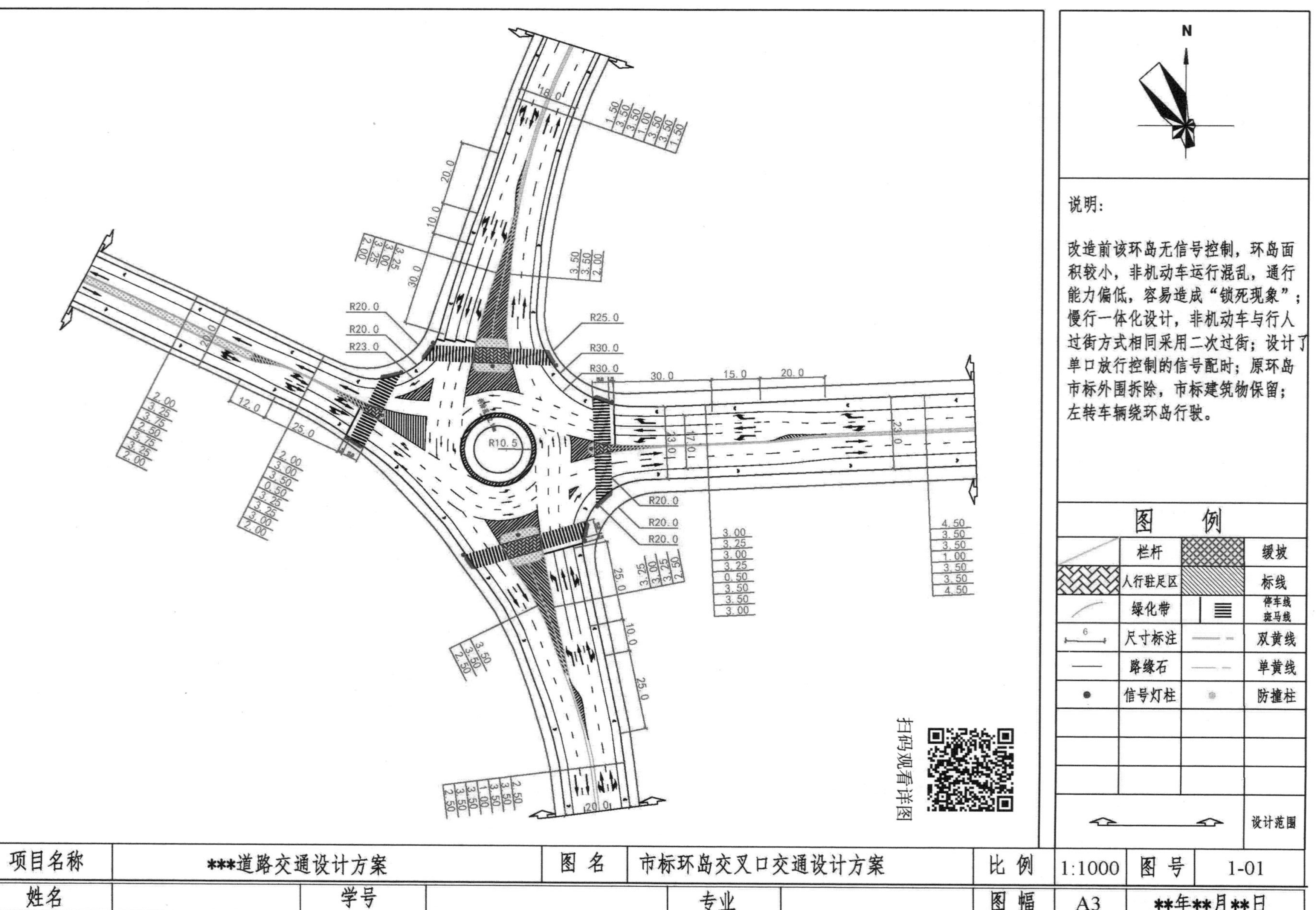
N
说明：
改造前该环岛无信号控制，环岛面积较小，非机动车运行混乱，通行能力偏低，容易造成"锁死现象"；慢行一体化设计，非机动车与行人过街方式相同采用二次过街；设计了单口放行控制的信号配时；原环岛市标外围拆除，市标建筑物保留；左转车辆绕环岛行驶。
图例
栏杆
缓坡
人行驻足区
标线
绿化带
停车线 斑马线
尺寸标注
双黄线
路缘石
单黄线
信号灯柱
防撞柱
设计范围
项目名称
***道路交通设计方案
图名
市标环岛交叉口交通设计方案
比例
1:1000
图号
1-01
姓名
学号
专业
图幅
A3
年月**日
扫码观看详图
R10.5
R20.0
R23.0
R25.0
R30.0

4.交叉口群交通设计参考图

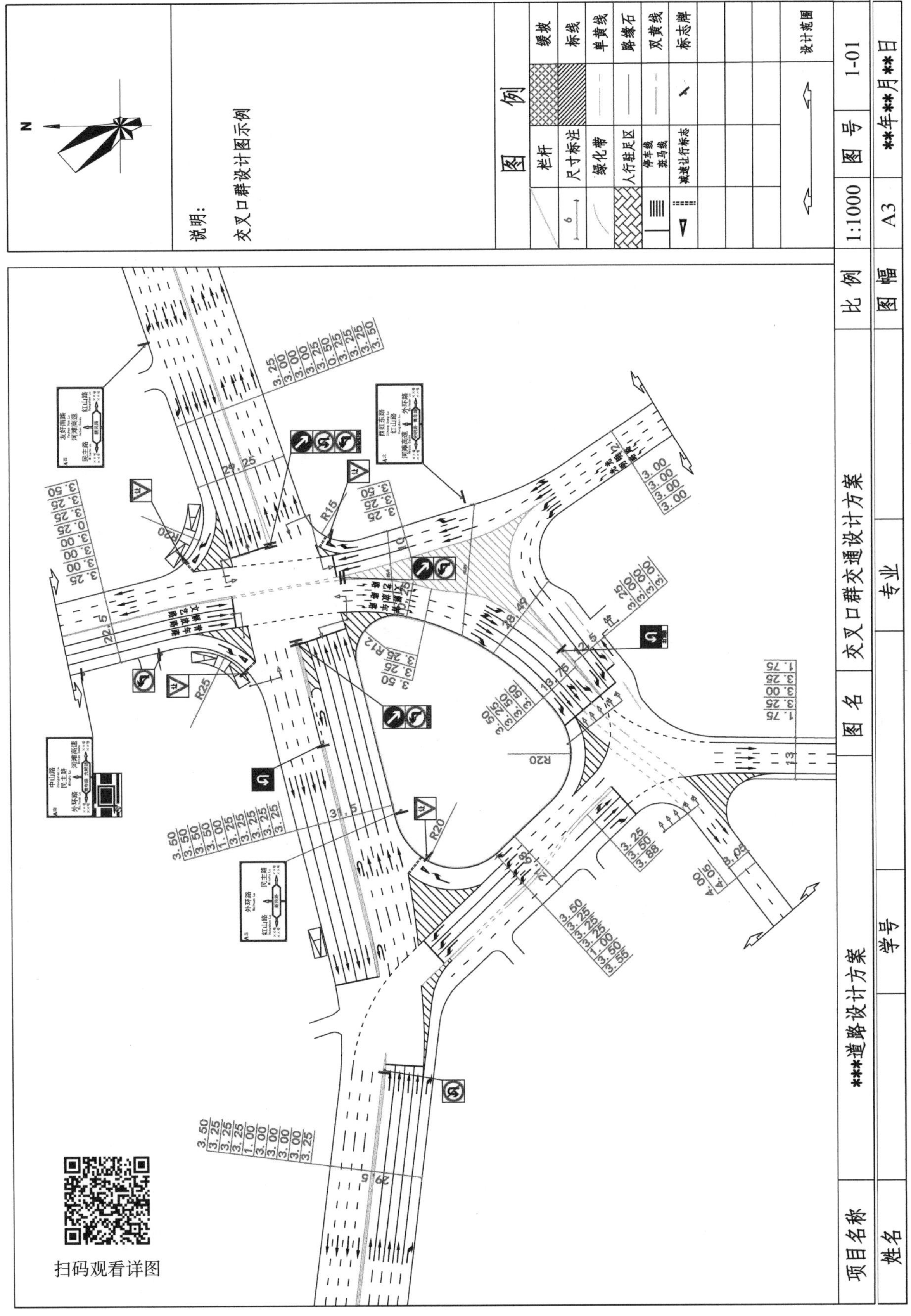

扫码观看详图

第二节　交通语言设计图

扫码观看详图

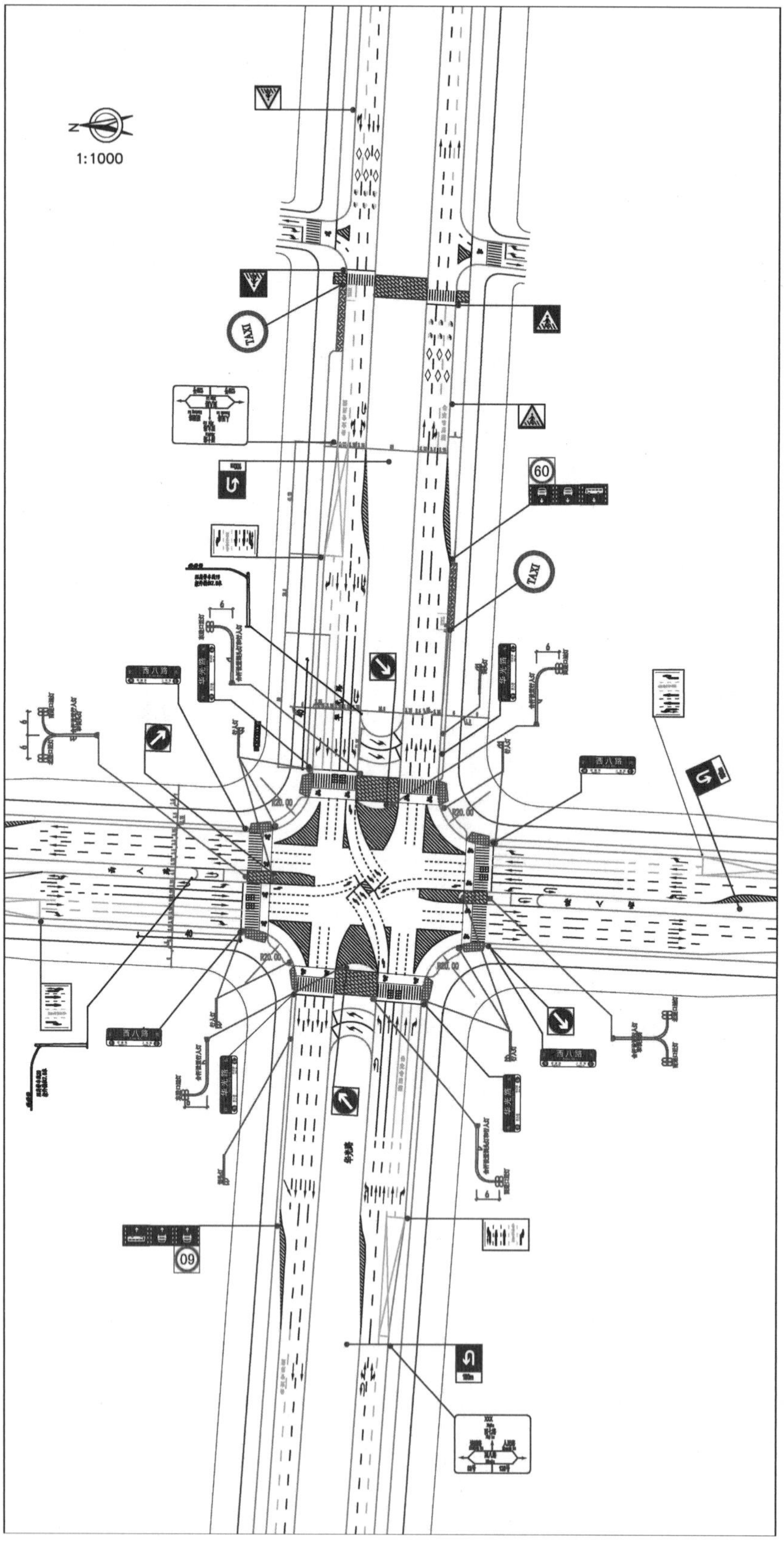

第三节　公交停靠站设计图

图1为港湾式公交停靠站示意图。港湾式公交停靠站位于交叉口进出口位置。

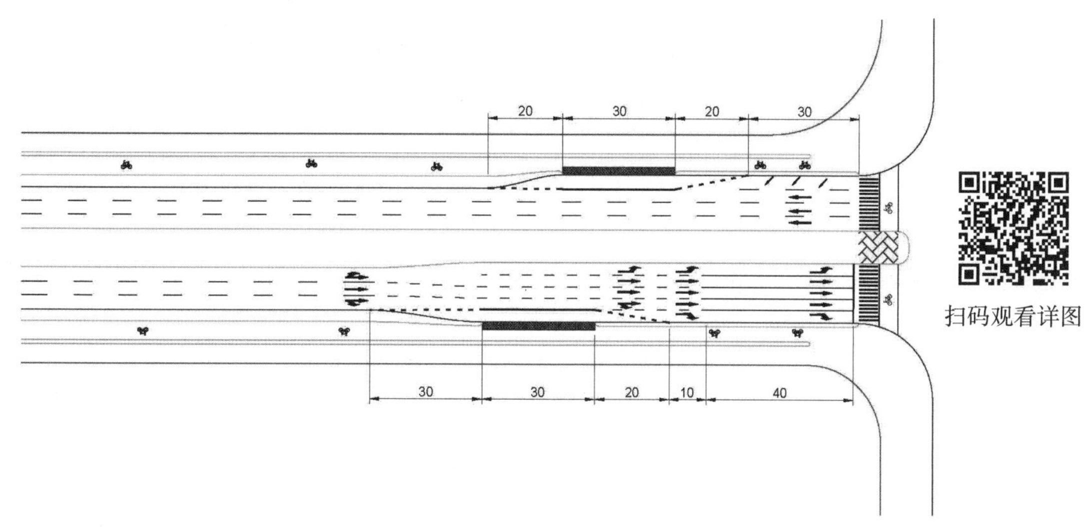

图1　港湾式公交停靠站设计示意图(交叉口进出口处)

图2为港湾式公交停靠站示意图。港湾式公交停靠站位于路段位置。

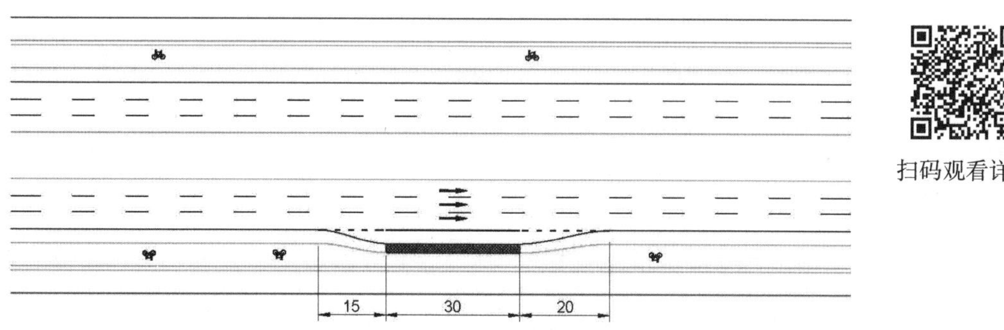

图2　港湾式公交停靠站设计示意图(路段处)

扫码观看详图

图3为路边式公交停靠站以及路中式公交停靠站示意图，其中路中式公交停靠站为BRT站台，且BRT公交车为左开门公交车，超车道在站台右侧；路边式公交停靠站为直接式公交停靠站。乘客在该处可实现普通公交线路和BRT公交线路的换乘。

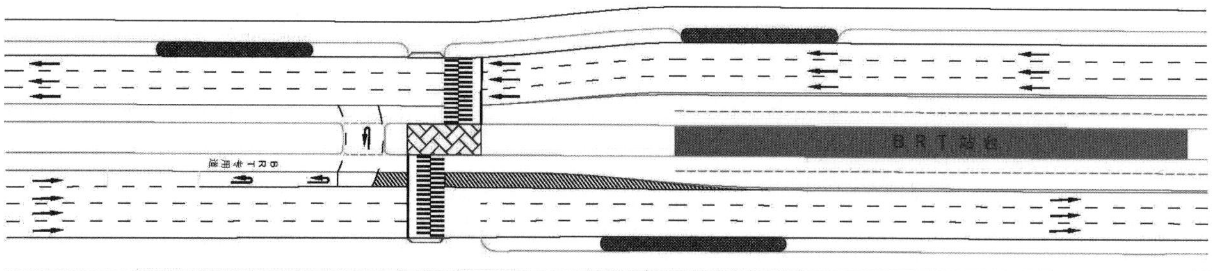

图3　路边式公交停靠站及路中式停靠站设计示意图

图4为路中式公交停靠站示意图，经停该站点的公交车为右开门公交车，超车道在站台左侧。乘客在该处可通过人行天桥到达或离开该站点。

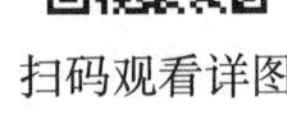
扫码观看详图

人行天桥

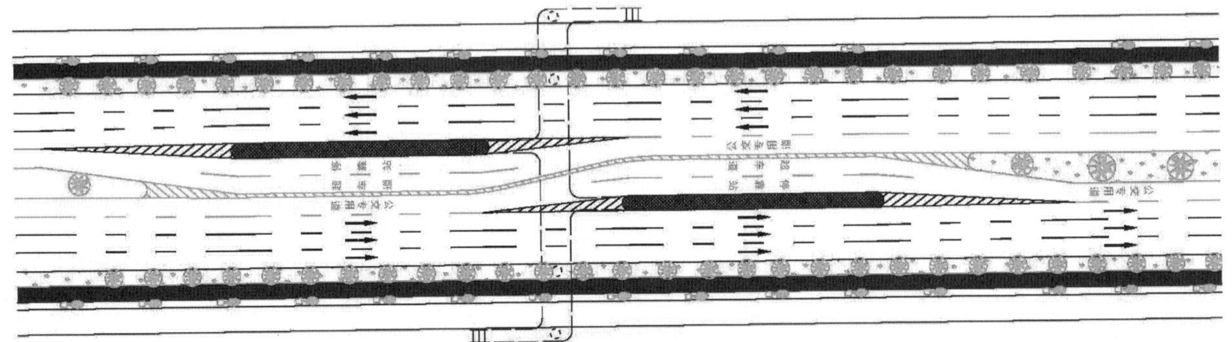

图4　路中式公交停靠站设计示意图

扫码观看详图

第四节　路内停车设计图

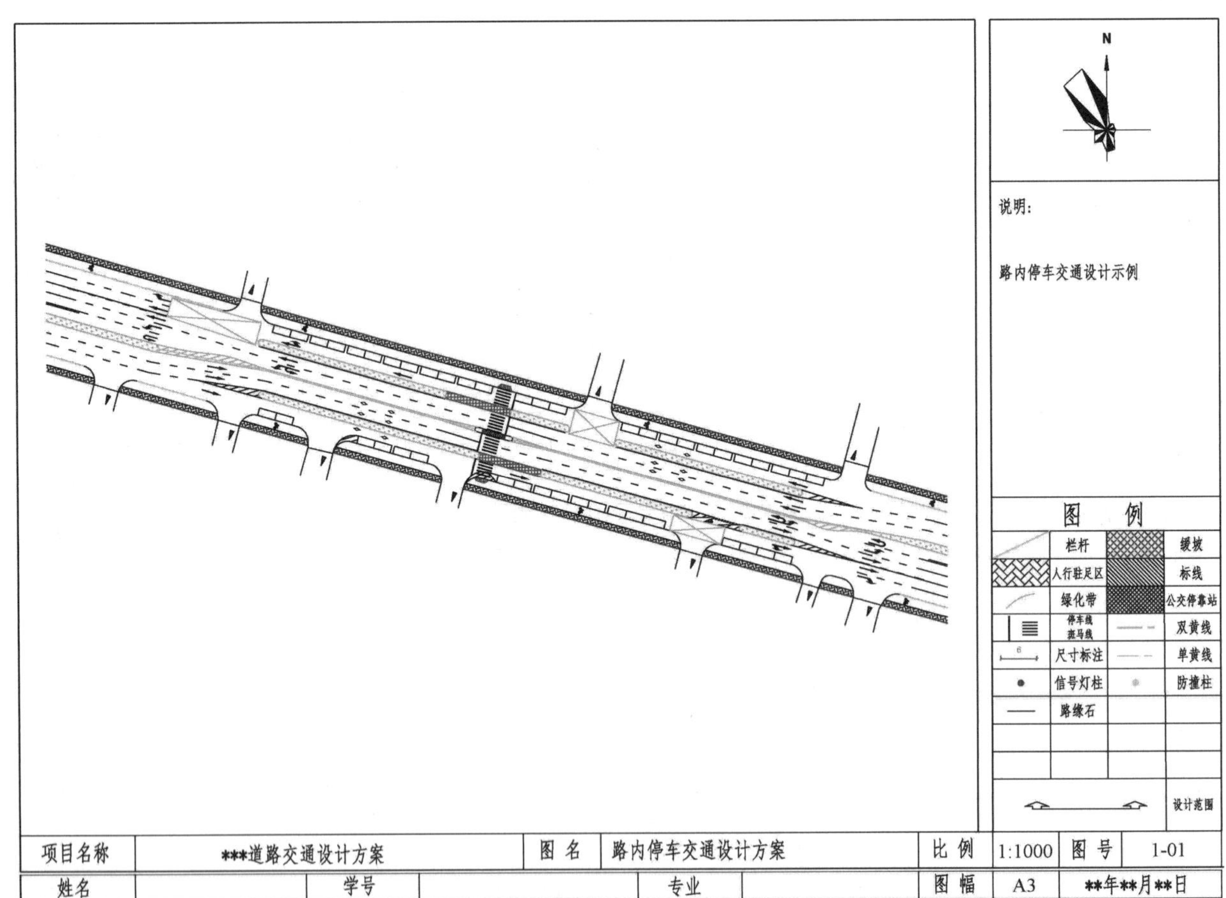

第五节　停车场设计图

扫码观看详图

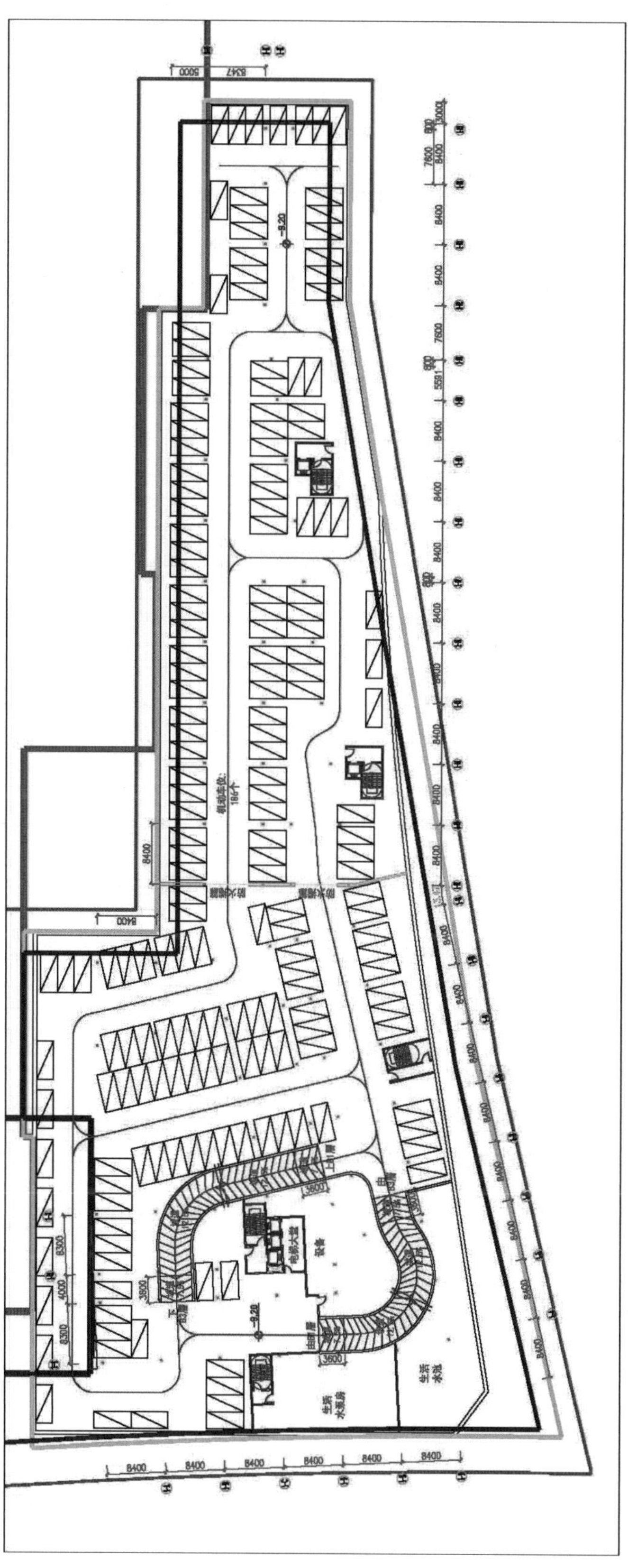

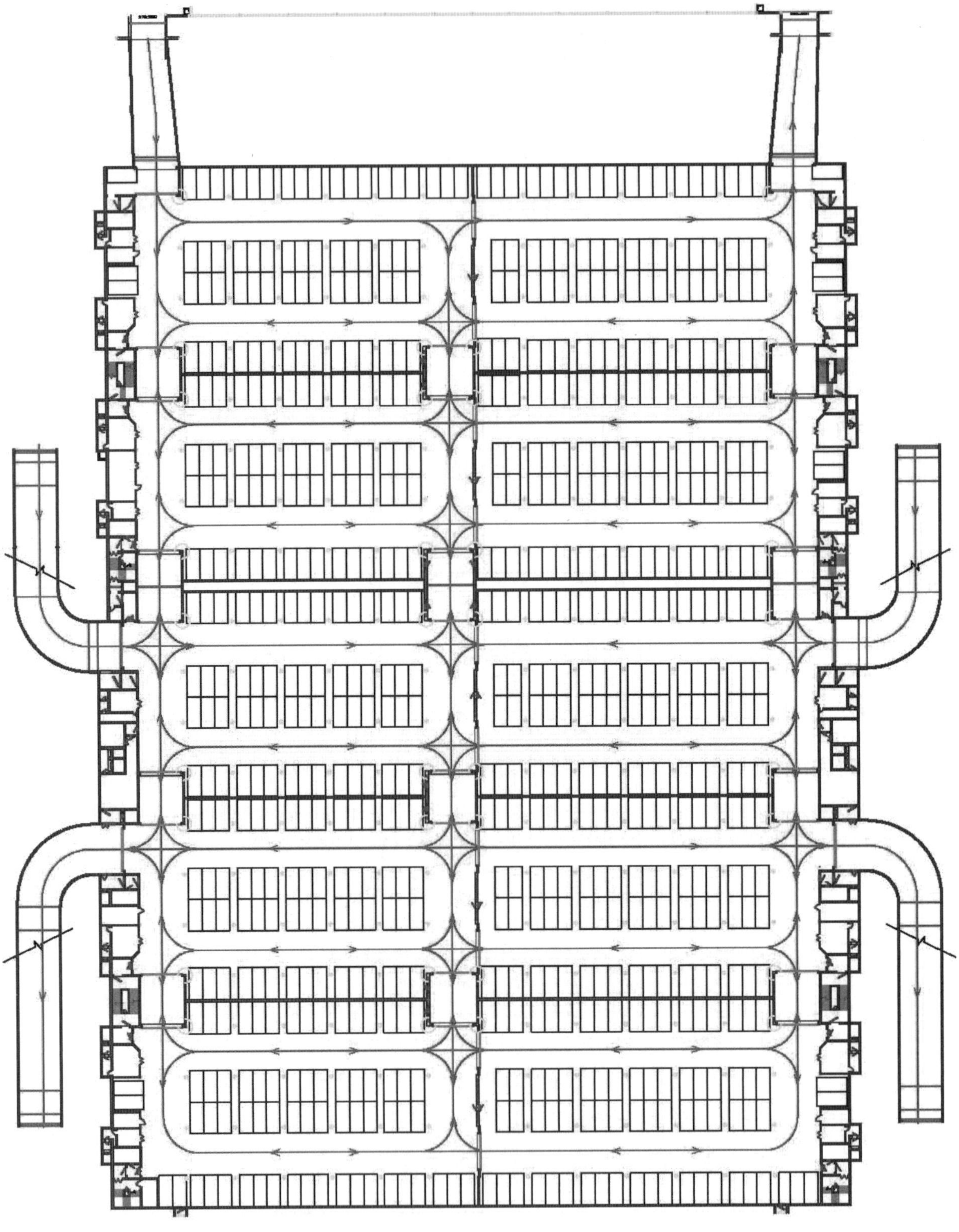

扫码观看详图

附录B　交通设计课程设计参考题目

题目1:交叉口内部渠化设计

扫码观看详图

目标:交叉口内部渠化设计

任务:利用AutoCAD软件完成图1所示交叉口内部渠化设计。

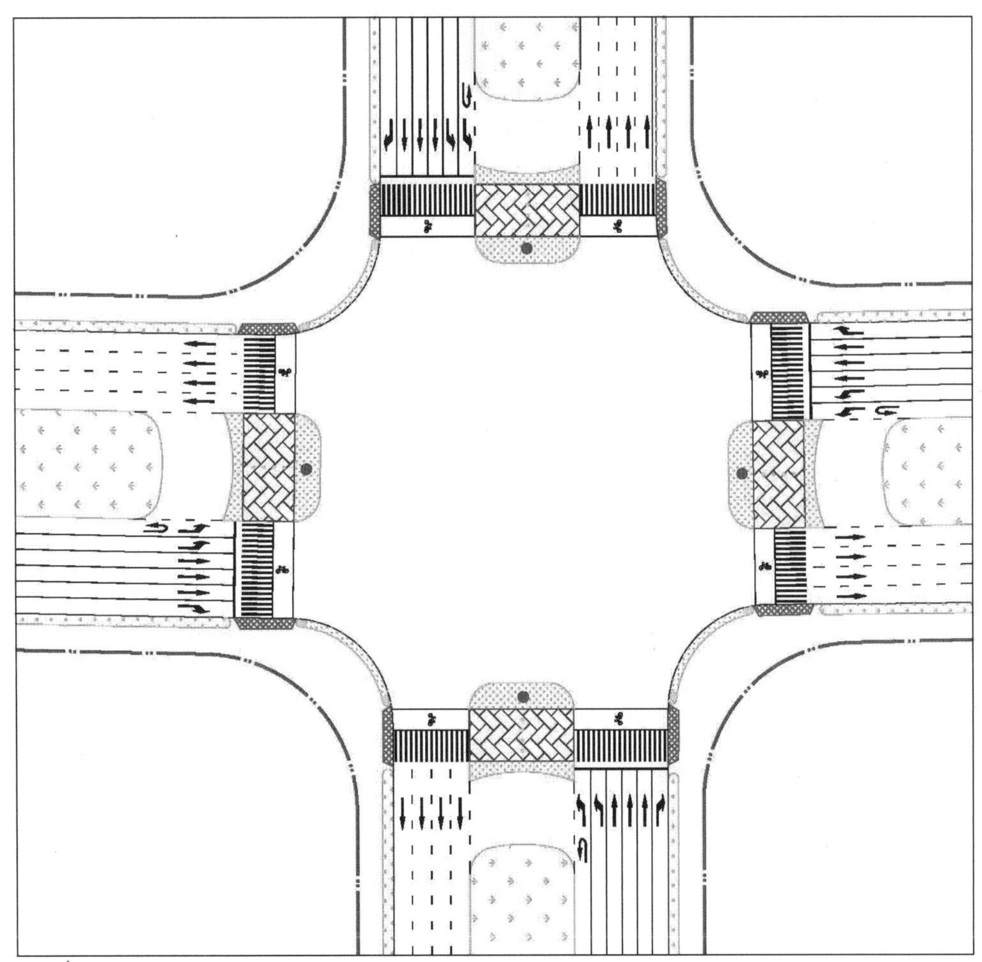

图1　交叉口内部渠化设计底图

要求:

(1)左转转弯半径不能小于30m;

(2)右转转弯半径不大于20m;

(3)交叉口内部建立划线渠化岛;

(4)交叉口内部设置左转待行区;

(5)建立"渠化"图层,并设置图层的属性。

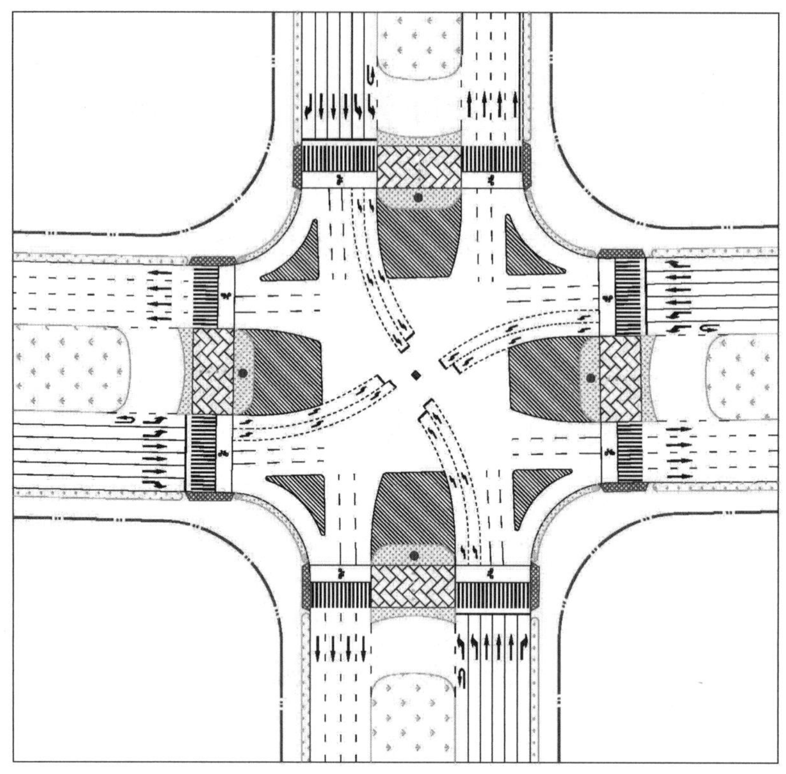

扫码观看详图

图2　渠化后效果图

题目2:公交停靠站设计

目标:公交停靠站设计

任务:利用AutoCAD软件,在给定的路段(见图3)完成港湾式公交停靠站的绘制工作。

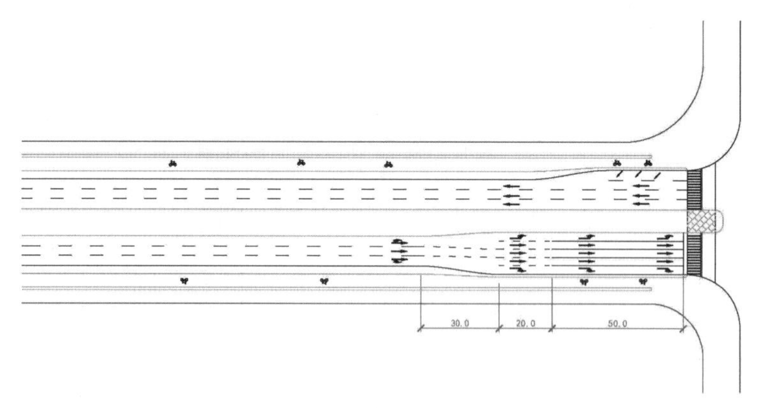

扫码观看详图

图3　给定路段底图

要求:

(1)分别绘制布置在交叉口进口道、交叉口出口道和路段的港湾停靠站;

(2)每辆公交车所占空间长度为考虑为15m;

(3)停靠站设计成2个停车位,30m;

(4)交叉口进口和出口分别进行公交停靠站的一体化设计;

(5)港湾式停靠站可以利用压缩慢行空间设置,其中车辆停靠车道宽度为3m。

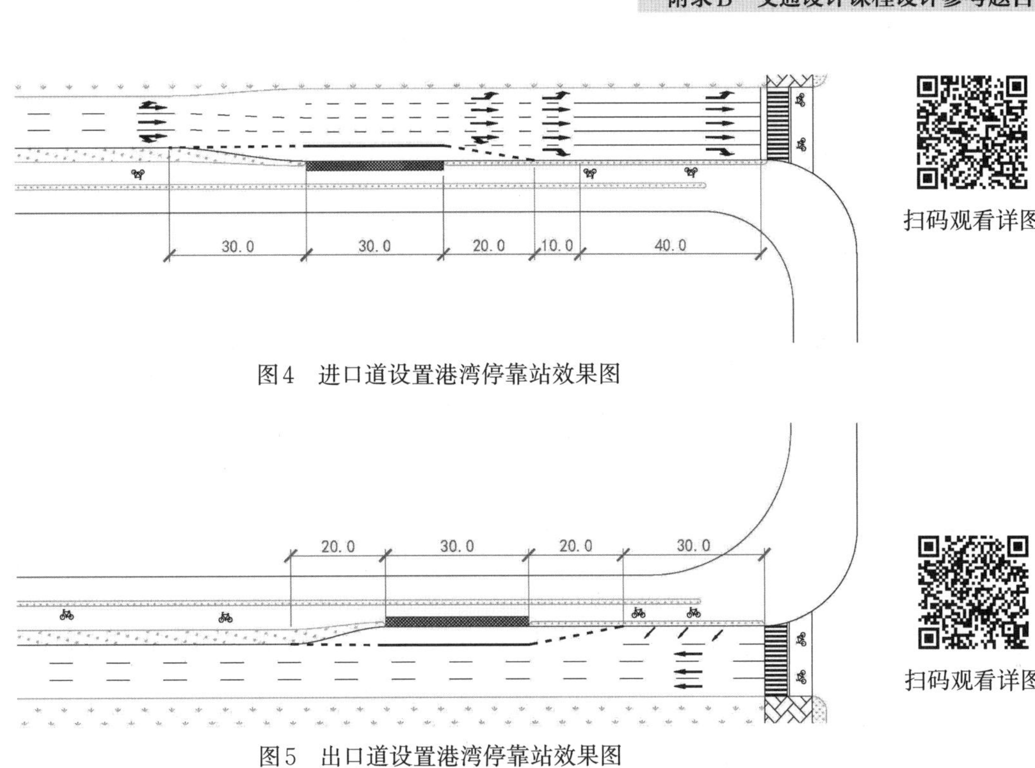

图4　进口道设置港湾停靠站效果图

图5　出口道设置港湾停靠站效果图

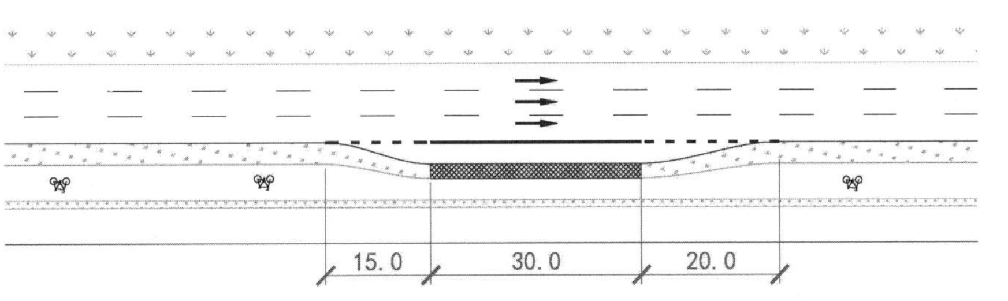

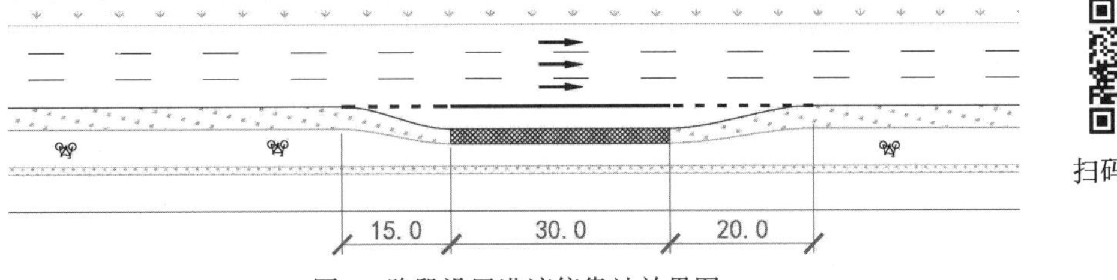

图6　路段设置港湾停靠站效果图

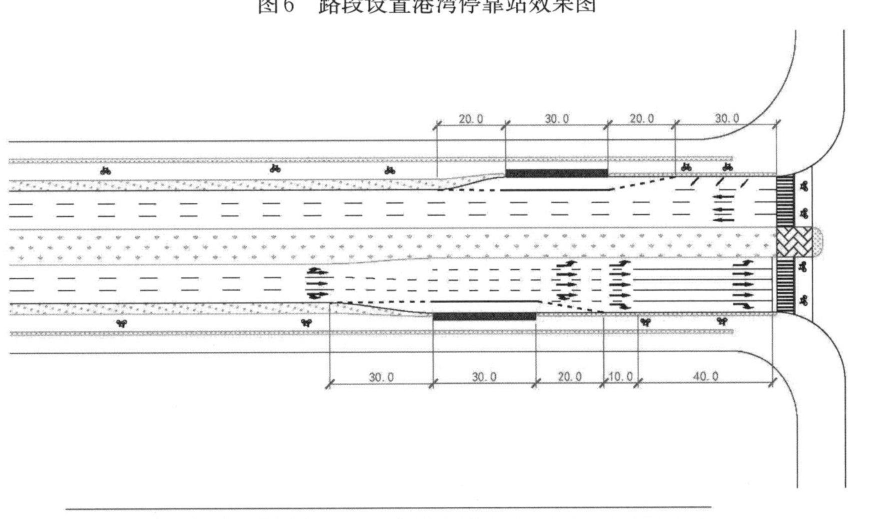

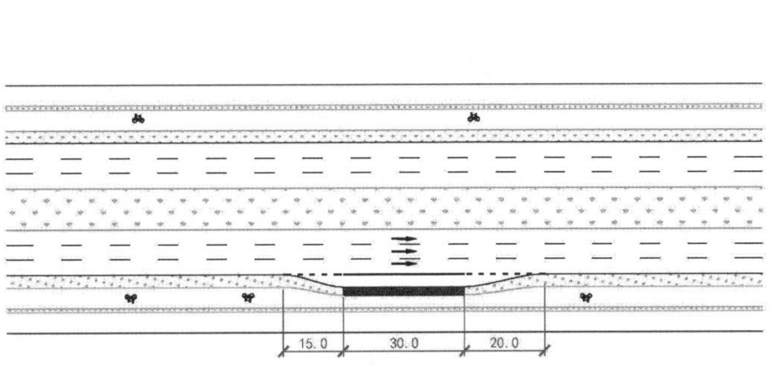

图7　公交停靠站设计效果图

题目3:交叉口综合设计

目标:交叉口的综合设计

任务:在给定道路边线条件下,进行交叉口综合设计,要求设计方案满足给定条件。

题目3-1

给定条件:

(1)道路边线为机动车边线,可暂时不考虑非机动车道和人行道;

(2)给定各进口道车道数如表1所示,给定进口道车道功能如表2所示;

表1　各进出口道车道数

方向	东:长某路		西:长某路		南:华某北路		北:华某北路	
	进	出	进	出	进	出	进	出
车道数量	5	4	3	2	4	2	4	2

表2　各进口道车道功能

方向	东:长某路			西:长某路			南:华某北路			北:华某北路		
车道	左转	直行	右转	左转	直行	右转	左转	直行	右转	左转	直行	右转
功能	2	1	2	1	1	1	1	2	1	1	2	1

(3)给定各路段车道数如表3所示,路段车道宽度均为3.5米;

表3　各路段车道数

方向	东:长某路	西:长某路	南:华某北路	北:华某北路
车道数	双向8车道	双向4车道	双向6车道	双向4车道

(4)行人过街横道宽度为5米,自行车过街横道宽度为5米;

(5)展宽段、渐变段长度见图8标注;

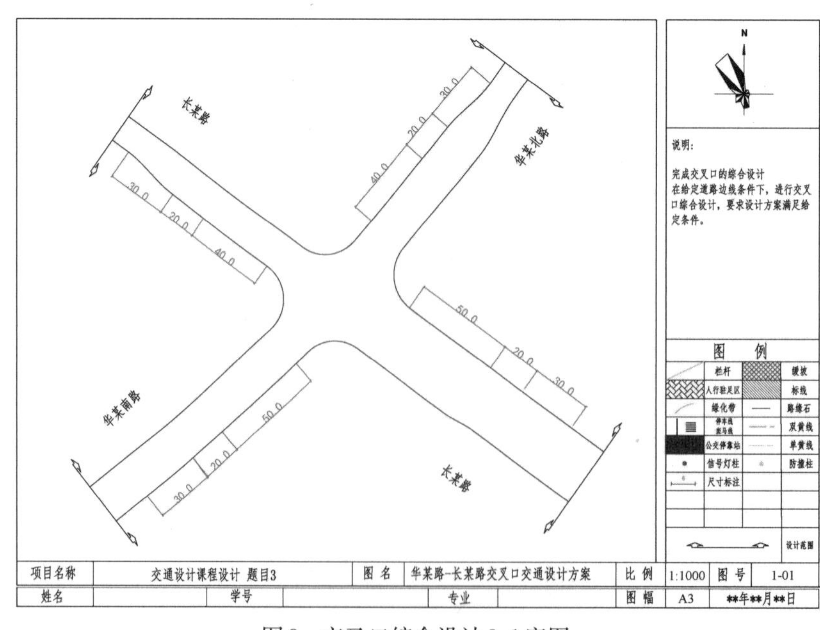

扫码观看详图

图8　交叉口综合设计3-1底图

设计步骤：

(1)根据车道功能，确定各进口、出口断面：车道宽度、分隔形式等；

(2)复核交叉口内部转弯半径；

(3)确定停车线、人行过街横道、自行车过街横道的位置；

(4)进行交叉口内部渠化设计；

(5)完善交叉口和路段其他辅助设计。

扫码观看详图

设计效果：

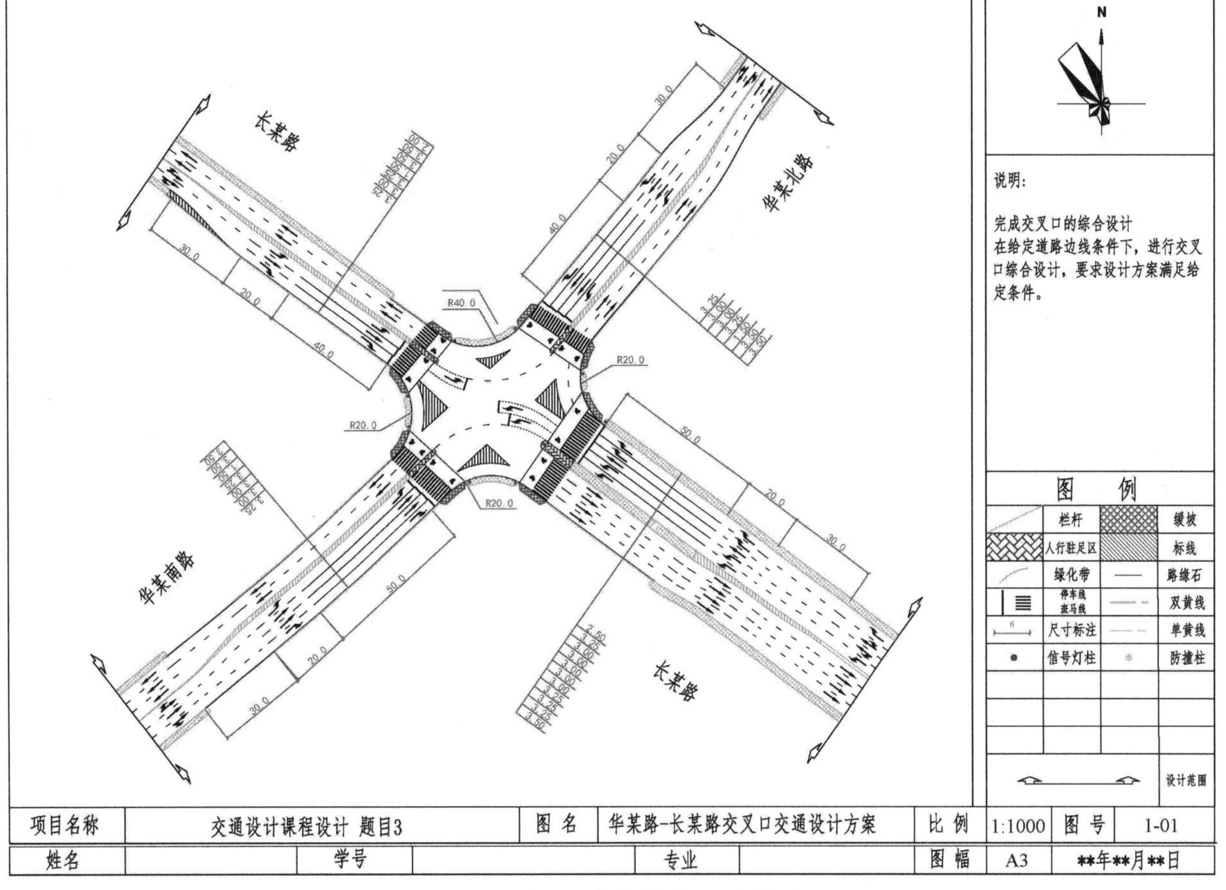

图9　交叉口综合设计3-1示例

题目3-2

改善要点：

(1)合理渠化，缩小交叉口范围，提高交叉口车辆运行效率和秩序；

(2)设置行人过街安全设施，如驻足区、隔离桩等，缩短行人过街距离，提高行人过街安全性；

(3)增设慢行交通无障碍设施，增强交叉口人性化；

(4)公交停靠站与交叉口进行一体化设计，使得公交车能安全停靠；

(5)充分利用蓝线范围，进行路边停车位设计。

给定条件：

(1)道路边线为机动车边线，可暂时不考虑非机动车道和人行道；

(2)给定各进口道车道数如表4所示，给定进口道车道功能如表5所示；

表4　各进出口道车道数

方向	东:莲某路		西:莲某路		南:净某路		北:净某路	
	进	出	进	出	进	出	进	出
车道数量	4	3	4	3	4	3	4	3

表5　各进口道车道功能

方向	东:莲某路			西:莲某路			南:净某路			北:净某路		
车道功能	左转	直行	右转	左转	直行	右转	左转	直行	右转	左转	直行	右转
	1	2	1	1	2	1	1	2	1	1	2	1

(3)给定各路段均为双向6车道,路段车道宽度均为3.5米;

(4)行人过街横道宽度为5米,自行车过街横道宽度为5米;

(5)展宽段、渐变段长度见图10标注;

(6)给定公交停靠站设计为港湾式停靠站,站点长度为20米,前后过渡段长度为15米;

(7)给定单路边停车位长度为6米,宽度为2.5米。

扫码观看详图

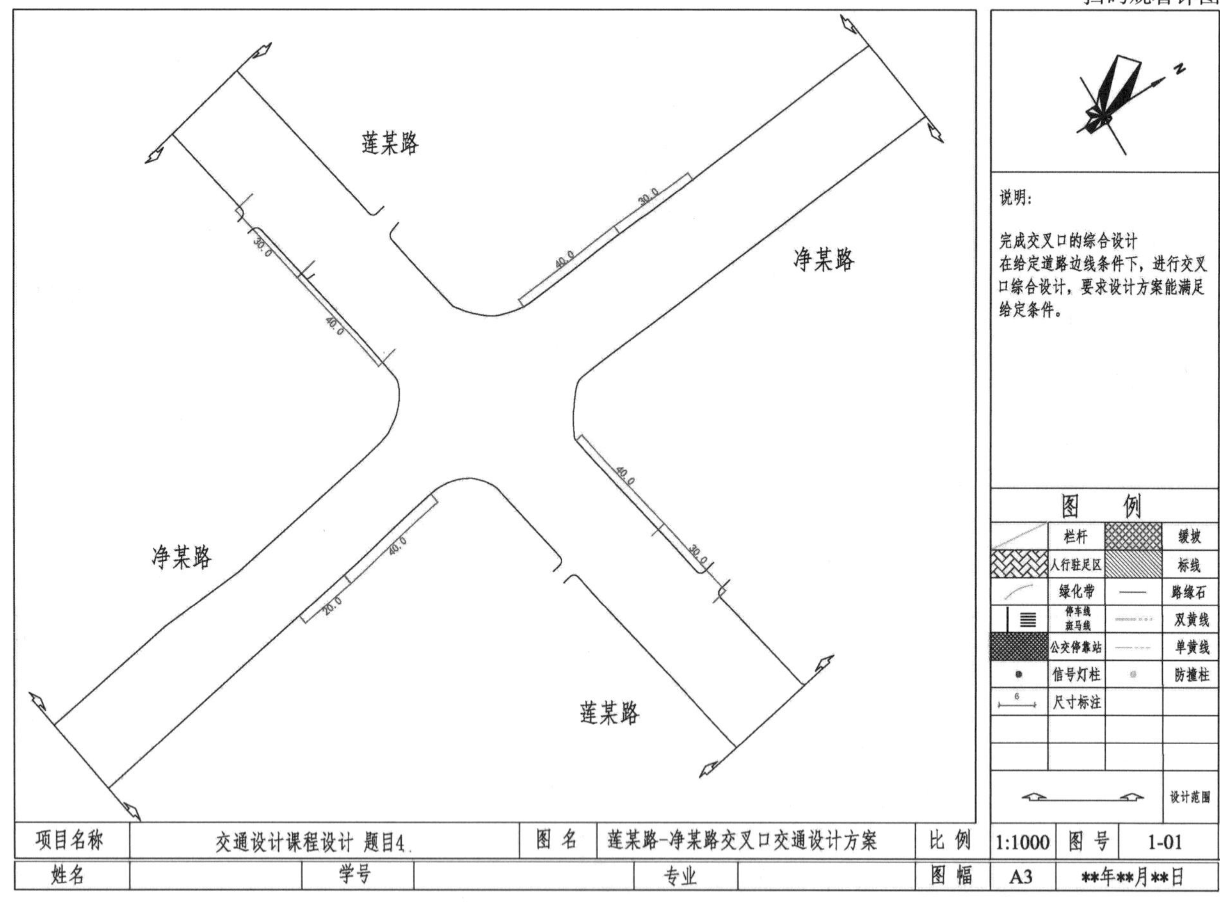

图10　交叉口综合设计3-2底图

设计步骤:

(1)根据车道功能,确定各进口、出口断面:车道宽度、分隔形式等;

(2)复核交叉口内部转弯半径;

(3)确定停车线、人行过街横道、自行车过街横道的位置;

(4)进行交叉口内部渠化设计;

(5)确定净某路北段一对公交停靠站点位置,完成公交停靠站设计;

(6)路边停车位设计;

(7)完善交叉口和路段其他辅助设计。

扫码观看详图

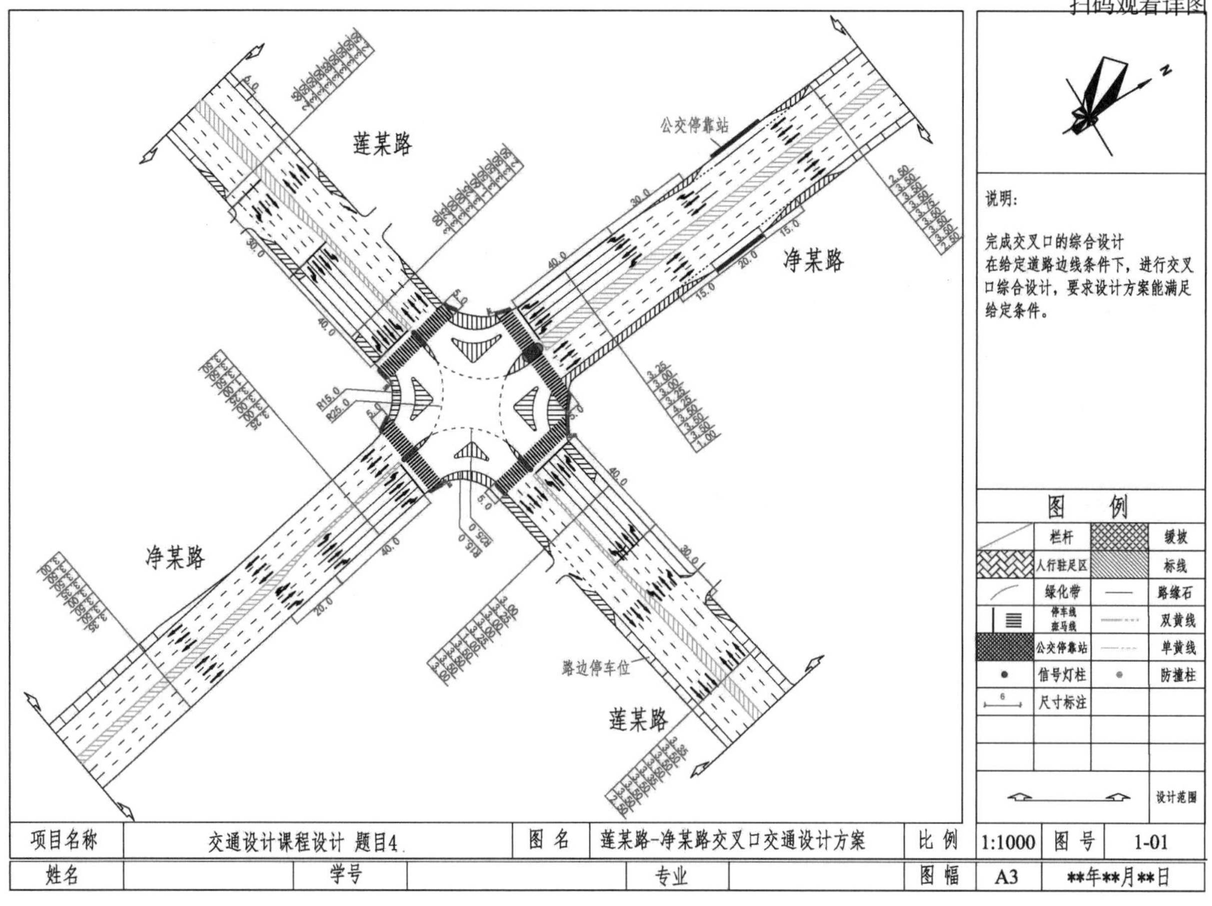

图11　交叉口综合设计3-2示例

题目3-3

改善要点:

(1)对车道衔接和交叉口内部区域渠化进行设计,使行车轨迹更为明确,提高行车秩序;

(2)设置行人过街驻足区,以提高行人过街的安全性和舒适性;

(3)增设慢行交通无障碍设施,增强交叉口人性化。

给定条件:

(1)道路边线为机动车边线,可暂时不考虑非机动车道和人行道;

(2)给定各进口道车道数如表6所示,给定进口道车道功能如表7所示;

表6　各进出口道车道数

方向	东:城某路		西:城某路		南:安某路		北:安某路	
	进	出	进	出	进	出	进	出
车道数量	4	3	3	3	3	2	1	1

表7 各进口道车道功能

方向	东:城某路			西:城某路			南:安某路			北:安某路
车道功能	左转	直行	直行加右转	左转加直行	直行	右转	左转	直行	右转	左转加直行加右转
	1	2	1	1	1	1	1	1	1	1

(3)给定各路段车道数如表8所示，路段车道宽度均为3.5m；

表8 各路段车道数

方向	东:城某路	西:城某路	南:安某路	北:安某路
车道数	双向6车道	双向6车道	由南向北:1车道 由北向南:2车道	双向2车道

(4)行人过街横道宽度为4m,自行车过街横道宽度为5m。

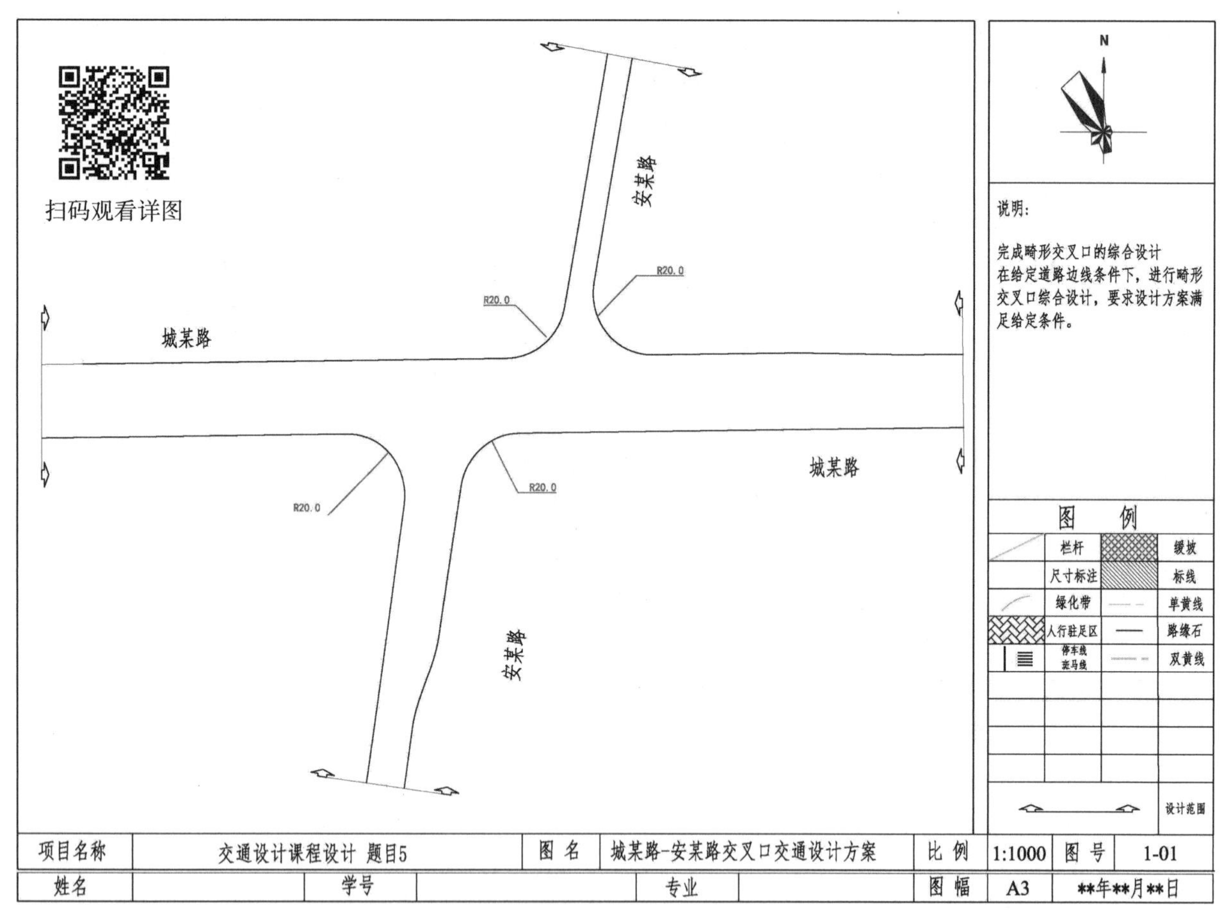

图12 交叉口综合设计3-3底图

设计步骤:

(1)根据车道功能，确定各进口、出口断面:车道宽度、分隔形式等；

(2)复核交叉口内部转弯半径；

(3)确定停车线、人行过街横道、自行车过街横道的位置；

(4)进行交叉口内部渠化设计；

(5)完善交叉口和路段其他辅助设计。

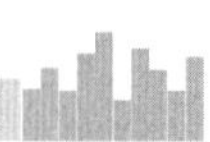

设计效果：

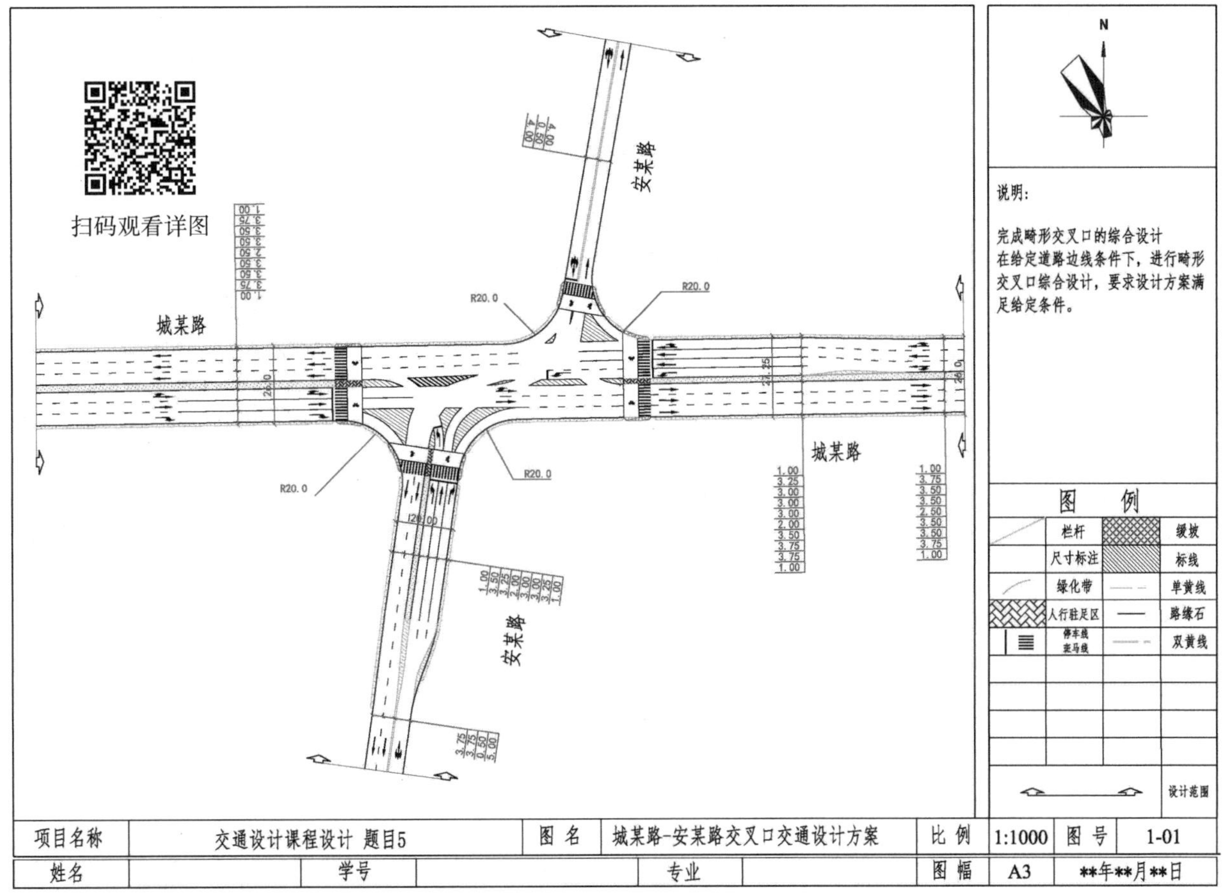

图13　交叉口综合设计3-3示例

题目3-4

改善要点：

(1)对车道衔接和交叉口内部区域的渠化进行设计，使行车轨迹更为明确，提高行车秩序；

(2)对交叉口内部和路段的慢行系统进行设计，解决快慢交通冲突和慢行主体行路困难的问题；

(3)设置行人过街驻足区，以提高行人过街的安全性和舒适性；

(4)增设慢行交通无障碍设施，增强交叉口人性化。

给定条件：

(1)底图提供道路红线和绿化带设置情况，设计时应考虑非机动车道和人行道；

(2)给定各进口道车道数如表9所示，给定进口道车道功能如表10所示；

表9　各进出口道车道数

方向	东:燕某路		西:燕某路		南:长某路	
	进	出	进	出	进	出
车道数量	3	2	3	2	3	2

表10 各进口道车道功能

方向	东:燕某路		西:燕某路		南:长某路	
车道功能	左转	直行	直行	右转	左转	右转
	2	1	2	1	2	1

(3)给定各路段均为双向4车道,路段车道宽度均为3.5米;

(4)行人过街横道宽度为5米,自行车过街横道宽度为5米;

(5)展宽段、渐变段长度见图14标注;

扫码观看详图

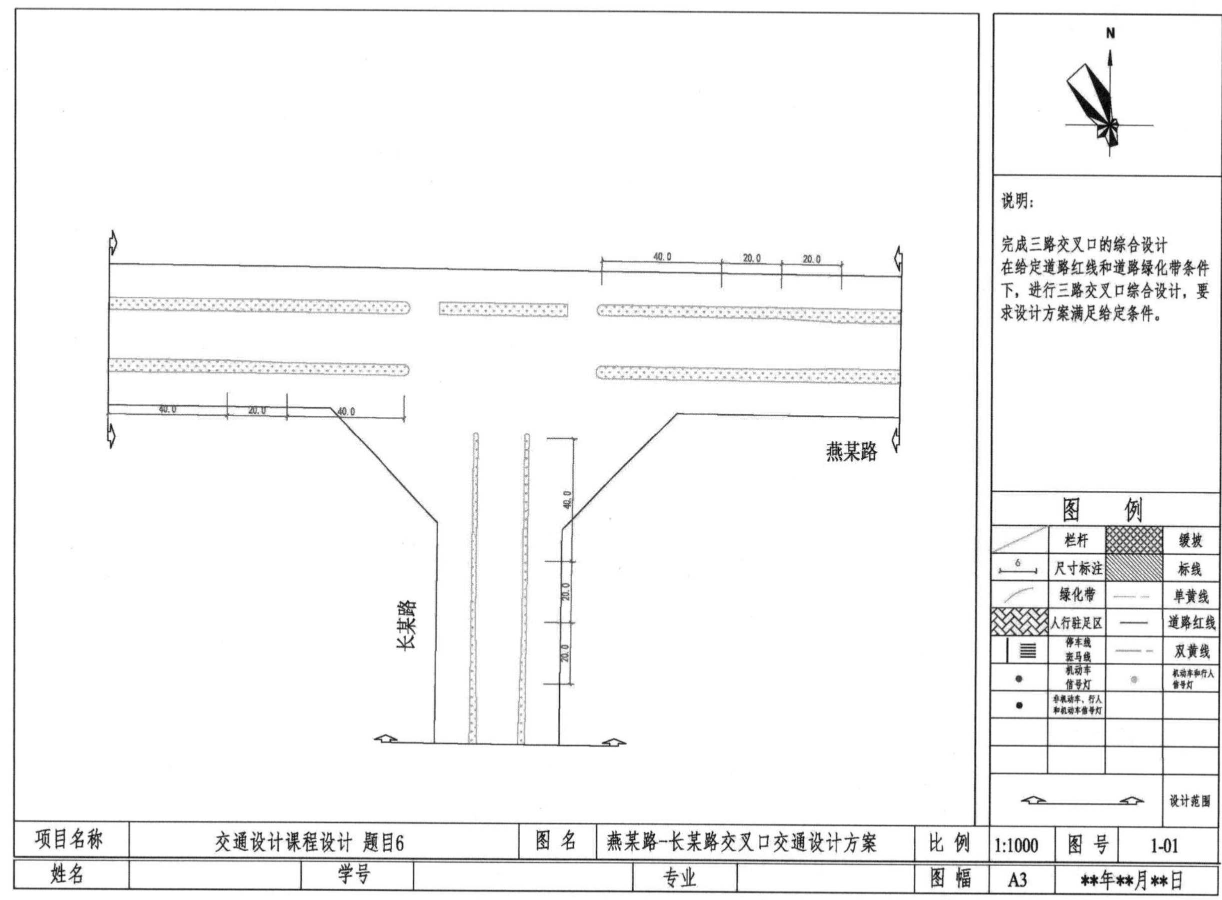

图14 交叉口综合设计3-4底图

设计步骤:

(1)考虑慢行交通与机动交通协调设计,根据车道功能,确定各进口、出口断面:车道宽度、分隔形式、人行道宽度、非机动车道宽度等;

(2)复核交叉口内部转弯半径;

(3)确定停车线、人行过街横道、自行车过街横道的位置;

(4)进行交叉口内部渠化设计;

(5)完善交叉口和路段其他辅助设计。

设计效果：

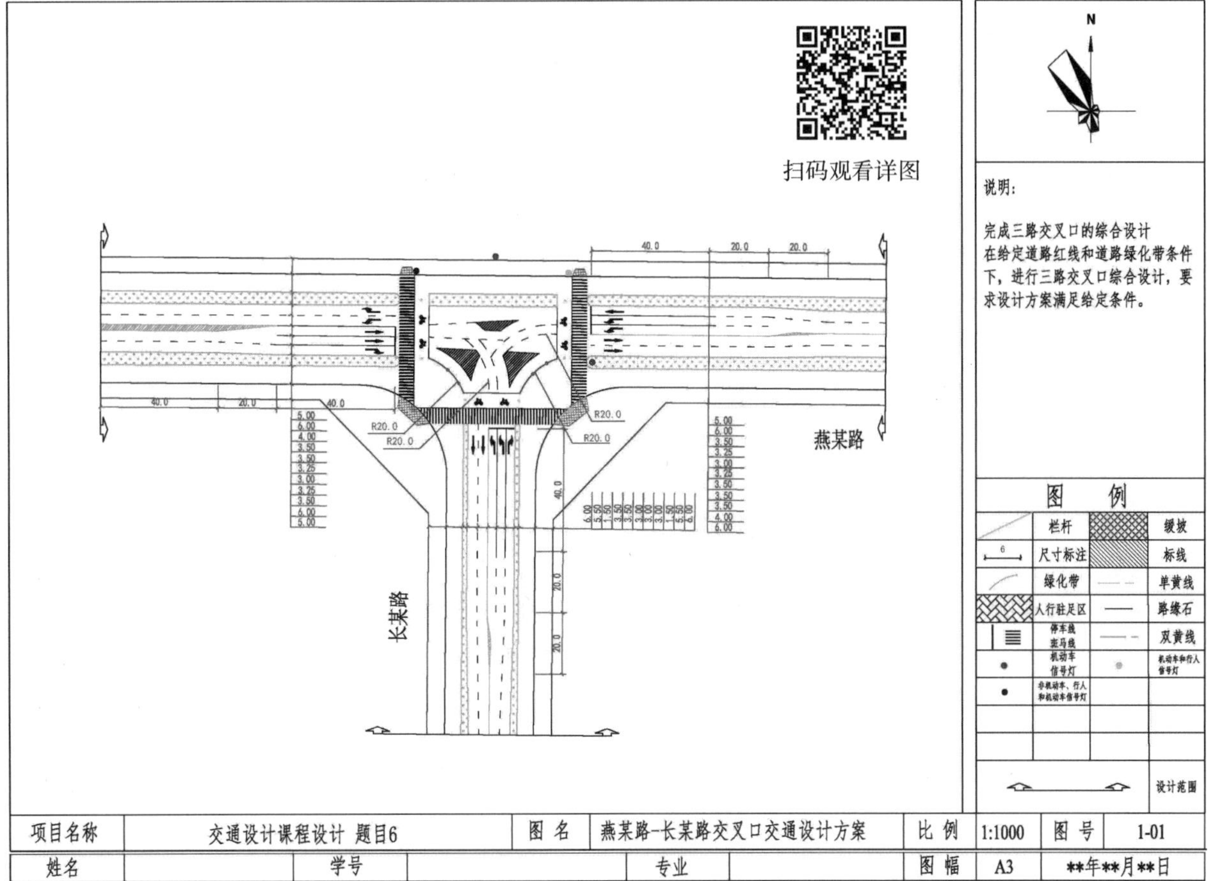

图15　交叉口综合设计3-4示例

题目4:综合交通设计

目标:完成实际交叉口的调研和综合交通设计

任务:选择一个平面信号控制交叉口，以平面道路交叉改善为背景，对该交叉口及150米路段范围内进行现场踏勘调研，调查现状交通流量数据，完成综合交通设计，形成调研报告、设计图纸、设计报告和答辩材料，最终参与交通设计课程设计汇报答辩。

内容:

(1)现状资料收集，交通调查

①制定交通调查计划：包括调查时间(至少包括1个工作日的高峰时段)、调查地点、调查内容(交通量、信号配时、现场踏勘、慢行交通情况等)、调查方法、调查表格设计、数据录入表格设计、调查人员安排等；

②现场交通调查：对目标交叉口的尺寸、标志标线、车流量、信号控制、公共交通、慢行系统、其他附属设施等进行调查；

③调查数据录入：要求录入原始数据。

(2)交通调研报告

①调查基本情况；

②调查结果；

③现状问题总结；

④解决对策；

⑤附录:调查数据。

(3)交通设计,形成设计图纸和交通设计报告,包括以下内容:

①相交道路应要包括完整的交叉口渐变段、展宽段及与之连接的部分路段；

②典型路段与交叉口的道路断面设计；

③进口、出口车道数、车道功能设计；

④路段慢行空间设计；

⑤进出交通设计；

⑥交叉口慢行空间设计；

⑦交叉口内部渠化；

⑧绿化、栏杆、无障碍等辅助设施的设计；

⑨定时信号控制方案(相位、相序、绿灯时长)。

形成文件:

A3平面设计图;A3典型断面设计图;调研报告;设计报告;答辩文件。设计报告应包含以下主要内容:(1)断面形式及相应的宽度;(2)主要参数的取值及依据或原因;(3)交通信号控制方案;(4)改善设计的评价结果,理论评价或仿真分析。